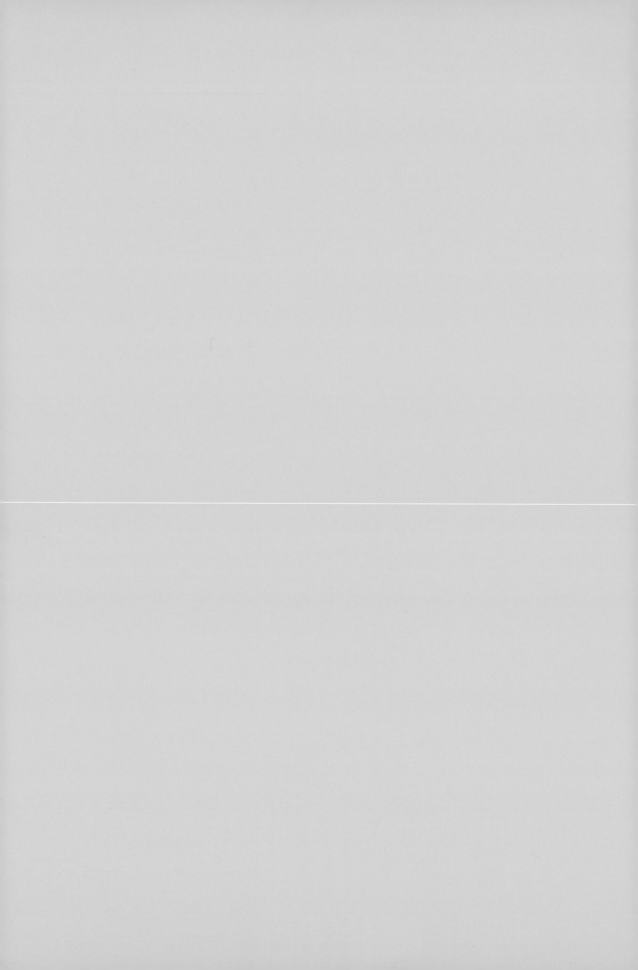

どう変わる どうする

小学校理科
新学習指導要領

小佐野 正樹
佐々木 仁　著
高橋 洋
長江 真也

本の泉社

はじめに

　2017年3月31日、小学校で2020年度から完全実施される新しい学習指導要領が告示された（内容の一部は、2018年度〜2019年度に移行措置が実施される）。

　学習指導要領はこれまでほぼ10年に一度改訂され、部分的なものを除けば今回で戦後9回目を数える改訂になる。

　今回の改訂は、2014年11月に文部科学大臣が中央教育審議会に諮問したことから議論が始まったが、それから2年半余り、正式な告示を待たずに学校現場ではすでに「主体的・対話的で深い学び（アクティブ・ラーニング）」や「カリキュラム・マネジメント」といった言葉が広く使われ、これまでの改訂とはだいぶ様相の異なるものとなった。

　とくに、自然科学の基礎的な内容を教える教科である理科は、教科目標から個々の学習内容に至るまで、これまでになく曖昧になってしまったのが今回の改訂の特徴である。私たちは自然科学の本質的な内容を子どもたちのものにするために、どのような内容が扱われるべきかという視点から今回の学習指導要領を検討してきた。それをまとめたものが本書である。

　第1章「新学習指導要領で小学校理科は何が変わるか」では、今回の改訂内容を概観し、どんな問題があるか述べた。

　第2章「各学年の内容は何が変わるか　どうするか」は本書の中心であり、3年から6年までの個々の内容を検討しどんな問題があるか、合わせてそれぞれの内容で大切にしたいことを述べた。学習指導要領は単にその文章を解釈して終わるものではなく、そこでの問題点は何か、それに対して私たちはどう考えて授業をつくったらよいかを具体的に考えることが大切と考え、このような内容にした。各学年の終わりに「学習展開プラン」の例を載せたのも、私たちの考える授業の具体的なイメージを伝えたいという思いからである。

　第3章「教科目標と『指導計画の作成と内容の取扱い』について」は、新学習指導要領の最初に書かれている理科の教科目標と最後の「指導計画の作成と内容の取扱い」を分析したものである。

　第4章では資料として「小学校理科・現行学習指導要領と新学習指導要領との比較」と「小学校理科の新学習指導要領と私たちの教育課程試案の対照表」とを載せた。とくに、後者は私たちの考える小学校理科の全体像をまとめたものである。

　子どもたちが自然科学を学ぶ楽しさを、教師が自然科学を教える喜びを共有するために本書が少しでも役立つことができれば幸いである。

2017年8月　執筆者一同

目次

はじめに　2

第1章　新学習指導要領で小学校理科は何が変わるか　5

第2章　各学年の内容は何が変わるかどうするか　13

3年
- 「物と重さ」について　14
- 「風とゴムの力の働き」について　19
- 「光の性質」について　22
- 「音の性質」について　26
- 「磁石の性質」について　30
- 「電気の通り道」について　33
- 「身の回りの生物」について　36
- 「自然のたより」をやってみよう　40
- 「太陽と地面の様子」について　42
- 「音の性質」の学習展開プラン　46

4年
- 「空気と水の性質」について　52
- 「金属、水、空気と温度」について　55
- 「電流の働き」について　62
- 「人の体のつくりと運動」について　65
- 「季節と生物」について　68
- 「雨水の行方と地面の様子」について　71
- 「天気の様子」について　74
- 「月と星」について　78
- 「水の3つのすがた」の学習展開プラン　81

5年
- 「物の溶け方」について　88
- 「振り子の運動」について　91
- 「電流がつくる磁力」について　93
- 「植物の発芽、成長、結実」について　96
- 「動物の誕生」について　100
- 「流れる水の働きと土地の変化」について　103
- 「天気の変化」について　105
- 「物の溶け方」の学習展開プラン　108

6年
- 「燃焼の仕組み」について　116
- 「水溶液の性質」について　120
- 「てこの規則性」について　124
- 「電気の利用」について　127
- 「人の体のつくりと働き」について　129
- 「植物の養分と水の通り道」について　134
- 「生物と環境」について　137
- 「土地のつくりと変化」について　140
- 「月と太陽」について　143
- 「植物の養分と水の通り道」の学習展開プラン　146

第3章　教科目標と「指導計画の作成と内容の取扱い」について　153

第4章　資料　159
- 小学校理科・現行学習指導要領と新学習指導要領との比較　160
- 小学校理科の新学習指導要領と私たちの教育課程試案の対照表　188

あとがき　191

カバー・本文イラスト
＝辻ノリコ・他

第 **1** 章

新学習指導要領で小学校理科は何が変わるか

第1章 新学習指導要領で小学校理科は何が変わるか

学習指導要領の性格を一変させた改訂

　学習指導要領はこれまでおよそ10年に一回改訂され、その都度、子どもたちが使う教科書の内容も変わり、日本の教育にさまざまな影響を与えてきた。

　今回の改訂の特徴は、学習内容に大した変更はないにもかかわらず、分量が大幅に増えたことである。小学校理科の部分の文字数だけを単純に比較しても、《現行》の約7790字から約13700字、つまり、約1.8倍もの増え方であり、このような改訂はきわめて異例なことである。

　異例なのは、分量だけではない。学習指導要領の性格を根底から変えるような改訂になったことである。

　これまでの学習指導要領は子どもたちが何を学ぶかという学習内容を示すことが中心だったが、今回は教師の教え方、子どもの学び方や身につけるべき態度などがこと細かに書かれるようになった。具体的には、第1章「目標」、第2章「各学年の目標及び内容」に書かれた学年目標、第3章「指導計画の作成と内容の取扱い」など、いずれも大幅に記述が加わり、それが文字数にして1.8倍に増える結果となった。

　その詳しい内容は、本書第3章「教科目標と『指導計画の作成と内容の取扱い』について」で述べたのでそちらを参照していただきたい。

学習内容で変更された個所

　各学年で扱われる内容はどう変わったのか。学年毎に変更されたおもな個所をあげると、次の表のようになる（第4章資料に載せた「小学校理科学習指導要領新旧対照表」も合わせてお読みいただきたい）。

3年	・「風やゴムの働き」で「風の力は、物を動かすことができること」「ゴムの力は、物を動かすことができること」という《現行》の内容に、新しく「風の力の大きさを変えると、物が動く様子も変わること」「ゴムの力の大きさを変えると、物が動く様子も変わること」が追加された。 ・「光の性質」の名称が「光と音の性質」に変更され、「物から音が出たり伝わったりするとき、物は震えていること。また、音の大きさが変わるとき物の震え方が変わること」という音の学習内容が加わった。また、光についても「日光は直進し」が新たに追加された。 ・「磁石の性質」で「磁石と物の距離による磁力の違い」が追加された。 ・《現行》の「身近な自然の観察」と「昆虫と植物」とが統合されて「身の回りの生物」に名称が変わった。
4年	・「金属、水、空気と温度」で《現行》の「金属、水及び空気は、温めたり冷やしたりすると、それらの体積が変わる」に「その程度には違いがあること」が加わった。 ・「電気の働き」の名称が「電流の働き」に変更され、「乾電池の数やつなぎ方を変えると、電流の大きさや向きが変わり」という「電流の大きさや向き」が加わった。また、《現行》にあった光電池は第6学年「電気の利用」に移行した。 ・「雨水の行方と地面の様子」が新設され、「水は、高い場所から低い場所へと流れて集まること」「水のしみ込み方は、土の粒の大きさによって違いがあること」が加わった。

5年	・「物の溶け方」で水溶液の均一性が中学校第一分野「物質の溶解」から移行してきて、「水溶液の中では、溶けている物が均一に広がることにも触れること」(内容の取扱い)となった。 ・「振り子の運動」で「糸につるしたおもり」が「振り子」、「糸の長さ」が「振り子の長さ」に表現が変更された。 ・「電流の働き」の名称が「電流がつくる磁力」に変更され、電磁石の強さについて「電流の強さ」が「電流の大きさ」に変更された。 ・「動物の誕生」にあった水中の小さな生物(プランクトンなど)は、第6学年「生物と環境」に移行した。また、「内容の取扱い」にある「受精に至る過程は取り扱わないものとする」は「人の受精に至る…」と変更された。 ・「流水の働き」の名称が「流れる水の働きと土地の変化」に変更され、「自然災害についても触れること」(内容の取扱い)となった。 ・「天気の変化」で「雲の量や動きは、天気の変化と関係があること」は主語が入れ替わって「天気の変化は、雲の量や動きと関係があること」に変更された。また台風に伴う「自然災害についても触れること」(内容の取扱い)となった。
6年	・「てこの規則性」で「水平につり合った棒の支点から等距離に物をつるして棒が水平になったとき、物の重さは等しいこと」が削除された。 ・「電気の利用」で《現行》の「電気は、光、音、熱などに変えることができること」が「電気は、光、音、熱、運動などに変換することができること」となり、「運動」が加わった。また、「電熱線の発熱は、その太さによって変わること」は削除された。 ・電気をつくり出す道具として、光電池が4年から移動してきた。 ・「植物の養分と水の通り道」で、「根から吸い上げられた水は主に葉から蒸散していること」が「…葉から蒸散により排出されること」となった。 ・「生物と環境」で「人は、環境と関わり、工夫して生活していること」が新たに追加された。 ・「生物と環境」に、「水中の小さな生物」が5年から移行してきた。 ・「土地のつくりと変化」で「土地は、礫(れき)、砂、泥、火山灰及び岩石からできており」が「土地は、礫、砂、泥、火山灰などから」と変更され、「化石」の記述が「地層のでき方」から移った。また、「自然災害についても触れること」(内容の取扱い)となった。 ・「月と太陽」で「月の表面の様子は、太陽と違いがあること」が削除された。

基礎的な内容がどう扱われているか

見てわかるように多くは語句上の変更が中心で、これまでの改訂と比べても内容上の大幅な変更は少ない。

まず、自然科学のもっとも基礎となる内容はどのように扱われているだろうか。

「物と重さ」は前回の改訂で3年に新設され、物質学習の体系的な学習を行う4年で扱うほうがふさわしいという声があがったにもかかわらず、今回も3年に設定されたままである。そのため、「物は、形が変わっても重さは変わらないこと」という表面的な内容にとどまり、「どんな小さな物にも重さがある」「物の出入りがない限り重さは変わらない」といった質量保存の法則につながる基本的な内容は扱わないままである。

4年の「空気と水の性質」や「金属、水、空気と温度」は、物質学習の入り口としてだ

いじな内容を扱っているところである。それぞれ「閉じ込めた空気を圧すと、体積は小さくなるが、圧し返す力は大きくなること」「金属、水及び空気は、温めたり冷やしたりすると、その体積が変わること」を学習することになっているのだが、肝心の「体積とは何か」の学習内容はすっぽり抜け落ちているのである。小学校で体積について学ぶのは、理科3年の「物と重さ」で「物は、体積が同じでも重さは違うことがあること」、算数2年で液量単位、同5年の「直方体及び立方体の体積」で「タテ×ヨコ×高さ」が登場するが、いずれも「物の体積とは何か」を学習するものにはなっていない。これでは「金属、水及び空気」といった不定形の物の体積など理解できない。「すべての物は一定の空間を占める」「物の体積ははかることができる」といった「物の体積」の学習が不可欠である。

また、「金属、水及び空気は」とあっても、子どもたちは「空気」を金属や水と同じ「物」とはとらえていないのがふつうである。空気は、目で見ることも手に取ることもできない、とらえどころのないものだからである。こうした学習にとりくむ前提として、「空気も金属や水と同じように重さがあり、場所をしめる」という学習内容が不可欠で、それなしに「閉じ込めた空気を圧すと、体積は小さくなる」と言っても、その意味が理解できるものではない。

ここに述べたように、基本的な内容が抜け落ちていたり、本質的な内容ではなく断片的な内容であったり、私たちがずっと指摘し続けてきた問題が今回の改訂によって改善されているとは思えない。

子どもの思考にそった内容になっているか

6年の「水溶液の性質」は、「水溶液には、酸性、アルカリ性及び中性のものがあること」「水溶液には、気体が溶けているものがあること」「水溶液には、金属を変化させるものがあること」と、すべて「水溶液には」という書き出しで始まっているために、その水溶液が何を水に溶かしたものかがわからない。そのため、教科書に載っている炭酸水や塩酸が「二酸化炭素水溶液」や「塩化水素水溶液」であることも子どもたちは知らない。せっかく5年生で「物の溶け方」を学習しているのだから、そこで学んだことをもとにして「水溶液を作る」ことから始めれば、水溶液に溶けている物とむすびつけてそれぞれの水溶液の性質を具体的に理解できる。

また、「水溶液には、金属を変化させるものがあること」は、もともとの「金属とはどういう物か」がわからなければそれがどのように変化したかもわからないのだが、それも学習指導要領ではまったく抜けてしまっている。そのため、教科書では金属のアルミニウムを塩酸に溶かした液を蒸発乾固して出てきたものが金属ではない物に変化したことを、色の違いや塩酸に溶けるかどうかという事実で確かめようとしている。

金属には金属光沢、延展性、電気や熱をよく伝えるという共通した性質があるということが理解できていれば、子どもたちは確信をもって金属の変化を認識することができる。金属学習をしっかり位置づけることが、この学習の前提となる。

実験データとりを強いる学習ではなく

3年の「風やゴムの働き」の名称が「風とゴムの力の働き」と変わり、内容もこれまでの「風の力は、物を動かすことができること」「ゴムの力は、物を動かすことができること」だけでなく、「風の力の大きさを変えると、物が動く様子も変わること」「ゴムの力の大きさを変えると、物が動く様子も変わること」

が新たに付け加わった。

これまでも「弱い風よりも強い風を当てたほうが、ほかけ車が遠くまで動く」という分かりきった結論を導き出すために、「比較しながら調べる」という学習指導要領の指示のために、送風機を「弱・中・強」に切り変えた時のほかけ車の動いた距離を巻き尺で測って表にまとめたり、データとりの学習を子どもたちに強いてきた。今回の改訂で、3年は「差異点や共通点を基に、風とゴムの力の働きについての問題を見いだし」とあるから、「力の大きさ」を変えた時の比較実験を行うことを想定していることが考えられるが、こうした実験データとりのための学習が3年生という活動的な時期の学習としてふさわしくないことはすでに実証ずみのことである。

似たような例は、5年の「植物の発芽、成長、結実」で定番になっている「種子の発芽条件」を調べる学習でも見られる。「植物の発芽には、水、空気及び温度が関係していること」を確かめる実験として、「温度と空気は同じ条件にして水を与えた場合、与えなかった場合」「空気と水は同じ条件にして温度が違う場合」「水と温度は同じ条件にして空気にふれている場合、ふれていない場合」のそれぞれについて種子が発芽するかどうかを比較する実験が行われてきた。低学年で毎日アサガオの水やりを経験してきた子どもたちは、水をやらなければ発芽しないことはわかりきっているのに、今回の改訂でも「条件を制御しながら調べる活動」「条件についての予想や仮説を基に、解決の方法を発想し、表現する」ことが強調されているので、こうした退屈な実験データとりの学習を強いられることになる。

そもそも動物と違って自分で移動できない植物は、たくさんの種子をつくり、それを様々な方法で広く散布している。散布したたくさんの種子は、その中の限られた条件が整ったところでようやく発芽して子孫を残すことができるのである。そうした「植物の繁殖」という内容が学習指導要領にはまったく欠如しているために、子どもたちは「種子の発芽条件」を調べる意味も分からないまま、表を作ったり面倒な学習をさせられる羽目になる。「条件制御の学習」を強調する結果、本質的な内容が不明確になっている例である。

科学的な記述になっているか

学習指導要領は「科学的な言葉や概念を使用して考えたり説明したりする学習活動などを重視する」(指導計画の作成と内容の取扱い)と述べながら、学習指導要領自体の記述が「科学的な言葉や概念」にもとづいた正確な表現になっていない。

すでに紹介した3年の「風やゴムの働き」で、「風の力」「ゴムの力」という言葉が使われているが、科学的には不正確な表現である。物理学で言う「力」は、「何が何に働いた力」と言わなければならないし、風やゴムそのものが力を持っているわけではないからである。ここでは「風は、物を動かすことができること」「ゴムは、物を動かすことができること」という程度の表現で良い。

6年の電気学習で、「電気は、光、音、熱などに変えることができること」とあった記述が、今回の改訂で「電気は、光、音、熱、運動などに変換することができること」と表現が変わった。おそらく光を出す電球、音を出すスピーカー、熱を発するヒーター、物を動かすモーターという電気器具を想定してこのような表現になったと思われるが、電球やヒーターが「電気の発熱・発光作用」を利用しているのに対して、スピーカーやモーターは「電気の磁気作用」を利用したものであって、電気が直接音や運動に変換されるわけで

はない。だから、「電気は、光・熱、磁力などに変換することができる」と表現することのほうが正確である。

5年の「植物の発芽、成長、結実」で、「花粉がめしべの先に付くとめしべのもとが実になり、実の中に種子ができること」では、「内容の取扱い」で「おしべ、めしべ、がく及び花びらを扱うこと」と指示しているので、多くの教科書は「めしべのもと」という学習指導要領の言葉をそのまま使っている。種子は植物の子どもであり、その子どもが育つ部屋が「子房」で、哺乳動物の「子宮」に対応するだいじな言葉である。ここは、「めしべの子房が実になり」という記述にしたほうが、「人の誕生」の学習とも関連付けたものになるだろう。

自然災害に関連した内容は

4年の「雨水の行方と地面の様子」は、今回新設されたものである。これまでも「雨水が地面を流れていく様子」を観察することは5年「流水の働き」で扱われていたが、今回の改訂で4年以上のすべての学年で「自然災害」に関連した内容を盛り込むという趣旨でここに加えられたという。

そのこと自体は良いとしても、「水は、高い場所から低い場所へと流れて集まること」や「水のしみ込み方は、土の粒の大きさによって違いがあること」は、生活科が設置される以前の低学年理科で扱われてきたものである。「晴れた日や雨の降る日に、空や地面の様子を見たり、雨水、氷などを使った活動を工夫したりさせながら、天気によって地面の様子に違いがあることに気付かせる」(1977年版学習指導要領小学校1年理科)、「砂や土と水とを使った活動を工夫させながら、砂や土の手触り、固まり方、水の滲み込み方、水の中に入れたときの沈む様子などに違いがあるこ

とに気付かせる」(同2年理科)として、1、2年の理科教科書には雨が降った時の校庭の雨水の流れ方を観察したり、雨がやんだ時の地面の乾き方を観察したりする内容が必ず載っていた。それが今度は4年で扱われ、そこに「雨水の流れ方やしみ込み方と地面の傾きや土の粒の大きさとの関係について、根拠のある予想や仮説を発想し、表現する」という学習方法が指示されるとなると、理科室でのモデル実験で終わってしまう心配がある。その意味では、低学年理科の時のほうがよほど実際の地形と具体的に関連づけたものであったし、そうでないと土砂崩れなどの「自然災害」に結びついた学習にならない。

5年「天気の変化」の「天気の変化は、映像などの気象情報を用いて予想できること」は、テレビやインターネット情報を集める活動を想定しているようであるが、それらを使って天気の変化を「予想」させる学習は、現実的ではない。天気予報は、気団、前線などさまざまな要素を駆使して行われるものであって、こうした知識ももたない子どもたちが与えられた情報だけから正確な予報などできないからである。そもそもテレビやインターネットで日々提供される「気象情報」自体が「予報」を含んでいるわけだから、わざわざ子どもたちに予報させる活動は必然性がない。「情報処理のしかた」を学ばせようという発想から組み立てられた学習が、現実と合わないことを示す例である。むしろ、子どもたちが毎日の天気図から「気象情報を読みとることができる」とするほうがだいじなことである。

また、「台風の進路による天気の変化や台風と降雨との関係及びそれに伴う自然災害についても触れること」(内容の取扱い)とあるが、最近の自然災害の様子を考えると、台風だけでなく梅雨前線のような日本に特徴的

な季節変化も合わせてとりあげられるようにしたい。

改善された内容は何か

それでは今回の改訂で改善された個所はどこか、それをいくつか紹介しておきたい。

3年でこれまでの「光の性質」だけでなく、「音の性質」が新たに加わった。子どもたちは日々音に囲まれた生活をしているのに、「音と振動」の学習は1998年の改訂で削除されて以来小学校でまったく姿を消してしまっていたのだから、それが復活したことは良い。また、「光の性質」で「光の直進性」が加わったことも良い。

5年の「動物の誕生」では、これまであった「魚は、水中の小さな生物を食べ物にして生きていること」が6年の「生物と環境」で扱うように変更された。マグロはイワシを食べ、イワシはプランクトンを食べるといった食物連鎖の学習で扱うほうが理解しやすいので、この変更も適切である。

それを受けて、6年の「生物と環境」は、生物界のつくりが見えてくる学習をだいじにしたい。「生物の間には、食う食われるという関係があること」は、食物連鎖の学習である。学習指導要領では、捕食する生物としての動物学習が欠落しているので、肉食動物→草食動物→植物（光合成）というつながりがきちんととらえられるような学習が必要である。そして、森林から流れ出る水にたくさんの無機物が溶け込んでいて、この水が海の藻場を育て、ここでプランクトンが繁殖し、魚が集まってくるといった「森が海を育てる」という学習も扱いたい。

今回の改訂で「生物と環境」に加わった「人は、環境と関わり、工夫して生活していること」は、「工夫して生活している」中身をリアルにとらえないと道徳的なきれいごとで終わってしまう。人も自然界の中で食物連鎖の影響を受けており、原発事故で拡散した放射性物質が藻→プランクトン→小魚→大きな魚→人へと影響を及ぼしていることも理解できるようにしたい。人間も自然界の中で生きているのだから、自然をよく知り、自然を保護し、自然の多様な生物たちと共存する生活を考える学習にしたい。

問題の多かった6年の「電気の利用」の「電熱線の発熱は、その太さによって変わること」は、今回の改訂で姿を消した。電流・電圧・抵抗といったことも教えられていない子どもたちが、ただ導線の太さと発熱の関係だけを学習させられ、教科書にある「太い電熱線のほうが発熱が大きい」ことを覚えた子どもたちが中学に行くと、電熱線のつなぎ方によってはまったく逆の「細い電熱線のほうが発熱が大きい」結果になることもあると教えられ、混乱を起こしたことが批判されてきたのだから、この削除は当然である。

自然科学の基礎を学ぶ理科に

理科では、自然科学の基礎を学ぶことをもっとも大切な柱にすえていきたい。それも断片的な知識ではなく、ひとつのことを知ったら身のまわりの自然界で起きている様々な事実がつながりをもって見えてくるような学習ができたら、子どもたちにとって科学を学ぶ楽しさを実感できることになるだろう。また、学習指導要領に書かれている「自然を愛する心情」や「見方・考え方」といったことも、こうした科学に裏付けられて本当に身に付いていくことである。

本書の第2章では、そうした内容を具体的な学習指導要領の記述にそって検討し、そこでは何が大切な内容かを述べていきたい。

なお、本書では現行学習指導要領（2008年告示）は《現行》、新学習指導要領（2017年告示）は《新》と略記している。

第2章
各学年の内容は何が変わるかどうするか

3年 物と重さ

食べたらその分体重が増える？

> (ア) 物は、形が変わっても重さは変わらないこと。
> (イ) 物は、体積が同じでも重さは違うことがあること。

「重さは変わらない」は質量保存の法則

　300gの丸い粘土を用意する。それを長細くして、台秤の台からはみ出るようにして置いてもやはり300gである。細かくちぎった粘土を置いても、やはり300gである。

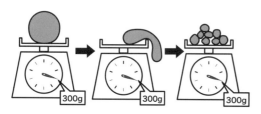

　《新》でも（ア）の内容の変更はないため、学習内容は現在の教科書同様、上記のような内容となるだろう。

　子どもたちは、長細くして台から粘土がはみ出ると、はみ出た粘土の分軽くなると考えがちである。また、細かくちぎると数が増えるため重くなると考えたり、一粒一粒が小さくなるため軽くなると考えたりする子どももいる。ここで物の重さは付けたしたり、減らしたりしなければ変わらないととらえることは大切なことである。

　「重さは変わらないこと」をとらえると同時に、「重さが変わる時は付けたしたり、減らしたりしたときである」ということも併せて学習する必要がある。粘土に少しでも何かを付け足したら重さが増える。また、細かくちぎった粘土を一粒でも取り出せば、重さは減る。こうした概念も学習することが「重さは変わらない（保存性がある）」ことに関わる内容である。そして「物の重さはたし算ひき算ができる」という概念につながるのである。

保存性が成り立つということは　　たし算ひき算もできるということ

　300gの粘土に10gの粘土をつけたら、310gになる。300gの粘土から10gの粘土をとったら、290gになる。

　「付けたしたり、減らしたりしたら、その分の重さも増えたり減ったりする」これは、たし算ひき算＝加法性が成り立つということである。

　たし算ひき算ができることは当たり前のようであるが、考えてみるとできないものもたくさんある。例えば温度はたし算ひき算ができない。10℃の水と20℃の水を合わせても30℃にはならない。体積については同じ物質の場合はたし算ひき算ができるが、違う物質を合わせてもたし算ひき算ができない。例えば水100mLと水200mLを合わせると、300mLになる。これは同じ物質を合わせた時はたし算ひき算ができるということである。しかし違う物質の場合はできない。水100mLとアルコール200mLを合わせても300mLにはならない。体積はたし算ひき算ができない場合があるのだ。

　そのため体積だと100mLあった物が300mLになっている時、200mLの物をたしたのか、それ以上、例えば210mLのアルコールをたしたのかがわからない。しかし重さを使って調べると、水100gあった物が300gになった場合は、200gのアルコールを付けたしたということになる。そのため、自然科学では「重さ（質量）」を大変重要視するのである。

「たし算ひき算ができる」ということは重要な概念。しかし…

　小学校の学習で重さはたし算ひき算ができることを使う場面として、5年生に「物の溶け方」の学習がある。水300gに30gの食塩を溶かすと、透明になって食塩が目に見えなくなる。そこで「食塩は見えなくなったが、なくなったのか」と聞くと、「食塩は全部ある」「味だけが残って、食塩はなくなった」「一部はなくなった」など様々な考えが出てくる。

　ここで確かめる方法は「重さ」である。300gの水に30gの食塩を溶かすと、330gになっていることから、食塩は水溶液中に全てあるということになる。

　これを体積で調べようとしても調べられない。水は300mLで、そこに食塩を入れると、確かに体積は増える。しかし、全ての食塩の分の体積が増えたかどうかはわからないのだ。

　このように、「物の重さはたし算ひき算ができる」ということは大変重要な概念である。だが学習指導要領には「たし算ひき算ができる」ということに関する記述がないため、教科書で扱われていない。算数の教科書には、計算ができることを目的とした学習が出ている。本来なら理科でやるべきことなのだが、算数で計算を目的とするのではなく「たし算ひき算ができる」という概念を獲得させる学習として位置づけ取り組む必要がある。

（ア）は、4年生以降の学習に「関連づけて」使われる重要な概念

「空気と水の性質」（4年）
「金属、水、空気と温度」（4年）
「物の溶け方」（5年）
「燃焼の仕組み」（6年）

　上記の単元で「物の重さ」の概念が必要である。特に4年生での「金属、水、空気と温度」では、温度が高くなると体積が大きくなるが、重さは変化していないことを学習するなど、「物の重さ」は様々な学習と「関連づけ」られる。「関連づける」ならば、4年生で学習するほうが良いと考えるが、3年生で学習することになっているため、なるべく4年生に近い時期に行うべきである。

「体積」とは何かということを子どもが答えられる学習になっているか？

　（イ）の内容も《現行》からの変更はない。《現行》の教科書では、木でできた立方体と鉄でできた立方体を2つ示し、体積は同じだが、重さは同じかどうかを調べるという学習である。

　「体積」という言葉が、3年生の理科では（イ）で初めて出てくる。体積とは「物が占める空間」を表している。そして、その物が占めている空間に他の物は入ることができないのだ。このことは、3年生で始まる理科では当然学習されていない。では3年生以前に体積は学習されているだろうか？

　2年生の算数「液量」の学習指導要領を見てみると体積に関わることが書かれている。

　《現行》「体積についての単位と測定の意味を理解し、体積の測定ができるようにする。
ア：体積の単位（ミリリットル(ml)、デシリットル(dl)、リットル(l)）について知ること。
イ：身の回りにあるものの長さや体積について、およその見当をつけたり、単位を用いて測定したりする活動」

とある。体積についての記述があるが、ここでは液量（水やジュースなど）の測定のみの学習になっている。木や鉄などの固体の物を見て、液量と同様と考えて「体積は」と理解できるだろうか。

　では《新》の算数「液量」の学習指導要領

第2章　各学年の内容は何が変わるか どうするか　15

をみてみると「体積」という言葉がなくなっている。

《新》「量の単位と測定に関わる数学的活動を通して、次の事項を身に付けることができるように指導する。
ア：次のような知識及び技能を身に付けること
（ア）（略）及びかさの単位ミリリットル（mL）、デシリットル（dL）、リットル（L）について知り、測定の意味を理解すること
（イ）長さ及びかさについて、およその見当を付け、単位を適切に選択して測定すること」

となっている。ということは「体積」という言葉に触れるのは、この「物と重さ」での学習がまったくの初めてということになる。体積とは何かという概念の学習が必要である。

ただ、体積の概念をここで学習したとしても、その概念を使うのは4年生である。「空気に体積がある」「温度によって体積が変化する」「固体・液体・気体と変化すると、体積も変化する」といったことである。やはり4年生で「関連づけて」学ばせたいところである。

「共通点」や「差異点」を見出す方法を学ぶ学習だが…

体積が同じ木と鉄の立方体がある。体積は同じだが、重さは鉄の立方体の方が重いことを学習する。すなわち「密度」である。

なぜ、ここで「密度」の学習があるのか。それは「体積」という「共通点」と、「重さ」という「差異点」を基に問題を見出させるという学習方法を学ばせるためだろう。

「共通点や差異点」を見出すことは大切な方法である。しかし、方法は、何かを明らかにするためにある。共通点や差異点を見出した結果「密度という、その物の性質を表す量がある」ことが明らかになるということにならなければならない。そうでなければ、子どもたちも「共通点や差異点を見出す」ことに意味を見出せなくなってしまう。

しかし、小学校では密度に関わる学習はこれ以降ない。しかも、密度は計算して求めるが、3年生にはできない。

そのため共通点（体積）と差異点（重さ）から「どうして体積が同じなのに重さが違うの？」という問題を見出しても、明らかにすることができないのである。

中学校の科学の《新》を見ると「物質には密度や加熱した時の変化など固有の性質と共通の性質があることを見出して理解する」とあるので、3年生では木と鉄のように、物が違うと重さが違うという経験をしておく程度にするとよい。

「ものの重さ」で大切なこと

（1）体積は見た目でどちらが大きいかわかる量である。
（2）物には重さがある。
（3）物の重さは比べられる。
（4）物の出入りがあったとき、物の重さは変わる。
（5）物の形を変えても重さは変わらない。

算数と合科で

前述のように、理科の学習指導要領には「物の重さはたし算ひき算ができる」ということに関する記述がないため、教科書でも学習されない。しかし、「たし算ひき算ができる」ということは4年生以降の学習に使われる重要な概念である。

そこで、算数の学習にある計算問題を「たし算ひき算ができる」という概念獲得のため

の学習として位置づけ、理科と合科で学習するとよい。

体積は見た目でどちらが大きいかわかる

まずは固体の体積の学習をする。大きな石と小さな石を置き、「どちらが大きい？」と聞くと大きな石を選ぶ。2種類の粘土のかたまりを置いて、「どちらのかたまりの大きさが大きい？」と聞くと、大きい粘土のかたまりを選ぶ。この「かたまりの大きさのことを体積という」ことを教える。

次に、液体の体積である。ビーカーに入れた水（100mLと200mL）を見せ、「どちらの体積が大きい？」と聞く。200mLの水の体積が大きいと答えるだろう。

ここでも液体のかたまりの大きさのことを「体積」ということを教える。固体も液体も扱うことで、物には体積があるというイメージを持たせたい。

また、体積は「目で見て」比べることができる量であることもとらえさせておきたい。体積と重さを混同してしまうことが多いからである。

ただ、体系的な学習は「関連づける」ことの多い4年生で行いたいので、ここでは以上のような程度でよい。

物には重さがある

食塩など、粒状の物の量を比べる時、どうしたらいいかと聞くと、「（見た目でわかる）体積で比べたらいい」という答えが返ってくる。しかし、食塩が入っている器を、机などでトントンとたたくと、体積が小さくなる。「隙間があるから体積では比べられない」ということに気づかせる。そこで「手で持って重さを比べればいい」となるだろう。手で持ってみてもわかりづらい場合は、上皿天秤に乗せると重さの違いがはっきりとする。

「物の量」は体積で表される時と重さで表される時がある。粒状の物の体積を測定することは隙間があるため難しい。そこで「重さ」を使って物の量を測ることになる。

体積は目で見て量れる量、重さは手で持って量れる量である。だから、「手で持ってみて重さを比べればいい」という発言は大切にしたい。そして手で持ってわかりづらい場合に、天秤を使い、量を比べることをとらえさせる。

単位導入は「算数」の時間を使って

手で持って比べることや天秤で比べることは算数でいう「直接比較」である。ここからは算数の学習として直接比較→間接比較→個別単位→普遍単位へという、単位発生の過程をたどらせながら、「g、kg」といった単位をとらえさせる。そして身の回りにある物の量を、「g、kg」を使って量れるようにする。

例えば教科書とノートの重さを直接比較できない時は、それぞれの重さを乾電池と比べることでどちらが重いかを量ることができる。教科書＞乾電池、ノート＜乾電池だと、教科書＞ノートであるといえる。これが間接比較である。

重さの違いだけであれば直接比較、間接比較で比べることができる。しかし、「教科書とノート、どれだけ重さが違うか」が問題になると、ビー玉何個分といった形で重さを比べる。教科書はビー玉10個分で、ノートがビー玉8個分であったら、教科書がノートよりビー玉2個分重いとなる。これが個別単位である。

しかし、個別単位は任意の物を使っているため、共通する物でないと一般に比較できない。そこで、世界共通の単位として「g」を使うことになった。「g」という単位を使って重さを量ることで、世界中どこにいても重さが比較でき、どれだけの違いがあるかもわ

かるようになったのである。また、重さが大きい場合はkgを使うようになったことも学ばせる。

続けてたし算ひき算ができることを算数で

算数では単位を学習した後に、単位を使った計算に入る。ここでたし算ひき算ができることを学習させたい。

まずは、どんなに小さな物にも重さがあることをとらえさせる。「小さな物や、軽い物には重さがない」といった考えを持っていたら、そもそもたし算ひき算ができないことになってしまうからである。敏感な秤りを使って髪の毛一本にも、消しゴムのカス一つにも重さがあることを確認する。

次に、10gの粘土玉と20gの粘土玉を合わせると何gになるかな？と聞くと、30gになると多くの子が答える。しかし、中には「粘土玉が合わさったら体積が小さくなったように見えるから、30gにはならないかもしれない」といったように考える子もいる。台秤に乗せて、30gであることを実際に見せることで確かにさせる。

続いて粒状の物を扱う。30gのごまに、10gの食塩を入れ、何gのごま塩になるかな？と聞くと、40gと答える子も多くいるだろう。ただ、体積の時に粒状の物はたたくと体積が小さくなったように見えたことから、40gにはならないのではないかと考える子もいる。やはり台秤で測って40gであることを確かめたい。

さらに液体の物も扱う。50gのカルピスに100gの水を加える。何gになるかな？と聞くと、ほとんどの子が150gになると答えるだろう。ただ、やってみなくては確かにならない。台秤に乗せると150gになることが確認できる。

このようにして、固体・粉体・液体と、どの状態でも足された分の重さが増えることを確かにさせていきたい。

金魚の体重は？

「たし算ひき算ができる」という学習のまとめに、金魚の体重を調べさせたい。小さな水槽に金魚が入った状態で、「この金魚の体重を調べたいんだけど、どうしたらいいかな？」と聞いて、みんなで考える。

ここでは水槽から金魚を取り除くと軽くなる。その軽くなった分が金魚の体重であることがわかるようにすることが学習のねらいである。物を取り除いて軽くなった分が、取り除いた物の重さであるということは、その他の学習でも使われることがある。特に気体のように軽い物の重さを測る時、たくさん空気を入れておいて重さを測り、そこから1L分の気体を取り除いて軽くなった分が、その気体の重さであるというようにすることがある。そのため、ここでそれに関わる具体的な体験をさせておきたい。ちなみに、この金魚は取り除くと300g軽くなったため、金魚の体重は300gであることが確かになった。

変形しても重さは変わらない

最後に粘土のかたまりを変形させても重さは変わらないことを行う。粘土だけでなく、アルミホイルやせんべい、自分の体重などでも重さは変わらないことを確かめさせたい。「重さはたし算ひき算ができる」ということを学習していれば、簡単にとらえることができる。

■ 3年 風とゴムの力の働き

強い風がぼくを押して、ぼく前に動いたよ！

（ア）風の力は、物を動かすことができること。また、風の力の大きさを変えると、物が動く様子も変わること。
（イ）ゴムの力は、物を動かすことができること。また、ゴムの力の大きさを変えると、物が動く様子も変わること。

「風の力」「ゴムの力」とは？

《現行》では「風やゴムの働き」であった単元名が、《新》では「風やゴムの力の働き」となった。学習内容を表す文章の前に「力と物の動く様子に着目して」とあることからも、《現行》よりも「力」を意識しているようにとらえられる。

そもそも力とは「何かが何かに働いたことで生じるもの」である。表題でいうと、「強い風」が「ぼく」に働いたことで生じた力である。このように、力は2つの物の関わりあいによって生じるのである。

「働き」とは力が働いた結果として「物を動かすことができる」

「強い風がぼくを押す」ことで力が生じ、その結果として、ぼくは「前に動いた」

これが「風とゴムの力の働き」の「働き」である。強い風がぼくを押したことで、「止まっていたぼくの体が前に動いた」というように、「ぼくの」運動の様子が変化したのである。

力そのものは目に見えないが、働きかけられた物の「運動の様子の変化」や「物の変形」が見られるのである。

これらのことから、「風とゴムの力の働き」とは、「風が○○に働いた力」「ゴムが□□に働いた力」ということであり、働いた結果として「○○や□□の運動の様子が変わった」「○○や□□が変形した」ということに関わる具体的な事実をとらえることが、この単元の学習内容である。

3年生にどこまで教える？

このように書いていくと、3年生に「力」を教えることは大変難しい。

《現行》の教科書では、まず送風機を使って強い風の時と弱い風の時の台車がどれだけ動くか（運動の様子が変化するか）をとらえる。次に伸ばしたゴムが元に戻る時に台車が動くこと。伸ばし方を変えたり、ゴムを二重にしたりして、台車の動きの変化をとらえさせる。その後ねじったゴムが元に戻る時に車のタイヤが動いたり、羽根が回ったりするという運動の様子の変化をとらえさせる活動をする。

単元名が変更され、《新》では「力の働き」が強調されている。《現行》の教科書を基に「力の働き」をそのままとらえさせようとするならば、「A：風が台車に働きかけたら台車が動いた」「B：伸びているゴムが元に戻る時に台車が動いた」「C：ゴムをねじってもとに戻る時に台車が動く」という3つの活動から、「風やゴムが物に働きかけた時に物が動かす力が働く。強い力が働くと、大きく動く」という一般性を引き出すことになる。

しかし、こうした一般性をまとめることは「○○が□□に働きかけたときに～cm動いた」といった表現を型にはめようとすることで理屈っぽくなってしまい、活動的な3年生は飽きてしまうだろう。「風は物を動かすことができる」「ゴムは物を動かすことができ

る」といった体験的な学習を通して「力の働き」に関わる具体的な事実をとらえさせる学習をすべきである。

「物が動く様子も変わること」も体験的に

「物が動く様子も変わること」についても体験的に行うことが大切である。《現行》の教科書では送風機を使って風を起こし、台車を動かす。弱い風の時より強い風の時のほうが遠くまで動くことを、データを取りながら教える。ゴムでも台車を使い、ゴムを短く伸ばした時よりも長く伸ばした時の方が遠くに動くことを、「どこまで動いたか」というデータを取りながら教えるようになっている。

《新》での「力の大きさが変わると、物が動く様子も変わること」について、これをとらえさせる方法として《現行》の教科書と同様にデータをとる学習方法が考えられるだろう。しかし、3年生の認識の仕方を考慮すると、データを取ることよりも後に紹介する理科工作を通して体験的に楽しく学ぶ方が「力の大きさが変わると、物が動く様子も変わること」をとらえることができる。

理科工作を通して体験的に「理解する」

以上、(ア)(イ)の内容は、ともに「理解する」内容として学習指導要領に書かれている。そして、内容の取扱いに「3種類以上の物づくりを行う」とあるが、3年生の認識の仕方をふまえると、データを集めるというよりも「物づくり」すなわち理科工作を通して体験的に「風とゴムの力の働き」の学習内容を理解できるような学習がよい。

風で動くおもちゃ作りを通して、風が物に働きかけると、その物が①前に進んだり、②回転したり、③変形したりすることがとらえられるような理科工作をする。

ゴムにおいても、ゴムの伸びを利用して、

①遠くに飛ばすおもちゃ作りや、②高く飛ぶおもちゃづくり、ゴムのねじれを利用して、③よくねじることで動くおもちゃを実際に作り、ゴムの伸びやねじれが元に戻る時の動き方を体験しながら理解できる工作にする。

風、ゴムそれぞれ理科工作をすることによって、体験的に楽しく(ア)(イ)の内容を「理解する」ことが大切である。

「風とゴムの力の働き」で大切なこと

(1) 物に風がよくあたるところを作ると、よく動く。
(2) 引き伸ばされたゴムが元に戻る時、物を動かす。
(3) ゴムをねじり、元に戻る時、物を動かす。

理科工作として大切なこと

理科工作をしながら体験的に「風やゴムの力の働き」についてとらえさせていきたいことは前述のとおりである。

そして、理科工作は作ることだけが目的ではなく、そこで何を育てるのかというねらいを教師はしっかりともちたい。

「何を作らせるか」という教材を検討する際は、「動く原理やしくみ（この単元では「風やゴムの力の働き」）」がどの子にもわかりやすいもの、誰でも作ることができるもの、作り変えが簡単にできるもの、材料が身近にあるもの、作る活動や遊びに発展性があるものといった視点で教材を検討すべきである。

また、取り上げる順序も仕組みが簡単で分かりやすいもの、どの子どもにも完成できるものから始めて、だんだん複雑なものへ進むように考えたい。

動く原理が「(1)風が何かに働きかけたから」とわかる理科工作を

一枚の紙でも、風を受けるところ（＝帆）を付けると動く。子どもたちは大きく動かしたいから強い風を起こしたり、その風をできるだけ受けられるよう、大きな帆を付けたりする。この時点で子どもたちは「風が物に働きかける力が大きければ大きいほど、物が動く」ことを体験的にとらえることができる。強い風を起こすと、帆が変形することもある。これも力の「働き」をとらえることになる。

そのうちに紙にタイヤのようなものを付ける子どもが出てくるだろう。タイヤをつけると、より大きく動く車ができる。理科工作のねらいである発展的な活動である。

風が物に働きかける力が大きければ大きいほど物が大きく動く事実を、帆をつけた車だけでなく、他の工作をすることによってさらに確かにさせていきたい。紙で作った筒に風が当たるところを付けると回転すること、風車は羽根を付け、風が羽根に働きかける力が大きくなるほどよく回転することなどを、理科工作を通して体験的にとらえさせるとよい。

動く原理が「(2)ゴムを伸ばし元に戻るとき物を動かす」がわかる理科工作を

画用紙などで作った円盤を、輪ゴムで飛ばす遊びがよい。子どもたちは遠くへ飛ばすために、ゴムを大きく伸ばすことをとらえることができる。「ゴムを大きく伸ばすと、円盤に働く力が大きくなるから、円盤が遠くに飛ぶ」という動く原理を体験的にとらえることになる。

割りばしの発射台

このことを基にして、発展的な工作として円盤を飛ばす発射台を割りばしで作る。（図）割りばしを2本、3本とつなげて、ゴムを大きく伸ばすことができるような発射台にしたり、ゴムを二重、三重にする工夫をしたりするだろう。体験的にとらえた「ゴムの伸びを使って、円盤を飛ばす」をもとにして様々な工夫を考えることで、より《新》の（イ）についての具体的な事実が積み重なる。

また、「ぱっちんガエル」を作ることで、より高く飛ぶためにはゴムが大きく伸びるものを作るようになる。長細い「ぱっちんガエル」を作ったり、ゴムを二重三重にしたりするだろう。こうした工作によって、「ゴムが物に働く力が大きければ、動きも大きくなる」ことをとらえることができる。

動く原理が「(3)ゴムをねじり元に戻るとき物を動かす」ことがわかる理科工作を

かたかた車

ペットボトルの中にゴムを入れ、そのゴムをねじって元に戻るときに進んでいく「かたかた車」を作らせたい。かたかた車を作ると、当然遠くまで車を動かしたいと考えるようになる。そしてゴムを何度も何度もねじるだろう。「ねじれたゴムが元に戻る時にペットボトルに働きかけ、ペットボトルが回転する」という「力と働き」を体験的にとらえられる。

様々な工夫ができるような理科工作を通して「風やゴムが物に働きかける力が大きいほど、運動の様子が大きく変化する」ということが確かになるだろう。

3年 光の性質

「光と音の性質」は後述の（ア）（イ）（ウ）のように一つのまとまりとして学習指導要領に書かれている。しかし、「音」「光」は科学の概念としては大変重要な内容である。それぞれ何を教えるかを明確にし、どのように学習するのかを考える必要がある。そこで、ここでは「光の性質の学習」「音の性質の学習」と分けて話を進める。

虫眼鏡を外に向けたら、白い紙に外の景色がうつった！

（ア）日光は直進し、集めたり反射させたりできること。
（イ）物に光を当てると、物の明るさや温かさが変わること。

「直進し」が学習として位置づけられた

夜、電気の点いた明るい部屋から暗い部屋のドアを開けると、一筋の光が暗い部屋に差し込む。鏡で日光を反射すると、日光が当たっていない地面に光の道がまっすぐ現れる様子が見られる。これらは光が直進しているからである。この「直進し」ていることに着目させることが《新》に明記された。

「光の直進」が中学校の「入射角反射角」「屈折」につながる

光は直進しているからこそ、物にぶつかった時に影ができる。また、ぶつかった物が鏡だったら全反射され、反射された光はまた直進する。光が水や凸レンズなどに入ると、直進方向が変わる。このことを屈折という。凸レンズは光を屈折させることで、光を集めることができるのである。

光についての学習は、小学校ではここが最初で最後であり、次に学習するのは中学校である。小学校での学習内容（ア）（イ）が中学校の学習を理解する上での基礎となっていなければならない。

中学校の学習指導要領では「反射、屈折するときの規則性」や「物体の位置と、像のでき方との関係」の学習をすることになっている。「反射するときの規則性」とは、直進してきた光が鏡にぶつかって反射するとき、図のように入射角＝反射角になるということである。光が直進しているからこそ、この規則性が成り立つ。小学校で「直進」を学習することが欠かせない。

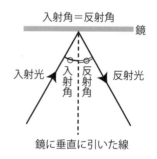

また「屈折するときの規則性」について、「屈折」を学習するためには、まず光が直進していることがとらえられていなければならない。光が直進して、水や凸レンズに光が入った時には、光の直進方向が変わる。これが屈折である。光が屈折することによって光を集め、温度が上がって紙を焦がしたり、物が見えたり、曲がって見えたりするのである。

私たちの眼も凸レンズになっており、やはり直進して入ってくる光を屈折させている。

このように身の回りにあふれている光が「直進」していることが光の学習の基礎的内容である。小学校3年生の学習として位置づけられたことは、中学校への接続の上でもよいことである。

中学校の学習内容の基礎になっているか

　その他の文言に内容の変更はない。しかし学習内容を表す文言と中学校の学習とが連携できるよう、授業での具体的な活動とその意味について、次の「光の性質」の学習で大切なことで述べたい。

「光の性質」で大切なこと

(1) 光源から光が来て、光がないと物は見えない。
(2) 光は鏡など物にぶつかって反射する。
(3) 物からの光はまっすぐに進む。
(4) 鏡や虫眼鏡で光を集めたり、物の温度を上げたりすることができる。

「物から出た光が目に入るとその物が見える」具体的な事実をとらえる学習に

　学習の始めに、視聴覚室や放送室を使って真っ暗闇体験をする。真っ暗闇の中では物の形も色も、何も見えない。光源として懐中電灯で明かりをつけると、物の形や色が見えるようになる。

　懐中電灯の光を赤い洋服に当てると、周囲が赤く見える。懐中電灯の光を白い洋服に当てると白い光が周囲に広がる様子が見られる。

　このような活動を子どもたちに体験させたい。光は身近にありふれていて、光があることさえ忘れがちである。しかし、光がなければ物は見えない。まずはそのことを実感させたいのである。そして、物は光によって見えるということこそ、「光の性質」を知る上で大切な事実を含んでいるのである。

日光は直進すること・鏡で反射することを使って光のリレーを

　地面に鏡を置き、日陰があるところに向かって、日光を反射してみる。すると、日陰の部分に、直進する光の筋が見える。その光の筋の途中にもう一枚鏡を置き、また光を反射させる・・・という光のリレーをさせたい。

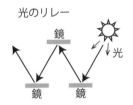
光のリレー

　日陰に向かって太陽の光を鏡で反射させる活動によって、日光が直進する様子が見られるだろう。また、光のリレーは「光は物にあたると反射する」ということにもつながる。真っ暗闇の部屋で、赤い洋服に懐中電灯の光を当てると周りが赤く見えるのは、懐中電灯の光が洋服にあたって赤の光を反射しているからである。そこまでとらえさせるわけではないが、「反射とは光を跳ね返す」ということをとらえさせるために、鏡で光を反射させる活動は大切にしたい。

　光は鏡にあたると反射する・光は直進するという性質を使った光のリレーでは、中学校で学習する入射角＝反射角の具体的な事実を体験することになる。光のリレーをするためには、鏡の位置や角度を調節する必要がある。この調節が、入射角＝反射角を具体的に体験していることになる。

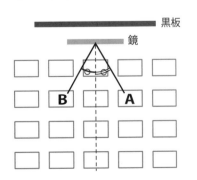

また、鏡を使って物が見えることは入射角＝反射角であることと関わっている。例えば教室の正面に置いた鏡を使って、自分の席の位置からどの子の顔が見えるかをやってみると、Aの子からはBの子が見える。このことは入射角＝反射角であるから、AとBの子が互いに見えるのである。

その他、潜望鏡という道具は下図のように入射角と反射角が等しいことを使って、見えない部分を見えるようにしているのである。

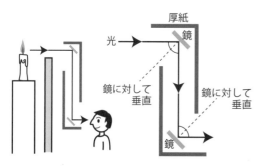

光のリレーは、光の直進性とともに、入射角＝反射角であることをとらえる体験になる。それは、物が見えることに関わる大切な法則なのである。

直進する日光を鏡で反射させて集めることで明るくなったり温度が上がったりする

一人の子を壁に向かって立たせる。その子の頭（後頭部）に向かって、鏡で日光を反射させる。すると、立っている子が「頭が暖かくなってきた！」と言うだろう。日光を集めると温度が上がることがわかる。また、日陰にある「まと」に日光を集めると、明るくなることもわかる。

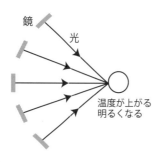

光を集めると、明るくなったり、温度が上がったりすることをとらえておくことは、次の虫眼鏡（凸レンズ）によって、光を集める学習へとつながる。

虫眼鏡は光を集めている

よく晴れた日に、虫眼鏡で紙を焦がす活動をすると、紙の上の光がとても明るくなり、紙が焦げるほど温度が高くなることがわかる。鏡で日光を反射させて光を集めたことと同様のことが、虫眼鏡でもできることに気づくだろう。

教室の蛍光灯の光を虫眼鏡で集めると、紙に蛍光灯の形で映る。この時、「日光を集めたときに丸くなっていたのは太陽の形である。虫眼鏡は光源の形を映すことができる」と話すと、子どもたちは「なるほど」となる。

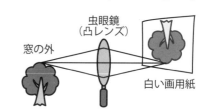

次に窓の方に虫眼鏡を向け、窓と反対側に紙を置いてみる。すると窓の外の景色が紙に映っているのを見ることができる。子どもたちは大変驚く。太陽の光を虫眼鏡で集めると、光源である太陽の形が紙に映ったこと、蛍光灯の光を虫眼鏡で集めると光源である蛍光灯の形が映ったことと併せて考えると、「外の景色が光を出しているってこと？」となるだろう。

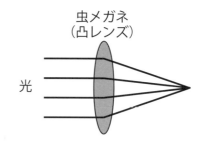

虫眼鏡は凸レンズになっている。そのため、直進してきた光は凸レンズに入ると屈折し、光を1点に集めることができる（図）。虫眼鏡で光を集める活動は屈折に関わる具体的な事実をとらえる活動であるから大変重要である。そして、光を集めると光源の形を映すことができる。このことから、指導要領の（ア）の「日光は」とあるが、「光源の形が映る」ことを理解させるために、この光の光源は太陽であることを意識させるとよい。その意識があることで窓の外の景色が紙に映しだされるのを見て、子どもたちは大変驚くのである。

窓の外の景色は、日光を反射しているため、光源ではない。しかし「光を集めている」ということは、青い建物は日光の青の光を反射して直進し、凸レンズによって屈折して集められていることである。葉が緑に見えるのは、日光の緑の光を反射して直進し、凸レンズに入って屈折して集められているからである。

このようなことを3年生の子どもたちに理解させるわけではないが、「どうしてだろう？」という知的好奇心がわくような具体的な事実を見せておくことで、中学校の学習につながるようにしたい。

読みもの

虫眼鏡と目の構造は同じ

虫眼鏡は直進する光を屈折させて光を集める。よく晴れた日に虫眼鏡を窓の方に向け、窓の反対側に白い紙を置くと、窓の外の景色がそこに映る。このことと、人の目の原理は同じである。

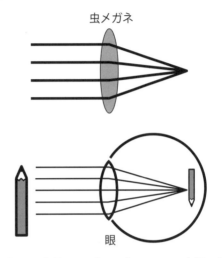

人の目も凸レンズでできている。太陽や照明の光が物にあたると、光は反射する。その光が目に入り、物が見えるのである。図にあるように、鉛筆に光があたり、光を反射する。その光が凸レンズの働きで集められ、目の奥にある網膜に鉛筆の像が映るのである。凸レンズを使って光を集め、光を感じる細胞が集まった網膜にちょうど像ができるように調整され、さかさまの像を感じて物を見ているのである。この調整も、虫眼鏡で太陽や蛍光灯の形が紙に映るように調整した活動と同様である。

だからこそ、光があることによって物に光がぶつかって反射し、その光を集めることによって、物が見えることに関わる事実を、鏡や虫眼鏡を使って学習することが重要なのである。

■ 3年 音の性質 ［46ページに学習展開プランが付いています］

声を出したら喉がふるえていたよ

> （ウ）物から音が出たり伝わったりするとき、物は震えていること。また、音の大きさが変わるとき物の震え方が変わること。

新しく学習指導要領に加わった内容

　1998年改訂でなくなっていた学習であるが、今回の改訂で再び学習指導要領に載ることになった。私たちの周りには音があふれている。そのことを科学的に学ばせたい。

　「音の性質」として学習させる内容が（ウ）として文章がひとまとまりになっているが、この文には4つの内容が書かれている。①物に働きかけたときに「物から音が出」る②「音が出た」ら「物が震えている」③「音が伝わったりする」と「物は震えている」④「音の大きさが変わるとき、物の震え方が変わる」である。

物から音が出る時は何かが物に働きかけた時である。

　ギターは弦を手ではじくと音が出る。リコーダーは息を吹くと音が出る。「物から音が出」る時は、物をたたく・はじく・吹く・こするなど、何かがその物に働きかけた時、つまり物に何か「力」が加わった時である。「力を加える」という働きかけがあることによって、音が出るのである。

音が出る時は物が振動している。

　ギターを手ではじくと音が出るが、音が出ている時の弦を見ると、振動している様子が見られる。トライアングルをたたくと音が出るが、音が出ているトライアングルを手で触れると、トライアングルが振動していることが感じられる。全て音が出ているものは振動しているのである。

　「音が出る時、物は震えていること」は、音を科学的に学ぶ上で大変重要なことである。

音が伝わるときも物は震えている

　低学年や保育園幼稚園などで、糸電話を一度は作り、「音が聞こえる！」という体験をしたことがあるだろう。ここでは音が伝わることを科学的に学ばせる。

　糸電話の一方の紙コップで話し、もう一方の紙コップに耳を付けると、声が伝わる。話している時に糸を触ってみると、糸が振動していることがわかる。

　このように、「伝わったりする時、物は震えていること」については「間に物があり、それが振動することで」伝わるのである。

音の大きさが変わると震え方が変わる

　トライアングルを強くたたくと、大きな音が出る。手で触れてみると、強く振動していることがわかる。トライアングルを弱くたたくと、小さな音が出る。手で触れると弱い振動が感じられる。「音の大きさが変わるとき、物の震え方が変わること」については、音が出ている物に直接触れることによって、震え方が変わっていることをとらえられるようにする。

　「比較」するために振動の違いの実験データをとるといった活動ではなく、体験を通して様々な物に働きかけながら「比較」し、音が出ている時の振動をとらえさせる学習としたい。

「音の性質」で大切なこと

(1) 物をたたいたり、はじいたりすることで、音が出る。
(2) 音が出ているときは、物が震えている。
(3) 音は、糸でも金属でも、間に物があると伝わる。

振動することは物に弾性があるからである

物に働きかけたことによって、音源の物が振動し、音が出る。そして音源から耳までの間に物が存在することで、間にある物も振動し、耳に伝わる。これは物にはバネのような性質＝弾性があるからである。堅そうな木でも鉄でもすべての物には弾性があるので、たたいたりはじいたりすると振動し、音が出るのである。

3年生で弾性という概念をつかませるわけではないが、紙も鉄も木も太鼓も鍵盤ハーモニカもストロー笛も、すべて音は物が振動したときに出るということを、五感を使って感じられるような学習にしたい。それが「すべての物に弾性がある」ことにもつながる。

身近な物を使った理科工作は振動をとらえさせるのに最適

身近な物に働きかけることで音が出る。そして音が出ている時には物が振動している。このことをとらえさせるためには、身近な物を使った理科工作が最適である。

ストローを使った笛を作ると、まず全員音を出せるようになるために、何度も練習したり、教えたりする。何度も練習したり教えたりする中で、自然と「音が出ると振動する」ことを感じられる。

その後、ストローで作った笛を工夫する時間をとる。ストローを短くして高い音を出す子がいると、「ぼくもわたしもやってみたい」となる。短い笛が出来上がると吹いて音を出して確かめる。すると、高い音が出る時も振動していることを感じられる。

ストローをつなげて長くしたり、ストローに穴をあけてリコーダーのようにしたりと様々な工夫がされる。息の出し方によって音の大小が変わるという、「息の出し方」の工夫もされるだろう。その工夫のたびに「吹く・音が出る・振動している」を体験するのであるのである。

こうしたことから、身近な材料を使った理科工作を通して「音の性質」の学習をさせたい。

音が出る時の振動を「触れて感じる」

学習の初めに一枚の紙を渡して、「音を出してごらん」と言うと、子どもたちは紙をたたいたり、はじいたり、こすったり、吹いたりと、様々な働きかけをする。

これらの働きかけをすることで音は出るが、振動が一瞬である。振動を目で見たり、触れたりすることで感じられるようにするためには、音が出ている時間の長さがある程度なくてはならない。そこで「紙で笛を作って音を出そう」と呼びかける。紙笛は吹くことで音が出る。吹いている間音が出るため、それだけ振動を感じる時間がある。

まずは紙を使って笛を作り「吹く」ことによって音を出す。何度も練習したり工夫したりする中で、音が出た時に「ぶるぶる震えている」といったことに子どもたちが気づくことができる。

ストローも前述のように笛になる。音が出ると振動することを、口で触れて感じることができる。

その後、ストローの音を大きくする工夫として、ストローの先にメガホンのような物を紙で作って付ける。付けた紙も振動していることをとらえることができる。

こうした活動を通して「働きかけると、音が出て、振動する」ということを、直接触れることで感じ取らせる活動をしたい。

音が出るときの振動を「目で見る」

「音が出ている時は振動している」ことをとらえる手段は「直接触れて感じる」他に、「目で見る」こともある。ただ、振動は目で見てもわからないことも多い。金属など固いものは、振動しているかどうか目で見られない上、瞬間的に振動がなくなってしまうことも多い。そのため、振動をとらえやすい方法として、まずは「直接触れること」である。紙笛やストロー笛を作り、唇で直接音が出るものに触れて、振動が感じられる物を作らせたい。そして紙にもストローにも弾性があることを体験させておきたい。

その後、目で見て振動をとらえることのできる輪ゴムギター作りに取り組ませたい。ギターも音が出る時に「震えるだろう」という子どもたちの見通しがあることによって、輪ゴムの振動に気づくことができる。また、輪ゴムギターは「はじく」という働きかけになる。働きかけ方と振動のとらえ方の広がりとして、取り組ませたい。

音楽室で振動を見つけよう

音楽室に行って、大太鼓をたたいてみる。すると、音が出て、たたいた面が振動していることが目で見てわかる。強くたたくと大きく振動し、弱くたたくと小さな振動であることも見ることができる。

トライアングルをたたいてみると、音が出ても振動していることが見えない。子どもたちに「震えているかどうか確かめるためにはどうしたらいい？」と聞くと「手で触ってみる」となるだろう。直接触れてみると、トライアングルが振動していることが感じられる。

このようにして様々な楽器の音を出して、物が振動していることをとらえさせたい。楽器をたたいたり、吹いたり、はじいたり、こすったりするなどの人の働きかけによって、楽器が振動していることを実際にやってみてとらえさせる。全ての楽器が、音が出ている時に振動していることが確かになるだろう。

次にトライアングルの音を止めてほしいというと、子どもたちはトライアングルを握る。握ることでトライアングルの振動が止まり、音が出なくなることもとらえることができる。

こうした活動によって、木でできた楽器も、金属でできた楽器も、皮でできた楽器も全て振動することを見つけることができ、全ての物に弾性があることにつながる体験になるだろう。

様々な働きかけを通して振動をとらえる活動は、新しい自然の見方であり、子どもたちが大変喜ぶ学習となる。

音が伝わる時2つの間の物が振動していることをとらえる

風船を一つ用意する。一人が風船の一方に耳をつけもう一人が耳を付けている反対側に口をつけ、小さな声で話すと、周りの子には聞こえないが、耳を付けている子には何を話したかが聞こえる。この時、耳を付けている子は「風船が震えている」と気づくだろう。風船の振動を感じることができる。

風船を2個3個とつなげても、耳を付けている子の風船が振動していることを感じることができる。そして、間にある風船に手を触れてみる。すると間にある風船も振動していることを感じることができる。

風船をつなげていくと、途中の風船が落ちて途切れてしまうことがある。間に物がなくなると音が伝わらない、振動が伝わらないととらえさせたい。

　途中の風船が落ちてしまうから他に変わりの物はないか考えると、糸電話のように糸でつなげばよいという考えが出るので糸でつなげると、やはり音が伝わるようになる。紙コップ

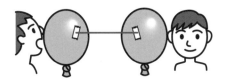

の糸電話で話しながら、糸に手を触れると振動していることがよくわかる。糸を金属の針金などに変えることで、堅そうな金属でも振動して音が伝わることがとらえられるだろう。

　こうして、音源と聞き手の間に目に見える物を置いて、振動が伝わっていることをとらえさせる。

　実際に音が伝わるときには空気が振動して伝わっている。しかし、空気は目に見えない上、空気が風船や糸、針金と同じように「物」であるという認識もないため、空気が振動していることをとらえることは難しい。空気が振動して伝わるということにつながるような具体的な事実として、風船や糸、針金などを使ってとらえさせたい。

　そして、音が出ているときは何か物が振動しているという視点で、自然を見ることができるようにしたい。

である。

　AとBの人が会話をしている。Aの人が肺にある空気を外に出すときに喉にある声帯を閉じて空気を振動させる。そして共鳴腔と呼ばれる空洞部分（咽頭腔・鼻腔・口腔）で反響して大きな音にする。

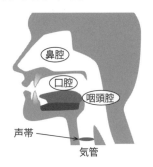

　振動した空気は、Bの人までの間にある空気を振動させ、音が伝わっていく。

　そして、相手の耳の中の空気が振動して伝わる。耳では鼓膜が振動し、耳小骨やリンパ液を振動させて、神経細胞に伝わり、大脳へ伝達される。

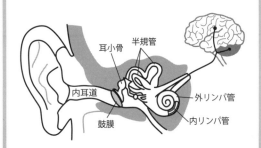

　このように、私たちの会話も体の部分を振動させて音を出したり、聞き取ったりしているのである。

読みもの

音が聞こえる仕組み

　人は声を出し、それを聞いて会話する。これまでの学習は、人間が音を発し、その音を聞き取る仕組みを理解する上でも大切な活動

■ 3年 磁石の性質

黒板は鉄でできているんだ！

> （ア）磁石に引き付けられる物と引き付けられない物があること。また、磁石に近付けると磁石になる物があること。
> （イ）磁石の異極は引き合い、同極は退け合うこと。

「磁石に引き付けられる物」とは鉄である

ここでは「磁石につく物」と「磁石の性質」の2つが中心的な内容になっている。

アルミ缶とスチール缶を出し、「磁石につくかな？」と問うと、多くの子が「両方ともつく」と答える。両方とも電気を通すので金属であり、金属ならば磁石につくと考えているようである。しかし実際にやってみると、磁石につくのはスチール缶だけである。金属の中の鉄だけが磁石につくのだ。

（ア）には「磁石に引き付けられる物」と「引き付けられない物」とある。次の「電気の通り道」の学習指導要領（イ）と同様、「何が」磁石に引き付けられる物で、「何が」磁石に引き付けられない物なのかが重要である。「磁石に引き付けられる物は鉄である」と学習内容を明確にし、磁石に引き付けられる物は「金属の中の鉄」と理解させることが、「電気の通り道」の学習から発展し、この単元で獲得する新しい概念となるのである。そのためにも、この学習の前に次に述べる「電気の通り道」の学習をしておくべきである。

鉄はすべて磁石になる

（ア）の「また～」以降の《現行》と《新》の文章を比較してみる。

《現行》「磁石に引き付けられる物には、磁石に付けると磁石になる物があること。」

《新》「磁石に近付けると磁石になる物があること。」

変更点は①《現行》磁石に引き付けられる物には」という文章が削除された　②「《現行》磁石に付けると」が「《新》磁石に近付けると」という文に変更された　という2点である。

変更点①については、《現行》の文章だと、「磁石に引き付けられる物」は鉄であるから、「鉄の中には磁石に付けると磁石になる物があること」という意味だ。しかし、鉄は磁石に付けると全て磁石になる。ただ、「永久磁石になるか？」というと、鋼鉄（炭素の含有量が多い物）は永久磁石になり、軟鉄（炭素の含有量が少ない物）は磁石に付けたときだけ磁石になる。「永久磁石になるか、それとも一時的に磁石になるだけか」そうした区別を3年生に行わせることは難しい。そのため変更点①についてはよいことである。

削除されたことで、《新》では物全体の中には「磁石になる物がある」ということを表す文言となった。鉄、木、アルミ、プラスチックなどの素材でできたスプーンがある時に、「磁石になる物がある」、つまり「鉄でできた物」が磁石になるのである。ただ、「物全体の中から」よりも、「金属でできている物の中から」のようにした方が、電気の通り道からの発展があり「磁石になる物は金属の中の鉄」という認識にすることができただろう。

変更点②では、例えば「磁石を近付けてみると」、鉄のスプーンが磁石に付き、その鉄のスプーンにクリップなどの鉄が付くようになるということを表している。「内容の取扱い」の中で、「磁石が物を引き付ける力は、磁石と物の距離によって変わることにも触れ

ること」とあるので、ここでは「○cmのところで、クリップが引き付けられた」などのデータをとって「差異点を見出す」という活動が考えられるだろう。しかし、データをとらなくても、磁石を使ったおもちゃ作りなどによって体験的に行うことで「差異点」も見出すこともできる。授業では活動的な3年生の認識の仕方を考慮した学習にすべきである。

磁石の性質の基本は…

（イ）は、「磁石の性質」の具体的な内容を述べたものである。磁石の性質は「異極は引き合い、同極は退け合う」ことであるが、それ以前に、「磁石には磁力の強いところがあり、それが極である」「極には2通り（N極、S極）がある」といったことも基本的な性質として含まれる。

また、「鉄と磁石の間に他の物があっても、磁力は働く」や「磁石は小さく切っても磁石になっている」ことも重要な性質である。

（ア）で「磁石になる物がある」と書かれているが、鉄が磁石になったかどうかを判別する方法は、その鉄に極ができたか、他の磁石に近付けたとき、「異極は引き合い、同極は退け合う」様子が見られるかで判断する。だから、（ア）の「磁石になる物がある」と書かれた内容を学習するためには（イ）の磁石の性質に関わる内容を知っておくことが必要である。指導計画を立てる際に留意しなければならない。

小学校の磁石学習は、5年生の電磁石の学習で、「電気が流れると磁力が発生する」ことにつながる。5年生の子どもたちが「磁力が発生した」と言えるようにするためには、ここでの学習の（イ）の内容を理解していることが重要である。

以上のことをふまえ、小学校の磁石学習全体の関連の中で、3年生は何を教えるべきか次のようにまとめられる。

「磁石」の性質で大切なこと

- （1）磁石にくっつくものは鉄である。
- （2）磁石は鉄との間に物がはさまっていても引き付ける。
- （3）磁石には2つの極がある。
- （4）磁石の性質を使っておもちゃを作る。

「電気の通り道」の学習をしてから「磁石の性質」の学習を

授業を作るためには、学習内容を明確にすることが大切である。《新》の（ア）で「引き付ける物」とある。しかし、授業をする際は（1）のように「磁石にくっつく物は鉄である」と学習内容を明確にすることで、それをとらえるために、どのような教材を用意して教えるかということになるのである。

（1）については「磁石にくっつくものは金属の中の鉄」という認識にしたい。そのためには、先に「電気の通り道」の学習を行い、豆電球で金属と非金属に分けるために使用したセット（アルミホイル、折り紙、アルミのS字フック、プラスチックのS字フック、ひも、アルミの針金、鉄の針金が入った箱）を教具とし、この中から磁石を使って鉄でできている物を調べさせるという教え方がよい。調べる活動を通して「金属の中に磁石にくっつく物があり、それが鉄だ」ととらえさせたい。（図を参照）

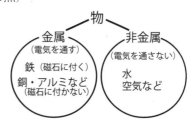

そして磁石を使って「鉄探し」をする。身の回りには金属がたくさんあるが、その中でも鉄でできているものがあることをとらえさせる活動が大切である。

「電気の通り道」を「磁石の性質」よりも先に学習することで、金属の中に鉄という物があるという認識にし、金属の中には様々な物質があることを知るきっかけともなる。

磁石は電気とはちがう

先に「電気の通り道」の学習をしておくと、「え？豆電球の時みたいに、磁石は鉄の周りに塗ってある色を削らなくてもいいの？」という発言が生まれるだろう。また、「鉄探し」の活動をすると「黒板は見た目が鉄ではないのに磁石がくっつく」という気づきが生まれる。これが、（2）「磁石は鉄との間に物があっても引き付けられる」という学習に取り組むきっかけとなる。磁石と鉄の間に紙などの物を入れても、磁石が鉄を引き付ける活動をさせる。

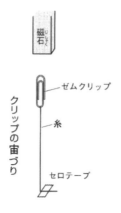

ここで「内容の取扱い」に新しく加えられた「磁石が物を引き付ける力は、磁石と物の距離によって変わることにも触れること」について取り組むとよい。図のように糸を机などに固定してクリップを付け、磁石で付けようとすると、浮いたような形になる。遠くに離れるほど、磁力が弱くなることも体験できる。

磁石の性質は「磁石かどうかを確かめるための手立て」として使える知識になるように

（3）では磁石の性質を学ぶ。こうした性質は「覚える」学習になりがちだが、性質は「使う」ことによって確かな認識となる。

まずは性質について知るようにする。磁石の端の方が磁力が強いことから、そこが「極」という場所であること。その極にはN極とS極があり、異極同士は引き合い、同極の場合は退け合うことをまずは確かめる。その後、それらの性質を使って「磁石かどうか」を確かめる活動に取り組ませる。

「方位磁針は針が磁石かな？どうやって確かめようか？」と聞くと、「N極、S極があること」「同極は退け合い、異極は引き付けられる」「磁石だったら鉄を引きつける」などの性質を使って確かめればよいと自分たちで考え、取り組むことができる。

その上で、方位磁針は北と南をさすことから、磁石の「N極は北を向き、S極は南を向く」という性質があることが新たに獲得される。磁石を水に浮かせたり糸で宙づりにしたりすることで、そのことが確かめられる。

磁石にくっついた鉄が磁石になっているかどうかを確かめるときも、方位磁針の針の学習と同様に磁石の性質を使って考え、取り組ませる。

最後のおもちゃ作りをさせる時にもこれらの磁石の性質を確かめながら作らせたい。

■3年 電気の通り道
自分たちの周りは金属でいっぱいだ！

> （ア）電気を通すつなぎ方と通さないつなぎ方があること。
> （イ）電気を通す物と通さない物があること。

つなぎ方の分類ではなく
「電気を通すつなぎ方は回路」と学習内容を明確に

豆電球、ソケット、乾電池を用意し、豆電球に明かりがつくつなぎ方と、明かりがつかないつなぎ方を考えてやってみる。すると乾電池のプラス極からソケット→豆電球→乾電池のマイナス極へとひと回りの輪になっている時に、豆電球に明かりがつくことが分かる。そして、ひと回りの輪になっていないつなぎ方の時は、豆電球に明かりがつかない。

豆電球に明かりがついたつなぎ方が「電気を通すつなぎ方」であり、それを「回路」という。ここまでを（ア）の文章が表していると理解しなければならない。

文字通り「電気を通すつなぎ方と通さないつなぎ方」という分類だけにとどまると、身の回りにある電気を使った物が、回路になっていることが見えるようにならないだろう。

また、（ア）に関わる学習では、理科セットを購入して、おもちゃを作らせることがある。しかし、おもちゃ作りで子どもたちがつまずくのは、回路がうまく作れないことである。そうならないよう、豆電球とソケットと乾電池で単純な回路づくりをすることがまずは大切である。

物の分類ではなく
電気を通す物は「金属」と言えるように

プラスチックでできたS字フック・画鋲・アルミの針金・木でできた物差し・硬貨・鉄の針金などを用意する。それらの物が、電気が通るか通らないかで分類する。電気が通る物は画鋲・アルミの針金・硬貨・鉄の針金であり、電気が通らない物はプラスチックでできたS字フック・木でできた物差しである。

このように、（イ）では、「電気を通す物か、通さない物か」というように、物を新たな視点で分類しようとすること自体は大切なことである。しかし、ここでも文字通りの分類だけに終わってしまってはならない。「何でできている物が電気を通す物」なのかその物の素材に目を向けさせることが大切である。《現行》の教科書でも、電気を通すものは金属であることまでとらえさせるようにしている。鉄の針金や画鋲やアルミの針金や硬貨は、電気を通すから金属でできているといえるのである。

「金属」についてはこの後、4年生で「金属の性質」「電流の働き」、5年生で「電流がつくる磁力」、6年生で「水溶液の性質」「電気の性質」で扱われる。「電気が通る」という金属の特徴とともに、金属光沢があることなどもとらえられるような取り組みが必要である。

そうしたことを考えると、ここでの学習内容は「電気を通す物は金属である」とし、子どもたちには、回路の間に物を入れて豆電球に明かりがついたとき、その物は「金属だ」と言えるようにすべきである。そして、金属は見た目がピカピカ光っていることもとらえたい。

「電気の通り道」で大切なこと

（1）乾電池に豆電球をつなぎ、回路ができると、豆電球に明かりがつく。
（2）金属を回路の途中に入れても、豆電球に明かりがつく。
（3）豆電球テスターで金属探しができる。

「豆電球に明かりがついた＝回路ができた」といえるようにしたい

豆電球とソケット、乾電池を使って「明かりをつけよう」と呼びかける。様々なつなぎ方を考えるだろう。その中から豆電球に明かりがつく時には「ひと回りの輪＝回路」になっていることに気づくことができる。

小学校の電気学習では、「乾電池のプラス極から導線をつないで、間に豆電球を入れて、乾電池のマイナス極までのひと回りの回路を、実際に手を使って試行錯誤しながら作れるようになる」という、単純な回路づくりができることを大切にしたい。

そのため《新》の内容（ア）は「電気を通すつなぎ方を回路という」と理解し、子どもたちへ取り組ませる内容を明確にする。

回路ができたかどうかは、電気が通ったかどうかである。しかし、電気が流れる様子は目に見えないため、豆電球を回路の中に入れ、豆電球に明かりがついたとき回路ができたといえるようにする。「回路が作れる・たどれる」ことを大切にしたい学習では、豆電球を使うことが大切である。豆電球は電球の中が見え、側面が金属になっていることから「豆電球も回路の一部である」ことを子どもたちに見せることができる。

回路が意識されることで、身の回りの明かりがついているつなぎ方が回路になっているだろうと考えられることにもなる。

「金属でできている物がある」と、素材に目が向くようにしたい

乾電池と豆電球、ソケットで作った回路の途中に、どんな物をはさむと豆電球に明かりがつくかを調べる活動をする。プラスチック、木、鉄、アルミニウム、銅などでできた物を間に入れると、鉄、アルミニウム、銅など金属でできている物を入れたときに、豆電球に明かりがつくことがわかる。

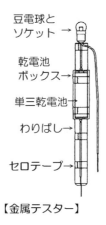

【金属テスター】

そして、乾電池と乾電池ボックス、豆電球、ソケットで上図のような金属テスターを作り、身の回りの物から金属でできている物を探す活動「金属探し」に取り組ませたい。子どもたちの身の回りには多くの金属が使われているという発見があるだろう。また、金属が発見されるたびに、回路を意識することにもなる。

金属には金属特有の金属光沢がある

スプーンや画鋲などが金属でできているとわかると、金属はすべて見た目がピカピカ光っていることに気づく。すると子どもたちは見ただけで「あれは金属だろう。ピカピカ光っているから。」と考えられるようになる。このように金属探しをしながら、金属には金属特有の光沢＝金属光沢があることに気づかせたい。

そして金属探しをしていくと「窓のサッシの部分はぴかぴか光っているから金属だと思ったけれど、豆電球に明かりがつかない。空き缶も光っているんだけど、豆電球に明かりがつかない」という声が出る。空き缶を使って考えてみると、缶の底の部分や内側の部分は豆電球に明かりがつくことがわかる。また机の脚の色がはがれている部分は豆電球に明かりがつくことも見つけられるだろう。これらのことから、「金属の上に何か塗ってあるのではないか」と考える。金属の上に塗ってあるものを紙やすりで削ってみると、金属のピカピカした光った色が現れる。そして、削ったところに導線をあてると、豆電球に明かりがつくことから、金属であることがわかる。窓のサッシや、不要な黒板をやすりで削ってみると、やはり金属が出てきて、豆電球に明かりがつくのである。

この後、「かくれた金属探し」として取り組むと、多くの金属がペンキやさびなどでかくされていることがわかる。金属は酸化しやすいため、多くの金属は被覆されていたり、酸化してさびが周りにたくさんついていたりすることが多いのである。こうした発見のある学習にしていきたい。

金属という物質群の共通性とその利用

金属探しを通して、金属光沢と電気伝導性という共通の性質を持った金属という物質群の存在を意識づける。そうすることで、他の学年の単元でも使われる金属概念がとらえられる。アルミニウムがとけた塩酸を蒸発させると、白い粉が出てくる。この粉がアルミニウムかどうかを考える学習が6年にある。金属には金属光沢があることを知っていれば、白い粉である時点で金属光沢がないのだから、アルミニウムではない物と考えることができる。

また、金属探しをしていると金属が台所に多く使われていることに気づくだろう。金属が熱伝導性に優れているということにつながる事実となる。

さらに金属が様々な場所に使われていることは、金属は砕けたりせず延展性があるために様々な物に加工されて使われていることにつながる事実である。そうして4年生での金属を扱う学習につなげたい。

（2）で金属を見つけられるようにするという明確なねらいを持つことが、今後の学習にも生かせる金属の概念をとらえることができるのである。

「磁石の性質」の学習の前に 「電気の通り道」の学習を

この学習をやってから「磁石の性質」の学習をするという単元同士のつながりは大変重要である。まずは「金属」という物質群があること、次に金属という物質群の中に「鉄」という物質があることをとらえることになるからである。

3年 身の回りの生物

身の回りの自然に目を向けさせ、日常的に自然に働きかける

> （ア）生物は、色、形、大きさなど、姿に違いがあること。また、周辺の環境と関わって生きていること。
> （イ）昆虫の育ち方には一定の順序があること。また、成虫の体は頭、胸及び腹からできていること。
> （ウ）植物の育ち方には一定の順序があること。また、その体は根、茎及び葉からできていること。

カブトムシ

バッタ

自然に目を向け
具体的な事実をとらえる学習に

《現行》では「昆虫と植物」「身近な自然の観察」と2つに分かれていたが、《新》で「身の回りの生物」として1つにまとまった。内容については変わりがない。

（ア）の「生物は色、形、大きさなど、姿に違いがあること」は生物の多様性に気づくことに迫る学習だといえる。

土の中にいるカエルは体の色を土の色に似せて暮らしている。また、草原があるところに住むアマガエルは体の色を緑にして暮らしていることなどは、体の「色」が「周辺の環境と関わって」いることである。

昆虫の口の形を見ると、草食昆虫の口の形と、肉食昆虫の形が違うことがわかる。樹液をなめる昆虫は、なめるのに適した形になっている。これも口の「形」が「環境」と関わっていることである。

カマキリ

植物も同様である。下の方についている葉が上の方についている葉よりも大きいことは、植物の体のどこについているかということに関わっている。草がたくさん生い茂っている所で育っている植物は背丈を高くしているし、道端では背丈が低い。「背丈の高低」が「周囲の環境」と関わっているのである。

このように動物も植物も身近な自然に多種多様な生物がいることを知るということは大切である。ただし、多種多様な色・形・大きさなどの姿は「周辺の環境と関わって生きている」のだが、そうした一般化せず、具体的な事実をとらえる学習にすべきである。

飼育をして昆虫の成長や繁殖など
生きている姿をとらえる

（イ）の「昆虫の育ち方には一定の順序があり」をとらえるためには、「飼育を通して」（内容の取扱い）いろいろな昆虫を観察する必要がある。

昆虫の育ち方には「一定の順序がある」としているが、昆虫の育ち方には完全変態するものと、不完全変態のものがある。完全変態するものとはさなぎの時期があるもので、チョウなどの昆虫である。不完全変態という

のは、卵から親と似た体で孵化し、そのまま大きく育っていく昆虫のことである。カマキリやトンボは卵から親と似た体で孵化し、脱皮しながら大きくなる不完全変態の昆虫である。

このように昆虫の育ち方には大きく2種類ある。子どもたちが身の回りで見つけた様々な昆虫を飼育する際に教師の視点としてもっておくとよい。そして飼育しながらどの昆虫も食べ物を食べ、大きく成長するという生きている姿をたくさん見せたい。3年生には「昆虫の育ち方には一定の順序がある」というような一般化は難しいが、それにつながる具体的な事実を学習させることが重要である。

「成虫の体は、頭、胸及び腹からできていること」については、ただ頭・胸・腹と分かれていることを覚えるだけの学習にはならないようにすべきである。それぞれの体の部位がどのような役割を持っているかを考えさせることで、（ア）と関わらせた昆虫が生きている様子を見る視点としたい。

栽培や身の回りの植物の観察を通し植物の成長や繁殖などの生きている姿をとらえる

（ウ）の「植物の育ち方には一定の順序があり」は、種子が発芽して子葉を出し、本葉を出して植物として育っていくことを「栽培を通して」（内容の取扱い）観察し、とらえさせようという学習である。

栽培をして成長の様子を観察することは大切なことである。「内容の取扱い」に「夏生一年生の双子葉植物を扱う」とあるので、ホウセンカやオクラを「種子から栽培し・芽が出て茎を伸ばし・葉が増え・花をつけ・実ができ・枯れる」という植物が生きている様子を観察させる学習になるだろう。一つの植物を継続して観察することは重要である。

しかし、3年生の子どもたちが春に植えた植物を、夏休みを挟んで秋までの長い期間、意識的に観察に取り組むのは難しい。アブラナなどの二年生植物を使った取り組みが必要である。詳細は後の「大切にしたいこと」で述べたい。

「その体は根、茎及び葉からできていること」では、種子から発芽し、根、茎及び葉によって栄養を獲得し、花を咲かせ実を作り、種子を残す。栄養器官である根、茎、葉についてとらえさせることは重要である。

そして、根の変化は難しいが、茎が伸び、葉が増えたり大きくなったりすることも、植物が成長するという、生きている姿である。

植物の体の成長を観察するためには、初めに根、茎、葉という体の部分を知っておくことで、それらの成長をとらえることができる。しかし種子からでは根・茎・葉を教えることができない。やはり「夏生一年生」の植物以外に、二年生植物も育てなければならない。

栽培していれば花も咲き、その後に実もできる。このことも「植物が生きている」姿である。身の回りの植物も同様に花を咲かせ、実を作り、種子を残す。こうした植物の繁殖に関する事実も併せてとらえさせるべきである。

「身の回りの生物」で **大切なこと**

(1) 動物は食べる。
(2) 動物は子孫を残す。
(3) 植物は成長する。
(4) 植物は花から実をつける。

動物は「どこにいたか？」「何をしていたか？」

「どこにいたか」「何をしているか」という

ことを視点にして動物を見ることで、「周辺の環境に関わって生きていること」に関する具体的な事実をとらえさせたい。

ショウリョウバッタについて「どこにいましたか？」と問われれば、草原にいたことが明らかになる。「何をしているか」については、ショウリョウバッタを飼ってみると草を探して移動したり、食べたりしていることがわかる。食べている口の様子などにも目を向けると、食べ物に適した口の形になっていることがわかる。また、草原の中で暮らしているショウリョウバッタは緑色で目立たないが、土の多い場所で暮らしているショウリョウバッタは茶褐色をしている。

「どこにいたか？」「何をしていたか」という視点をもたせることで、周辺環境に合わせて生きている姿をとらえることができる。

身の回りにいる様々な動物を飼育し
食べる・子孫を残す・成長する事実をとらえる

飼育してみることで、周辺の環境と関わって生きている姿を具体的に見ることができる。特に春には「食べる・成長する」姿が、そして秋には「子孫を残す」姿が見やすい。飼育している時にこれらの事実が見られたらクラス全員に観察させ、絵と文で表現するようにして子どもたちに認識させたい。

昆虫の飼育では、完全変態する昆虫として教科書にもよく出ているアゲハチョウを飼うとよい。卵→幼虫→さなぎ→成虫と育つことで、幼虫が葉を食べて成長する様子や、幼虫の体の様子と成虫の体の様子が変わる事実をとらえることができる。

不完全変態の昆虫としては、トンボを飼うとよい。卵を取ることは難しいが、ヤゴがイトミミズやオタマジャクシを食べトンボになることは教室で見られる。また、昆虫ではないが、6月頃にダンゴムシを飼うと、卵を産んで幼虫が生まれる。幼虫の色は白だが、親と同じ体の様子をしていることから、そのままの形で大きくなる事実をとらえることができる。

9月になってショウリョウバッタを飼育すると、葉を盛んに食べる様子や交尾の様子が見られる。お尻とお尻をくっつけている姿が見られ、交尾後にメスがお尻を土の中に入れて卵を産んでいる様子も見られる。その他の昆虫を飼ってみても、やはり交尾して卵を産む動物がいる。様々な動物を飼育することで、(イ)「動物は子孫を残す」ことをとらえさせたい。

生きている姿の観察を通して
体の部位の役割が見えるような学習に

飼育していると、昆虫が食べ物を見つけて食べている様子が見られる。

昆虫も、食べ物を見つけて食べないと生きていけない。昆虫の口は「頭」にあり、食べ物に適したつくりになっている。チョウはストローのような口であり、バッタは草をかじって食べる口である。そして食べ物を見つけるための目や触覚が「頭」にはある。つまり、頭には食べ物をとるための感覚器官が集まっているのである。

「胸」には食べ物を探して移動する羽と6本の足がある。チョウやトンボは羽で移動することが多いため、大きな羽をもつが、足は花や食べ物をつかむときだけに使うため細い足になっている。カブトムシは木の幹を上るため、落ちないように棘がついた足になっている。バッタは大きくジャンプするために太くしっかりした後足になっている。

「腹」は、食べ物を消化してもそのかすをふんにして捨てる。また、「腹」で呼吸しているので、絶えず動いている様子が見られる。交尾するときには尻と尻をくっつけて交尾し、

メスは土の中に産卵する。

（コオロギの産卵）

こうした生活に適した作りになっている事実や、頭・胸・腹それぞれの部位の役割を、飼育を通して生きている様子としてとらえさせることが重要である。そうしてさまざまな動物を見る視点にもなるよう取り組ませたい。

根・茎・葉を二年生植物の
　　アブラナで観察してから栽培へ

植物を見る時には、どこに、どんな様子であったのかという視点を持たせたい。「校門にあるサクラの木が、花が落ちて葉がたくさん出ていました。木の幹からも葉が出ていました」というように、植物の変化や成長の様子に関わる具体的な事実をとらえさせる。

子どもたちが植物の変化をとらえるためには、植物の体が根・茎・葉・花・実でできていることを知らなければ、どこを見ればよいのかがわからない。そこで、二年生植物のアブラナを使う。2年生の9月頃に二年生植物のアブラナ（キャベツ・小松菜なども）やソラマメなどの種子を植えておく。子どもたちが3年生になった4月になると、ぐんぐん茎をのばし葉を増やして成長し、花をつけて実をつける。（3）の「植物は成長する」様子が夏生一年生の植物を栽培する前に見ることができ、植物の体についても知ることができるので、夏生一年生植物の栽培に見通しをもって取り組むことができる。

植物は花が咲くと実ができる

アブラナは（4）「花から実へ」という様子についても4月に見ることができる。大きな実ができはじめた頃のアブラナをみると、1株につぼみ、開花したもの、花びらが散ったもの、小さな実、大きな実がついている。こうして、アブラナの開花から結実までの様子を1株で見ることができる。アブラナは花が小さくて扱いにくい難点があるが、長期の継続観察をしなくても花から実（種子）への変化を見ることができる。そのため植物の変化をとらえ、身の回りの植物を見る視点を養う学習として、とてもよい教材である。

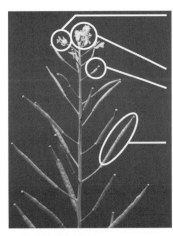

花びらがついた小さな実
開花したもの
花びらがとれた小さな実
大きな実（中に種子）

1年間通して
　身の回りの様々な動物・植物の観察を

このように考えていくと、単元で学習を終わらせるのではなく、年間通じて学習が行われるようにしたい。そして、様々な昆虫（動物）や植物でこれまで述べてきたような具体的な事実をとらえさせていき、身の回りの自然に目を向けさせたい。

また、これらの具体的な事実は5年生の「動物の誕生」「植物の発芽、成長、結実」、6年生の「生物の体のつくりと働き」「生物と環境」の学習とつながる事実となるだろう。

■ 朝の会のスピーチ活動で

「自然のたより」をやってみよう
~話したがり、やりたがり、知りたがりの子どもに~

動物・植物の生きている姿をとらえるためには、「身の回りの生物」の単元だけで学習を終わらせず、継続的に様々な動植物の様子に目が向くようにしたい。そのことが、「身の回りの生物」の学習の大きなねらいである。

生きている姿を見つけると「話したい！」

身の回りの自然に目が向くようになると、学習したことと似ていることを子どもたちが見つけてくるようになる。アブラナの花が実になり、実の中には種があることを学習した後、クラスの子が、ナガミヒナゲシを見つけてきて「先生！この実をあけるとね・・・」と話しかけてきた。そこで、クラスの前で発表させた。

> O：ヒナゲシの花びらがついていないやつを見つけました。一つ取ろうと思っていたら、いっぱいとれました。中を見てみたら、茶色いたねみたいなものが出てきました。
> C：そのたねを見せてください。
> O：（コップに入れたたねを見せる）
> C：こんなにいっぱい入っていたの？
> O：そう。これで実1個分。
> C：たねがゴマみたい。
> C：いつ　見つけた？
> O：今日です。鬼ごっこをしているとき。
> C：どこで見つけた？
> O：思い出館ホールの横。
> C：花がついてないやつは何個くらいありましたか？
> O：6こです。

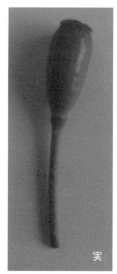 

実　　　実の中に種子

このように「見つけた！」となると、それを「見て！見て！」「話したい」となるのが3年生である。だからこそ「話す場」を作っておき、いつも「話したい」内容を持っているようにしたいと思う。それが「自然のたよ

り」である。

ぼくもわたしも「やりたい！」

「ぼくもヒナゲシの実、あけてみたい」という声が上がったので、校庭の隅に生えていたヒナゲシの花と実を取りに行った。「話す場」である「自然のたより」を通して、「やりたい！」という思いを引き出すきっかけとなる。

他の植物はどうなのかな？「知りたい！」

ヒナゲシの花も実になったことから、他の子が「ネジバナの花も実になるのかな」と考え、ネジバナの根ごと抜いて学校に持ってきた。「知りたい！」と思ったことはやっぱり話したい。「ネジバナに花が咲いていて、ネジバナの花の周りに、たくさんのネジバナがあったから、花が咲いたら種ができるのかなと思って持ってきました」と、クラスのみんなに話をした。すると今度はタンポポが持ち込まれたり、オニタビラコが持ち込まれたりと、様々な植物についても「花から実ができるのか知りたい！」となった。

このように、自然に目を向けることは、子どもたちを「話したがり、やりたがり、知りたがり」にする。こうした活動を「自然のたより・見つけたよ！」と名づけ、朝の会のスピーチ活動として取り組んだ。

「見つけたよ！」の活動方法

発見したら、話したい。これは子どもの欲求であり、人間として「表現したい」という欲求でもある。「話す」という場を設けることで「やりたい・知りたい」につながり、さらに自然に目が向くようになる。その「話す」場を朝の会の一つのプログラムとして設けた。
ア：話す子は、実物か絵を描き、それをみんなに見せながら話す。話したい子が挙手して話す。
イ：質疑応答をする。この質疑応答は大変重要である。話す内容を引き出す役割があるからである。前述のヒナゲシの発表では、ヒナゲシのことを見たことがある子は、発表内容がわかるので、積極的に質問していた。
ウ：発表内容が全員に見せたい自然の内容である場合は、そのまま理科の授業とし、全員で観察して絵と文に書かせる。「全員に見せたい内容」というのは、前述の「身の回りの自然でとらえさせたい大切なこと」に関わる内容である。

あまり話さない引っ込み思案の子も、こうした活動の中で話すことを躊躇しなくなることもたくさんあった。また、活発で元気な子どもも、この活動に生き生きと取り組んだ。帰りの会には「今日、来られる人は〇〇広場に集まって明日の自然のたよりで発表するものを一緒に探そう」という声かけが、日常になっていった。

国語の「話す・聞く」とも関わらせながら時間を確保し、取り組むことが学級づくりの面からも大切である。

3年 太陽と地面の様子
太陽の位置から東西南北がわかる

> (ア) 日陰は太陽の光を遮るとでき、日陰の位置は太陽の位置の変化によって変わること。
> (イ) 地面は太陽によって暖められ、日なたと日陰では地面の暖かさや湿り気に違いがあること。

太陽の位置が変化することで日陰の位置が変化する

　よく晴れた日の午前中、学校の屋上に棒を立て、棒の影の位置にチョークで印を付けておく。併せて遮光板で太陽の位置を確認すると、影とは反対側に太陽が位置していることがわかる。そして正午、午後と影の位置を見に行くと、影の位置が変わっている。遮光板で太陽の位置を確認すると、やはり太陽の位置も変わっていることがわかる。

　《現行》では「日陰の位置は太陽の動きによって変わること」という記述だったが、《新》の（ア）は「日陰の位置は太陽の位置の変化によって変わること」と変更された。《現行》の「太陽の動き」では、太陽が動いているような誤解を受けやすい。実際は地球が自転していることによって、太陽の位置が変わっているので、《新》の表現に変更されたことはよいことである。そして、日陰を観察するときに太陽と日陰の位置関係をとらえるようにすることは、東西南北という方位がわかる上でも大事なことである。

方位は太陽の位置でわかる

　（ア）に関わる「内容の取扱い」の文言も変更となった。比較すると、
　《現行》「『太陽の動き』については、太陽が東から南を通って西に動くことを取り扱うものとする」
　《新》「『太陽の位置の変化』については、東から南、西へと変化することを取り扱うものとする。また、太陽の位置を調べる時の方位は、東、西、南、北を扱うものとする」
　《現行》「太陽の動き」が《新》「太陽の位置の変化」に変わった。そして《現行》「太陽が〜動く」という天動説と間違えてしまいそうな文章が《新》「太陽の位置の変化について〜変化する」というように、地球の自転によって、太陽の位置が変わっているととらえられる文章に変更された。（ア）の変更と同様によいことである。

　北半球では、太陽高度が最も高くなる時、つまり正午の頃に太陽のある方向を南と定め、その反対を北としている。正午より前の時間である午前中に太陽のある側を東、正午より後の時間である午後に太陽のある側が西と定めている。つまり、東西南北の方位は時刻と太陽の位置によってきめられているのである。

　教室で「黒板がある方が北」などと覚えさせ、観察している時の太陽の位置は東西南北でいうとどの方位にあるか？というように学習させることがある。これでは教室の向きが変わってしまったら、黒板は北ではなくなってしまう。東西南北は前後左右のように自分の向きによって変わるものではない。時刻と太陽の位置によって東西南北の方位がわかるというように学習させるべきである。そして、太陽の位置は日陰の位置によってわかるので、（ア）の学習は東西南北を知る上でも大切なのである。

「暖かさの違い」を客観的に示す温度計の理解が必要

（イ）には、「日なたと日陰では地面の暖かさ～に違いがあること」とあり、これは《現行》と変更はない。温度計を使って日なたと日陰の暖かさの違いを調べる学習をする。

温度計を使う学習は、ここでの学習か「光と音の性質」の学習のどちらかである。《現行》の教科書では1社を除いて、この「太陽と地面の様子」の学習で初めて温度計を扱うことになっている。

そもそも、「暖かさに違いがあること」をとらえさせるだけならば、温度計は必要ない。人間の感覚で「暖かい」「冷たい」を感じ取ればよい。温度計を使う理由は何なのか。

子どもたちが「温度計を使わなければ、暖かさの違いがわからない」と考えられるようになるためには、まず「温度とは何か」を子どもたちが理解していなければならない。

温度とは暖かさ、冷たさを客観的に示すものである。人間の感覚でも暖かさや冷たさを感じることはできるが、冷たい物を触っていた手で暖かいものを触ると、とても暖かく感じる。熱いと感じる物を触っていた手で、他の子が暖かいと感じた物を触ると冷たく感じることもある。それだけ人間の感覚はいい加減である。そのために客観的な指標である「温度」が必要になる。そして数字で表し「℃」という単位を付けることで、「どれだけ違うか」という比較ができるようになった。

「暖かさ」を扱う内容であるなら「温度」を理解する必要があるが、学習指導要領には「温度」の学習がない。《現行》の教科書では温度計の使い方のみになってしまっている。まずは「温度」の学習をしてから「日なたと日陰では地面の暖かさ～に違いがあること」をとらえるために、温度計を使って温度を正確に測るという理解が必要である。

「湿り気」があることは地面から水蒸気が発生していること

「暖かさ」と「湿り気に違いがあること」と内容にある。「暖かさ」は温度計を使って暖かさの違いを調べるが、「湿り気」は手触りで違いを感じ取る程度で終わっている。湿り気は温度の違いに比べて、日なたと日陰とで明瞭な違いがあるとは限らない。

「共通点と差異点を基に、太陽と地面の様子との関係について問題を見出し」という方法が目的であるから「湿り気」の比較も学習内容として入っているのだろう。別の項でも述べたが、方法は何かを明らかにするためにある。湿り気が日なたにも日陰にもあるが、それには違いがあることを比較することによって、何が明らかになるとよいか？それは「地面からはいつも水蒸気が蒸発している」という事実をとらえることである。そして、日なたでは水蒸気の発生が多いため、地面がかわき、日陰では水蒸気の発生が少ないため湿っている。そのようなとらえ方をすると、4年生の「天気の様子」や、その後の水の大気循環の学習につながる内容となるだろう。

「太陽と地面の様子」で大切なこと

- （1）自分を基準として、東西南北を使った方位がわかる。
- （2）方位を使って空間的な広がりをとらえる。
- （3）物の温かさ、冷たさの違いは、温度計の液柱の高さの違いでわかる。（物の温かさ、冷たさの度合いを表したものが「温度」である。）
- （4）温度計でいろいろな物の温度やその変化を調べる（温度計の正しい使い方を知る。）
- （5）物の温度はたし算ができない。

前後左右と東西南北の違い

教室で子どもたちを立たせ、「校庭は前後左右どこにある?」と聞く。「左にある」と言う。次に子どもたちに回れ右をさせる。すると校庭は子どもたちの右にあることになる。前後左右は自分がどこを向いているのかを言わなければ、正確に伝えることはできない。

正午頃に屋上に上がり、遮光板を使って太陽の位置を確認する。正午の太陽の位置を南とし、反対を北、太陽が昇ってきた方を東、これから太陽が沈んでいく方を西と決めたという話をする。

そのまま屋上で子どもたちを南に向かせたまま立たせる。「校庭はどこにあるか、東西南北で言ってみて」と聞く。校庭が東にあったとしよう。子どもたちに回れ右をさせる。それでも校庭は太陽が昇ってくる東にあるということになる。東西南北の方位は太陽の位置によって決まっているので、自分がどちらを向いていても変わらない。そのため、地図で位置を示す際には東西南北を使うということに気づかせたい。

日常では遮光板があるわけではない。その際は影の位置によって太陽の位置を知ることができることも次のように気づかせる。

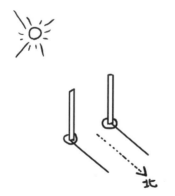

屋上に棒を立て、午前・正午・午後と、棒の影を記録していく活動をする。午前は影は西のほうに伸びている。遮光版を使うと、影と反対側に太陽があることが確認できる。正午には影が北に向かって伸びている。そして午後には影が東に向かって伸びている。午前中と同様、遮光板で太陽の位置を確認すると西にあることがわかる。このように影によって太陽の位置がわかり、その太陽の位置と時刻によって、東西南北の方位がわかるようにさせたい。こうした活動によって、太陽の位置が東から南を通って西に変化することもとらえられるだろう。

時刻と太陽の位置から東西南北を知る

社会科の学習を使って町探検に出る。午前10時。安全な場所で、「これから自分たちは東西南北どちらに向かって歩くのか」と聞く。影の位置から太陽の位置が東にあることがわかる。それを基準にして自分たちが今からどちらの方角に行こうとしているのかがわかる。正午頃、太陽が真南にある時にも「学校へ帰るには、東西南北どちらに行く?」などと聞くと、学校が自分たちの位置から見てどちらの方位にあるのかがわかるだろう。

東西南北は覚える学習になりがちだ。しかし、「現在の時刻」と「影の位置から太陽の位置」がわかることで東西南北がわかるというように使える知識として学習させたい。

また、太陽が出ていない天候や時間帯の場合は、方位磁石が使えることも学習させる。

温度は物の温かさ冷たさを示す度合い

40℃のお湯、水道水、氷水の3種類を用意する。40℃のお湯と氷水に両手を片方ずつ同

時に入れて、10秒後に両手を水道水に入れて、それぞれの手の感じを比べる。すると40℃のお湯に入れていた手は水道水を冷たく感じ、氷水に入れていた手は水道水を温かく感じる。人間の感覚では物の温かさや冷たさが正確に測れないことがわかる。

湯　水道水　冷たい水

そこで正確に測るための道具として温度計があることを教える。40℃のお湯から水道水に入れたり、氷水に入れたりしても正確に温度を知ることができる。

また、温度計の使い方として温度計は球部のまわりの物の温度を測るものであるから、物の中に温度計の球部を差し込んで温度を測ること。温度計の液柱がある高さで止まった時の高さが、その物の温度であること。液が止まったときに目盛りを読むこと。「℃」という単位で表すことも教える。

温度を初めて学習するときは、算数の「m、cm、mm」や「L、dL、mL」と同様、なぜ温度という度合いを表す量が必要となったのかという、単位発生の過程を理解させる学習が必要である。

物には温度がある

学習指導要領では「日なたと日陰に暖かさの違いがあること」を学習させることになっているが、それ以前に、まず物には温度があることをとらえさせたい。物に温度があるこ

とによって、「何の温度か」が意識されるのである。

自分たちの周りにある物の温度を測ってみる。手の温度、粘土の温度、空気の温度など、様々な物に温度計の球部を入れてその物の温度を測る活動をさせる。中には「氷に温度はあるのかな？」と考える子もいる。0℃や－（マイナス）の温度は、液量が0mLのように「ない」を意味すると考えているのである。そうではなく、「0℃という温度なのである」ことを説明する必要があるだろう。物にはすべて温度があることが確かになると、「何の温度か」が意識されるようになる。

そして日なたと日陰の暖かさの違いは、「日なたの地面の温度」と、「日陰の地面の温度」の違いを調べると理解して取り組めるようにする。その中で地面にも温度があること。それは日なたと日陰で違うことを扱うようにする。

地面から水蒸気が発生している

透明のガラスコップを逆さにして地面に置いてしばらくすると、コップの内側の側面に水がついている様子が見られる。「地面から水が出てきている」というようにとらえられるだろう。日なたの地面からも日陰の地面からも「地面から水が出てきている」ことが確かめられる。

地面から水蒸気が出ていることは、4年生の「水の3つの姿」の学習などとも関わる。また、気候の学習で「水蒸気が集まって雲を作り、雨が降る。地表に落ちた水がまた水蒸気となって・・・」という水の循環を学習することとも関わる体験となるようにするとよい。

■3年
「音の性質」の学習展開プラン

　物が振動することによって音が出ていること。音が伝わるときには、2つの物の間にある物も振動していることを、理科工作を通してとらえさせたい。そのための学習プランを次のように考えた。なお、子どもたちは「振動」という言葉は使わないだろう。振動に関わる「ぶるぶる」「震え」などといった言葉で学習を進めるようにする。

第1・2時　1枚の紙で笛を作って音を出そう

【ねらい】1枚の紙を吹くと、音が出て、紙が震えている。

①紙を使って音を出そう。
　紙1枚を子どもたちにわたし、「音を出してみて」と言う。すると紙を「たたく、破る、丸める」など様々な働きかけがされるだろう。物に働きかけることによって音が出るという、学習の第一段階である。

②紙笛を作ろう
　様々な働きかけの中から「今日は『吹いて』音を出します。」と言って、紙笛を紹介する。

③紙笛を吹いて音を出そう
　図のように紙笛を作り、吹いて音を出す。音を出す中で、子どもたちから「紙が震えている」という紙の振動に関わる発言が出たらいったん活動を止め、「紙が震えているって言っている人がいたよ。みんなで確かめてみよう」とし、音を出して紙が振動していることを確かめる。

④「今日やったことや見つけたこと」をノートに文章で書こう。
　授業中にやったことを順序良く、見つけたことは何をしたら見つけたかということをノートに書かせる。書くことは認識させることである。子どもたちのノートに「紙が震えていた」ということが書かれるようにする。

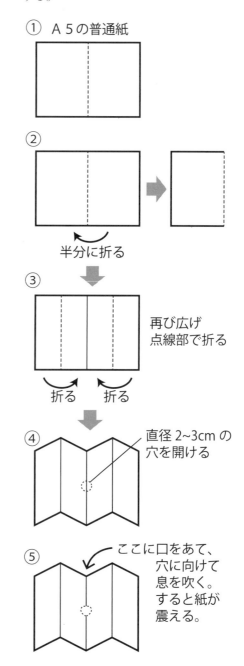

① A5の普通紙

② 半分に折る

③ 再び広げ点線部で折る
　折る　折る

④ 直径2〜3cmの穴を開ける

⑤ ここに口をあて、穴に向けて息を吹く。すると紙が震える。

〈子どものノートの例〉
「紙が笛になる？」
　今日は最初に紙を半分に折って、折り目のところに穴をあけて、また両側に折って、紙笛を作りました。最初は音がならなかったけど、だんだんなってきました。他にも私は草笛をやったことがあって、それみたいに吹いてやってみるとちょっとできたけど、だんだん口がつかれました。見つけたことは2つの紙笛を重ねても音が出ることを見つけました。友だちの見つけたことは、音が出ると、紙がぷるぷるすることです。私もやってみたら、紙がびりびりしていました。

※この活動は紙笛をならせるようになるまでに時間がかかる。全員ができるよう、余裕をもって2時間の計画とした。

第3時　ストロー笛を作り、音を出ているところを見つけよう。

【ねらい】ストロー笛は息を吹くと音が出て、ストローが震えている。

①ストロー笛で教師が音を出して見せる。
②ストロー笛を図のように作る。
③ストロー笛を吹いて遊ぶ。
　「ストローが震えている」といった発言が出るだろう。全員で振動を確認する。
④ストロー笛を工夫して音を出そう
　「ストロー笛を工夫してみよう」と声をかける。ストロー笛を長くしたり短くしたりすると低い音や高い音が出ること。リコーダーのように穴をあけてみる子など、様々な工夫をするだろう。
　そして工夫の度にストローが振動していることが感じられるだろう。一人一人にストローが振動していることを確認していき、子どもたちのノートに書かれるよう取り組む。

⑤今日やったことや見つけたことをノートに書く。

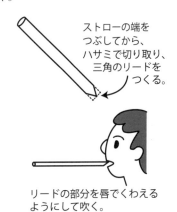

ストローの端をつぶしてから、ハサミで切り取り、三角のリードをつくる。

リードの部分を唇でくわえるようにして吹く。
リードの部分が震える。

第4時　ストロー笛ラッパを作り、ラッパ（メガホン）の震えを見つけよう。

【ねらい】ストロー笛にラッパ（メガホン）をつけると音が大きくなり、ラッパ（メガホン）の部分が震えている。

①「声を大きくする道具って何かある？」と聞くと、野球をやっている子が「メガホン」と言ったり「避難訓練の時に使うスピーカー」と言ったりする。どちらも形がラッパ状に先が広がっていることを確認し、ストロー笛にラッパのような形の部分を付けてみようと話す。
②ストロー笛ラッパを作ろう
　A5ほどの紙をストロー笛にラッパの形になるように巻き、セロテープでとめると、音が大きくなる。（次ページ図を参照）
③音を出してみよう
　子どもたちにも作らせる。メガホンの部分を大きな紙で作ったり、ラッパの口の部分を広げたりする子も出るだろう。
　「ラッパの部分が震えている」という発言があったら、活動を止め発表させる。
④今日やったことや見つけたことをノートに書く。

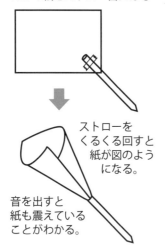

A5の紙をストロー笛にはる

ストローをくるくる回すと紙が図のようになる。

音を出すと紙も震えていることがわかる。

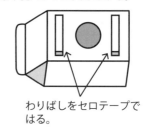

①牛乳パックに穴をあける。

わりばしをセロテープではる。

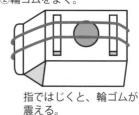

②輪ゴムをまく。

指ではじくと、輪ゴムが震える。

第5時 輪ゴムギターを作って、輪ゴムの震えを見てみよう。

【ねらい】輪ゴムギターはゴムをはじくと、輪ゴムが震え、音が出る。

①牛乳パックで輪ゴムギターを作る。

250mlの牛乳パックやお菓子の空き箱を使う。側面の中心に、ギターのように穴をあける。輪ゴムの音が牛乳パックの中で共鳴し、音が大きく聞こえるようにする。

次に割り箸を穴の両側に付ける。これがあると、輪ゴムが浮き、振動しやすくなる。輪ゴムをかけて完成。

②音を出す

指ではじくと音がなる。音が出ている間は輪ゴムが振動している。

③輪ゴムギターを工夫しよう。

大きさの違う輪ゴムを用意しておくと、様々な音が出ることに気づくだろう。

④今日やったこと・見つけたことをノートに書く。

第6時 音楽室で楽器の音を出して、震えを見つけよう

この1時間の活動で、「どんな物も音がなるとき物が震えている」ことが全員に確かになる。振動を触って感じたり、目で見てみたりと、5時間目までに学習したことを使ってとらえるようにする。音が出ている時に物が振動していることがわかった段階で7時間目以降の「伝わる」学習に進むようにするための大切な1時間である。

【ねらい】どの楽器も音を出すと、楽器が震える

①まず、教師が大太鼓をたたく。すると大太鼓のたたいた面が振動していることが目で見える。

②次にトライアングルをたたく。トライアングルが振動していることは目に見えないので、「震えているのがわかるためにはどうしたらいい？」と聞くと「触ってみればわかる」と出る。振動が目に見えない場合は触ってみることで確かめることを確認する。

③音楽室の楽器をならして、振動を見つける。

④「トライアングルの音を止めてみよう」というと、手で押さえて振動を止めることに

よって、音が止まることが確かめられる。
⑤今日やったことや見つけたことをノートに書く。

〈子どものノートの例〉
　今日は楽器は震えるかを探しました。私は音を出すときは全部震えると思います。最初に先生が大太鼓をならして、その時、震えていました。何秒間か音がなっていて、なっている間にずっと震えていました。次に先生がトライアングルをたたきました。でも震えているように見えなかったので、先生が「どうしたら震えが確かめられる?」と聞いてきました。だから「手で触ってみれば確かめられる」と言いました。トライアングルを触ってみると、トライアングルはブルブルしていることがわかりました。それで自分たちで震える楽器を探しました。ハンドベルをならしてみたら、上の部分が少し震えました。次に木琴をならしてみたら大太鼓みたいになっている間、ずっと震えているんじゃなくて、たたいた瞬間にだけ震えました。あと、小太鼓をたたいでみたら鉄琴と木琴と同じで、たたいたときに震えました。次に大太鼓をたたいてみたら最初にやったみたいに震えていました。大太鼓の後ろのところも触ってみたら、前のところを触った時よりものすごく震えました。後ろをたたいてみても、前の部分も震えました。見ただけでも震えていたことがよくわかりました。次にトライアングルをやりました。先生がトライアングルの音がなっている時に、音を止めてといったから止めてみました。やさしく手でさわると震えているのがわかったけど、手で強く触ると音が止まりました。触ったままならすと、音がならない。音が出ると震えていることがわかりました。

第7時　風船の震えは、風船を伝わって耳に聞こえる。

【ねらい】風船を間に入れると音が伝わり、音が伝わる時、間に入れた風船が震えている。

①膨らませた風船を一人の子の耳に当て、教師は反対側に口をつけて小声で話す。すると、耳を当てていた子どもに教師の声が伝わることをやって見せる。

②2人に1個の風船を配り、全員でやってみる。すると、「声を出すと風船が震えている」という気づきが出るので、全員で確かめる。
③「もっと風船がほしい」という声が上がるだろう。風船を1人1個配ると、風船を2個つなげたり、4個つなげたりし始める。つなげると声が伝わり、間の風船すべてが振動していることに気づかせる。

④間の風船が落ちると伝わらないことを確認してから、「間に何かつなげられないかな?」と聞くと、「糸電話みたいにしたらいい」という意見が出るだろう。糸を配る。

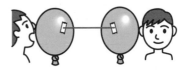

⑤風船と風船の間を糸でつなげると、声が伝わる。ここで「糸の震え」に気づく子も出るだろうが、次の紙コップの糸電話で確認するようにする。
⑥今日やったことや見つけたことをノートに書く。

〈子どものノートの例〉

　今日は風船電話をやりました。片方に耳をあてて、片方で声を出したら、声が聞こえました。見つけたことは声を出したら風船の中で音が響きました。あと震えました。震えるのは中で音が響いているからだと思いました。あと声が大きく聞こえました。やってみたことは隣の人の風船をつなげてやってみました。2つでやっても風船が震えました。片方が震えてその震えが2つ目の風船に伝わるから音が伝わるんだと思いました。次に班（4人）でやってみました。4人でもできました。4人でも震えたし、声が聞こえました。これもさっきみたいに1つの風船で声を出して震えが出て、2つ目の風船に伝わってそれがどんどん3つ、4つ目に伝わるから震えるし、音が聞こえると思いました。だからそれを30人でやってみました。でもできませんでした。それはつながっていないところがあったからです。だから震えとかが途切れちゃうからできませんでした。だから落ちないように糸をつなげてやりました。それで聞こえました。震えが糸につながって、だから聞こえました。あと4人でやってみてもできました。（糸をクロスしてやりました）

第8時　人の声は糸を伝わって離れた人に聞こえる。

【ねらい】声は糸を伝わって、離れた人に伝わる。伝わっている時、糸は震えている。

①紙コップと糸で糸電話を作る。

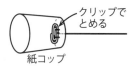

②話したり聞いたりする活動の中で、糸が振動していることに気づく。気づいた子に発表させ、全員で確認する。

③工夫する。

　糸と糸を絡ませて、何人かで話したり聞いたりする活動が始まるだろう。何人になっても糸が振動していることに気づくだろう。

④今日やったことや見つけたことをノートに書く。

第9時　針金でも音は伝わって聞こえる。

【ねらい】金属も震えて音が伝わる。

①紙コップと針金で針金電話を作る。
②針金も振動していることを確かめる。
③工夫する。

　糸電話と同様、様々な工夫がされるだろう。

④鉄棒や階段の手すりの端に耳をつけ、もう一方の端をたたくと音が伝わり、鉄棒が振動していることがわかる。また、体育館などの床に耳をつけ、体育館の端をたたいたり、足音をさせたりすると、体育館の床が振動して音が伝わることが確かめられる。

⑤今日やったことや見つけたことをノートに書く。

〈子どものノートの例〉

　今日は糸電話の糸のところを針金にしてやりました。予想は針金でも聞こえると思いました。理由は針金にも音がふるえが通って聞こえると思ったからです。やってみたら聞こえました。糸電話よりも音が大きく聞こえました。紙コップも針金も震えました。糸電話より震えました。これも糸電話と同じで、小さい声だとふるえが小さくて、大きい声だと

震えが大きくなりました。4人でやってみました。4人でも聞こえました。あと針金を2つくっつけて長くすると、声が大きくなりました。紙コップをつなげているから声がもっと大きく聞こえて耳がキーンとなりました。どんな小さい声でも聞こえました。次に片方のコップを耳に当てて、片方のコップを机でたたくと、変な音が聞こえました。普通に耳に当てないでたたくと、かんかんと音が鳴りました。なんで音が変わるのかなぁと思いました。これも小さくたたくと、聞こえる音が小さくなって、大きくたたくと大きい音が聞こえました。

読みもの

問題解決学習と子どものノート

理科ではよく「問題解決学習」にすることが、子どもの問題解決能力を育てるということが言われる。問題解決学習の学習過程例として「①自然事象から問題を見出す ②予想、仮説の設定 ③実験方法の立案 ④観察・実験の実施 ⑤結果 ⑥結果を根拠に考察 ⑦新たな課題設定」というような流れがある。授業ではこれらが型になり、1時間、あるいは単元の各授業がこの型にあてはめられて進められている。

ここで提案した「音の性質」の学習展開プランは、そうした「型」にはなっていない。しかし、この学習展開プランで紹介した子どもの次のノートを見ていただきたい（番号は筆者注）。

> 今日は楽器は震えるかを探しました（①課題の設定）。私は音を出すときは全部増えると思います（②予想・仮説の設定）。

最初に先生が大太鼓をならして、その時、震えていました。何秒間か音がなっていて、なっている間にずっと震えていました。次に先生がトライアングルをたたきました。でも震えているように見えなかったので、先生が「どうしたら震えが確かめられる？」と聞いてきました。だから「手で触ってみれば確かめられる」と言いました。トライアングルを触ってみると、トライアングルはブルブルしていることがわかりました（③実験方法の立案 ④観察・実験の実施）。

それで自分たちで震える楽器を探しました。ハンドベルをならしてみたら、上の部分が少し震えました。次に木琴をならしてみたら大太鼓みたいになっている間、ずっと震えているんじゃなくて、たたいた瞬間にだけ震えました。あと、小太鼓をたたいてみたら鉄琴と木琴と同じで、たたいたときに震えました。（略）次にトライアングルをやりました。先生がトライアングルの音がなっている時に音を止めてといったから、止めてみました。やさしく手でさわると震えているのがわかったけど、手で強く触ると音が止まりました。さわったままならすと、音がならない（⑤結果）。

音が出ると震えていることがわかりました（⑥結果をもとに考察）。

子どもの思考が問題解決の流れになっており、その能力が身についていることがうかがえる。

大切なことは、授業を問題解決学習の「型」にはめ込み、それに基づいて考えさせるというのではなく、子どもの認識の仕方に沿った学習プランを考え、取り組ませることなのではないだろうか。

4年　空気と水の性質

空気の体積って？？？　体積って何？

(ア) 閉じ込めた空気を圧すと、体積は小さくなるが、圧し返す力は大きくなること。
(イ) 閉じ込めた空気は圧し縮められるが、水は圧し縮められないこと。

生活科のあおりを受けて4年に

　この内容は、生活科が新設される前には低学年で行われていた空気やシャボン玉、3年生の空気でっぽうの学習を通してとらえさせることになっていた。それが、1989年の学習指導要領改訂で生活科が新設されると、生活科になじまないという理由から3年生で学習することになった。その後、1998年改訂で総合的な学習の時間が新設され、理科の授業時数がさらに削減されて3年生から4年生に移ってきた。そういった背景もあってか、現在使用されている教科書を見ると、4年生の子どもたちがかつての1・2年生と同じように、ポリ袋を持って走り回りながら空気をつかまえている写真が載っていたり、3年生と同じ空気でっぽうが教材として使われたりしている。低学年の時にそういう経験がないからしかたがないのかもしれないが、4年生にはもっと知的な学習に取り組ませたい。

閉じ込めた空気の体積が理解されているか

　(ア) では「閉じ込めた空気を圧すと体積は小さくなる」ことを扱っている。これはとても大事な学習内容である。空気に限らず、気体は固体や液体に比べて圧縮性が著しいという性質がある。しかし、多くの子どもは空気という気体を、水やアルコールのような液体や、身の回りにある固体と同じ「物」とはとらえていない。空気は、目で見ることも手に取ることもできない、とらえどころのないものだからである。

　(ア) の学習にとりくむ前提として、「閉じ込められた空気も水や金属と同じように一定の場所をしめる（体積がある）」という学習内容が不可欠である。それなしに「閉じ込めた空気を圧すと、体積は小さくなる」と言っても、その意味が理解できるものではない。

　(イ) では「空気は圧し縮められるが、水は圧し縮められない」とされているが、厳密に言うと固体や液体も非常に強い力を加えればごくわずか体積が小さくなる。しかし、そのことを小学生にとらえさせるためには、前提となる知識が少なすぎるので、小学校の学習内容としてはふさわしいものではない。そこで、小学校の学習としては「水は圧し縮められない」としてよいだろう。

空気の体積の前に、物の体積を

　閉じ込めた空気を押すと、「体積は小さくなるが…」とあるが、子どもは空気に体積があるとは思っていない。《現行》では、体積の学習は2年生算数の水の体積（《新》では「かさ」に変更）と3年生理科の物の重さで学習しているだけである。2年生の算数では「水のかさ」のはかり方と、LやmLなどの液量の単位を学習している。3年生の理科では「体積が同じでも重さが違うことがある」という内容の中で、多くの教科書に「物の大きさを体積という」などの記載がある。この説明と空気の体積との間には大きなギャップがあり、学習に入る前にそのギャップを埋める必要がある。つまり、空気の体積を学習する前に、目に見える固体や液体の体積学習が必要なのである。

小石の体積のはかり方

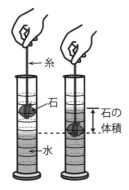

　固体の体積は水の中にその物を沈めたときの水位の上昇で調べることができる。液体の体積は小学校2年生でやっているように、メスシリンダーのような目盛りのついた容器にその液体を入れて調べることができる。このような学習を通して、「物がとっている場所の大きさを体積という」ことをとらえられる。こういった「物の体積」についての認識が、閉じ込められた空気がとっている場所（占めている空間）がその空気の体積だという理解につながる。

　とらえにくい空気の体積を学ぶ前に、子どもが体積を認識しやすい固体や液体の体積を学習することがとても重要なのである。

「空気と水の性質」で大切なこと

（1）物は一定の空間を占有し、その空間の大きさを体積という。
（2）閉じ込められた空気も空間を占有している（体積がある）。
（3）空気（気体）は圧縮性が著しい。
（4）空気も重さがある。

　この単元では、「空気は圧し縮められるが水は圧し縮められないこと」が学習内容になっている。これは、「閉じ込められた空気はその場所（空間）をとっている（＝空気の体積）」ことが前提で、その上で「その空気がとっている場所は力を加えると小さくなる」ことをとらえることになる。しかし、その前に、「空気以外の物も一定の空間を占めている（体積がある）ので、その空間に他の物が入れない。」だから「物の体積は水と置き換えて調べられること」がとらえられている必要がある。空気の体積は、これら固体や液体の体積学習の上に成り立つからである。

まずは物の体積の学習を

　物の体積の学習では、子どもが目で見て直感的に物だととらえることができる固体の物の体積から学習をはじめたい。3年の理科で体積という言葉は出てきているが、前述のように、その意味は教えられていない。そこで、まずは物の体積について明確にしたい。

　二つの同じガラスビーカーに、大きさが違う二つの石や二つの木片などを入れ、大きい石（木片）がたくさんの場所をとっていることを確認し、「物がとっている場所（空間）の大きさをその物の体積という」と説明する。つぎに、二つの物が一つの場所（空間）を共有することはできないことをとらえさせる。

　粘土がギュウギュウに詰まっているところに木片などを押し込むと、粘土が押し出される。

　しかも、押し出された粘土は押し込んだ物の体積とほぼ同程度になる。さらに、水のような液体にも体積があり、それはメスシリンダーなどに入れて調べることができること。水の体積はL（リットル）やmL（ミリリットル）という単位で表されること。水に物を

押し込むと水面が上昇し、その上昇した水の体積が入れた物の体積と等しくなることもここでわかる。

こうして、物の体積は水と置き換えて調べられることと、その理由がとらえられる。液体の体積はメスシリンダーなどに入れて調べられることは算数でも扱われているが、ここでもはっきりさせたい。

閉じ込められた空気の体積

液体の体積はメスシリンダーを使えば調べられる。固体の体積は水と置き換えて調べられることがわかると、次は空気（気体）の体積になる。ポリ袋に閉じ込められた空気の体積を調べることにする。すると、これまで固体の物の体積は水に入れて調べてきたが、今回はポリ袋の中の空気を水に入れることができない。そこで水上置換という空気の体積を調べる方法を教える。空気の体積の調べ方も、基本的には固体の体積の調べ方と同じで、水に入れて調べることになる。

このような学習を進めていくと、物の体積を調べる初歩的な方法をとらえさせることができ、その延長で空気の体積を調べ、空気も場所をとっていることがわかるのである。

空気は圧縮性が著しい

空気は圧し縮められるが、水は圧し縮められないというのは、空気と水についてだけの学習である。本来ならば、固体の物も圧し縮められないことも含めて学習したいところであるが、小学校では実験的にこの事実をとらえることはできない。そこで、空気は圧し縮められるが水は圧し縮められないことは、2本の注射器（または浣腸器）に同体積の空気と水を入れて先を閉じ、ピストンを押す実験を通してとらえさせる。

その後、必要に応じて、空気のような気体は分子の間が広く空いているため強く圧すと体積が小さくなることを話すとよい。

空気の重さを調べる

空気に重さがあることは毎日の生活の中では感じることはない。大多数の子どもたちも空気には重さがないと思っている。空気に体積があることをとらえたところで、物の一般性の一つとしての「空気の重さ」をとらえさせるようにしたい。

これは、1998年の学習指導要領では中学校で「空気に重さがあることを調べる実験を行い」と書かれていた。ところが、《現行》になって「～調べる実験を行い」がなくなったため、中学校でも空気に重さがあるという実験が少なくなってしまったようである。

こういった現実も踏まえると、なおのこと、小学校4年生の学習に空気の体積と重さを取り入れる必要がある。具体的には、酸素や二酸化炭素が入っていた実験用ガスボンベの空容器を利用して空気を押し込めるような実験器具をつくり、そこに大量の空気を押し込んで重さの増加を調べるようにする。また、たくさんの空気を押し込んだ実験器具の重さを調べ、そこから水上置換で1リットル分の空気を抜き取り、重さを調べると空気1リットルの重さもわかる。

気体の空きボンベと粘土がつり合っている。

気体の空きボンベのスプレー栓を取り、空気入れの先をボンベの管に押しつけて空気を入れる。

■ 4年　金属、水、空気と温度　[81ページに「水の3つのすがた」の学習展開プランが付いています]

食塩も液体になるんだ！

> （ア）金属、水及び空気は、温めたり冷やしたりすると、それらの体積が変わるが、その程度には違いがあること。
> （イ）金属は熱せられた部分から順に温まるが、水や空気は熱せられた部分が移動して全体が温まること。
> （ウ）水は、温度によって水蒸気や氷に変わること。また、水が氷になると体積が増えること。

それぞれ独立した学習内容なのに…

「金属、水、空気と温度」で扱おうとしている（ア）は「物の温度と体積変化」（膨張・収縮）、（イ）は「熱の伝わり方」（熱伝導・対流）、（ウ）は「水の状態変化」（固体・液体・気体）であり、温度の変化という共通点はあるにしてもそれぞれ独立した学習内容である。それなのに、このようにひとつにまとめてしまうと、それぞれの学習内容が不明確になってしまうおそれがある。実際に過去には水の体積変化と水の3つのすがたを一つの単元にしていた教科書もあった。「物の温度と体積変化」「熱の伝わり方」「水の状態変化」はそれぞれだいじな学習内容であり、独立させるべきである。

また、この3つの順序も、物が温まった（物の温度が高くなった）結果として、体積が大きくなったり、状態変化が起きるので、（イ）の物の温まり方が先に書かれるべきである。

物の温度と体積変化の関係を明確に

これまでは「金属、水及び空気は、温めたり冷やしたりすると、その体積が変わること」だけだったが、今回はそれに「その程度には違いがあること」が加わった。物の温度による体積変化は「固体、液体、気体」すべてについて一般的に言えることであるが、「金属、水及び空気」という物質に限定した学習では物質一般に適用できる認識にならない。また、「その程度には違いがあること」といった抽象的な示し方ではなく、「気体は液体、固体に比べて温度による体積変化が大きい」と具体的に示さないと使える知識にならない。

「温めたり冷やしたり」も操作的な表現である。物質の性質として示すのなら、少なくとも「温かくなったり冷たくなったり」でなければならない。できれば、物の温度の変化に着目するように、「温度が上がったり温度が下がったり」という表現にしたい。それは、この単元では、物の温度が変わることによって、物の体積が変化することを学習するからである。

以上の点から、ここでは「固体、液体、気体は、温度が上がったり温度が下がったりすると、その体積が変わり、気体は液体、固体に比べて温度による体積変化が大きい」という記述にすると、学習内容を明確にすることができる。

この単元でも「体積」という言葉が出てくるが、体積については、2年の算数で液量のはかり方、3年の理科で「体積が同じでも重さが違う物がある」こと、5年の算数で「直方体及び立方体の体積」という学習がある。しかし、それぞれの内容を見ると、「物」の体積についての十分な学習が行われているとは言えない。これでは「金属、水及び空気」といった不定形の体積など理解できるはずも

ない。「空気と水」の所でも述べたように、「すべての物は一定の空間を占める」「物の体積は水と置き換えて調べることができる」といった「物の体積」の学習が不可欠である。

温まり方の基本は熱伝導

「金属は熱せられた部分から順に温まるが、水や空気は熱せられた部分が移動して全体が温まること」は、対流のことを意識してこのような記述になっているが、熱せられた部分から温度が上がるのは金属だけでなく水や空気も同じである。まずは「物は温度の高いほうから低いほうへ熱が伝わる（熱伝導）」「温度の違う物が接していると、温度の高い物が低い物の温度を上げ、それぞれの温度はやがて同じになる（温度平衡）」といった「物の温度」の学習が重要である。そして、水や空気も固体と同じように熱伝導によって温度が変化するが、液体や気体は移動できるので温度が高くなると対流を起こすと示す方がよい。

水以外の物の状態変化も扱うべき

「水は、温度によって水蒸気や氷に変わること」とあるが、水も水蒸気も氷もH_2Oという物質であることに変わりはない。水の存在状態の変化を示すのであれば、「液体の水は、温度によって気体の水、固体の水に変わる」と言うべきである。この内容は気象現象として地球上の水の循環を扱う学習との関係でずっと水に限定した内容になってきたが、温度によって「固体⇆液体⇆気体」と状態変化することは、多くの物質に共通して言えることであり、「物は、温度によって固体⇆液体⇆気体と存在状態が変わる」という内容にしたほうが使える知識になる。

「水が氷になると体積が増えること」は、水だけに言えることであり、水以外の物質は液体から固体になるとき体積は小さくなる。

特殊な事実を示すことよりも、一般の事実として「液体が気体に変化するとき、体積は著しく大きくなる」「液体が固体に変化するとき、体積は小さくなる」ことを示し、特別な場合として水のことを示した方がよい。

「物のあたたまり方」で大切なこと

（1）温度が高い物と温度が低い物が触れあっていると温度が高い物の温度が下がり、温度が低い物の温度が上がる。
（2）固体の物は温められた所から温度が高くなり、徐々に全体の温度が高くなる。
（3）液体の水の一部を温めると、その部分の温度が高くなって対流を起こして全体が温められる。
（4）気体の空気の一部を温めると、その部分の温度が高くなって対流を起こして全体が温められる。

物の温度はだんだん同じになる（温度平衡）

同じ量の45℃の湯と15℃の水をいっしょにすると何℃になるだろうと子どもにたずねると、60℃になると考える子どもがいる。その子は温度を足し算して60という数字にしたものと思われる。湯と水をいっしょにしたらもっと熱くなるということはないのだが、温度も足し算ができると思っているのだろう。それぐらい物の温度に対する理解はあいまいなのである。

そこで、授業でもこれを調べさせる。すると、両方の温度の中間程度の温度になることがわかる。

つぎに、20℃の水（湯とは言わずに、物質名としての水と温度で表現する）が入っているビーカーに60℃の水が入っている小さい

ビーカーを入れると、両方の水の温度はそれぞれどうなるかを問い、調べさせる。すると、時間がたつにつれて、だんだんと温度が近づいていき、やがて同じ温度になる。60℃の水と20℃の水を混ぜなくても温度は同じになるのである。

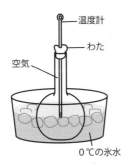

フラスコのガラスに直接温度計が触れないように温度計を差し込んで固定すると（図を参照）、フラスコ内の空気の温度が調べられる。フラスコ内にある空気のはじめの温度が20℃だとして、そのフラスコを約0℃の氷水の中に入れると、フラスコ内の空気の温度は低くなってくる。氷水の温度も氷が溶けて少しずつ上がっていき、やがて同じ温度になる。これを温度平衡と言っているが、熱平衡の結果として同じ温度になることを指している。

このように、物の温度は、間にガラスなどがあっても変化して、やがて同じ温度になるという事実を全員の共通認識となるようにしたい。ガスコンロなどで加熱するというのは、温度の高い方が熱源になっている場合と考えればよい。

熱伝導が最も基本になる

物の温度が高くなるということは、温度が高い物から熱が伝わってきた結果である。ただ、小学校では熱についての科学的な学習はしていないので、熱伝導の結果として「温度が高くなった」ことを使って学習に取り組むようにする。

ある物（A）の近くに熱い物があると、A自体も温度が高くなる。その熱い物が炎ならば、炎によって加熱されているAは、その炎の温度に近づいていくことになる。Aが金属棒やガラス板などのような固体の場合、加熱されている部分から徐々に温度が高くなり、全体が温められていく。これは、水やアルコールのような液体でも、空気のような気体でも同じで、加熱されるとまずは加熱された部分の液体や気体の温度が上がる。物のあたたまり方では、熱伝導が最も基本になるというのはこういった理由からである。

対流は事実確認を行うしかできない

器に入っている水の場合はどうだろう。水は流体なので、その器の中で移動できる。そのため、器の底の一部分が加熱されると、加熱された器のその部分の温度が上がり、内側も高温になって、そこにある水の温度が上がる。温度が高くなった水は体積が大きくなり、逆に密度が小さくなるため上に上がっていく。温められた水が上に上がると、底の方に水が自然と供給されて再び加熱される。このくり返しで水全体が温められていく。この現象を対流というが、温度が高くなった水がなぜ上に上がるのかは、物の密度と浮き沈みの関係がわからないと理解できない。そのため、対流に関してはこうした現象が起きるという事実確認にとどめておきたい。

空気の対流も水とほとんど同じで、教室のようなある空間内にある空気の一部が温められると、その部分の空気の体積が大きくなって密度が小さくなるために上に上がる。空気の場合も水と同じように密度学習ができていないので、現象的な理解にとどめておくようにしたい。

資料

伝導、対流、放射（輻射）

熱伝導
物質の移動なしに熱が物体の高温部から低温部にうつる現象。

輻射（放射）
放射ともいう。物体から放出される電磁波を総称して輻射という。熱線（赤外線）可視光線、紫外線、X線、γ線などは波長のそれぞれの範囲に属する電磁輻射線である。

対流
液体内部のある区域が絶えず暖められ、その温度が周囲よりも高くなると、その部分の流体は膨張により密度が小さくなって上昇し、周囲の低温度の流体がこれに変わってその区域に流入し、同様の過程を繰り返す。暖められる区域が流体の下部にあるときは、この過程により容易に流体上部の温度を高めることができる。

『岩波　理化学辞典』より

「物の温度と体積変化」で大切なこと

（1）物は温度が高くなると体積が大きくなり、温度が低くなると体積が小さくなる。
（2）温度による体積変化は、気体の空気が液体の水や固体の金属に比べるととても大きい。

金属は固体の例、水は液体の例、空気は気体の例として扱う

この単元では、温度が高くなると体積が大きくなり、温度が低くなると体積が小さくなる教材に金属球（金属）、水及び空気を取り上げている。しかし、教える側も子どもも空気は〜、水は〜、金属球は〜と、それぞれ個別の物の学習をしているという意識になっていることが多い。そうではなく、金属球は固体の一つの例として、水は液体の例、空気は気体の例なので、少なくても教師はそれを意識して授業しなければならない。そのためには、固体、液体、気体の物とはどういう物なのか、いくつかの例を挙げさせながら、それぞれについて初歩的な理解をつくっておきたい。その上で、気体の例としての空気の温度が低くなると体積がどう変化するかを学習したり、液体の例として水の温度が高くなると体積がどうなるかをとらえたりする。金属についても同じである。

温度平衡の理解を生かして

この単元で子どもにとらえさせたいことは学習指導要領と大きくは変わらない。ただ、《新》でも「温めたり冷やしたりする」という操作的な表現なので、水の温度が高くなったり空気の温度が低くなったりしていることを

とらえようという意識はない。しかし、本来ならば、実験しているフラスコや試験管内の空気の温度が高くならなければ体積の変化は起こらないはずである。実際に調べられないという理由で「温めたり冷やしたりする」という操作的な表現にしているのかも知れないが、物の温まり方で学習した温度平衡の理解があれば、フラスコを高温の水に入れるとフラスコ内の空気の温度が高くなることは理解できるし、実験することも可能である。金属球を加熱したときに金属球の温度が高くなっていることも、放射温度計を使えば調べられる。

　温度平衡の学習を生かすとともに、可能なかぎり実験を通して空気や水、金属球の温度変化をとらえ、そのときの体積変化と結びつけた学習ができるようにしたい。

物の出入りがないのに体積が変化する

　物の体積の学習が必要だということは、「空気と水」のところでも述べたが、この単元でも空気や水の体積変化を数量的にとらえることがとても大事である。そのためには、体積変化が数量的につかめて密閉できる容器として先を閉じた注射器（浣腸器）を使うことにしたい。

　物の温度が高くなると体積が大きくなり、温度が低くなると体積が小さくなる。そのとき、物が出入りして体積が大きくなったり小さくなったりしているわけではない。これはとても重要なことである。先を閉じた注射器や浣腸器などのような密閉された器具を使って、温度変化による体積変化を学習し、空気や水が出入りしていないことを確認して、それでも体積が変化するという現象をとらえさせることがこの学習の中心である。

　しかし、この「物の出入りがないのに体積が変化する」ことがあまりしっかりと教えられていない。単元の初めに空気の温度変化による体積変化を学習するなら、その時点で、出入りがないことにもふれて、「出入りがないのに体積が変化した」ととらえさせたい。

読みもの

水は4℃以下になると膨張する？

　空気は温度が高くなると体積が大きくなります。初めは0℃だった空気の温度が1℃ずつ高くなると空気の体積もそれに比例して大きくなります。ところが、水は少し様子が違います。

　初めは0℃だった液体の水が1℃ずつ温度が高くなると空気とは違って4℃までは体積が小さくなってしまうのです。そして、4℃を超えると今度は体積が大きくなっていきます。つまり、同じ量（重さ）の水では、4℃の時が一番体積が小さくなるのです。体積を同じにすると一番重い（密度が大きい）ということなのです。

　大きな池で考えてみると、池の底にはいつも4℃に近い水があるということになります。冬の寒い時期には水面近くは1℃でも、池の底は密度が大きい4℃の水があるので、水の中の生物にとっては好都合なのです。

「水の3つのすがた」で
大切なこと

- （1）物には固体、液体、気体という3つのすがたがある。
- （2）物は温度によってすがたが決まる。
- （3）物には固有の沸点・融点がある。
- （4）液体が固体に変化するときに体積が小さくなるが、水は例外で体積が大きくなる。

水だけの学習にしない

　固体、液体、気体の学習については「物の温度と体積変化」のところでもふれてあるが、「水の3つのすがた」でも固体・液体・気体という3つの状態の基礎的な理解は、当然のことだが学習の基礎になる。

　《現行》の第4学年目標の解説には「物の状態変化や熱の働きをとらえるようにする」とある。しかし、第4学年の内容ウの解説では「水は温度によって液体、気体、または固体に状態が変化するということをとらえられるようにする」とされている。つまり、目標では「物の状態変化」なのに内容では「水の状態が変化することをとらえさせる」となっているため、具体的な学習場面では水だけしか扱われていない。しかも、水という物質は気体になると水蒸気とも言われ、固体になると氷とも言われるので、液体の水が固体や気体になったという理解ではなく、水が氷や水蒸気という違う物になったような印象を持ってしまうおそれがある。ここでは、水だけの学習にとどめるのではなく、第4学年目標の解説にあるように、物の状態変化を教えるようにしたい。

　現行の教科書を見ると、学習の中心は水の状態変化になっているが、水以外の物質も状態変化することが資料として載っているものが多くある。液体のアルコールが気体になることや、室温では固体の食塩が加熱すると液体になることを紹介している教科書もある。これらは小学校の理科室でも十分に可能な実験である。固体のロウも加熱すると液体になるが、温度が下がるとふたたび固体になる。多量のロウでこの実験をすると、液体から固体になったときに、液体のときより体積が小さくなることも確認できる。

　このような学習を通して、水以外の物が状態変化することをとらえると、状態変化するのは少なくても水だけではないことが理解できる。水はとても身近にあり、状態変化するのは水だけと思っている子どもは多いと思われる。多様な物質の状態変化を扱うことで、そういった状況を改善できるだろう。

液体→固体の変化による体積変化、水は例外

　水が液体状態から固体の状態（氷）になるとき、体積が大きくなる。液体の水より体積が大きくなるから密度が小さくなって浮かぶのである（読みもの参照）。これは水という物質の特性で、他の物質では液体が固体になると体積が小さくなる。

　たくさんのロウ（パラフィン）を入れたビーカーを湯煎すると、ロウは60℃～70℃ぐらいで液体になる。その液体になったロウの中に固体のロウを入れると固体のロウは沈んでしまう。これは、固体のロウの方が密度が大きいからである。液体よりも固体の方が密度が大きいということは、液体から固体になると体積が小さくなるということになる。同じように、鉄工所などで金属の鉄を加熱して液体にしたところに固体の鉄を入れると鉄の塊は沈む。これもロウと同様に固体の鉄が液体になると体積が大きくなるからである。これだけでなく、水以外の物質は液体から固体になるとき体積が小さくなり、逆に固体から液体になるときには体積が大きくなる。

　ところが、水だけは液体から固体になるときに体積が大きくなる。水だけを使って「液

体→固体になると体積が大きくなる」ことを学習すると、他の物質も水と同じように液体が固体になると体積が大きくなると思い込んでしまう。このことからも、水だけでなく他の物質の状態変化も教えるべきである。

沸点、融点で姿が決まる

水という物質が0℃以下になると固体になり、100℃を超えると気体になることはこの単元の大事な学習内容の一つである。0℃と100℃というちょうどよい数値になっているのは、その温度が、水の融点（凝固点）と沸点との間を100等分して温度が決められたからである。現在使われている多くの温度計はこれを基準につくられている。

水の融点と沸点を知ることは大事な学習であるが、水以外の物質も状態が変わることを学習する中で、それらにも沸点や融点（凝固点）があることも教えたい。

水と同じように室温では液体のエタノールを、ポリ袋に入れて90℃以上の水をかけると、中のエタノールの温度も90℃近くになって液体のエタノールが気体になる。これは、エタノールの沸点が90℃以下であることを示している。同じように見える液体でも沸点が違うことは、液体のエタノールも気体に変化するという事実を補強することになる。さらに、灯油、ガソリンなどのような液体にも、それぞれに決まった沸点があることを付け加えると、物の多様性の理解にもつながる。

固体のスズ（金属）の粒を試験管に入れて加熱すると、スズは液体になる。固体のスズが液体になるギリギリの温度が融点であり、スズという物質の融点も決まっている。水の融点は0℃だが、スズの融点はそれよりもずっと高い。固体の食塩も加熱されて融点以上の温度になると無色透明な液体になる。食塩の融点は約800℃であり、液体になった食塩は800℃以上の温度になっていることになる。こういった学習のあとに鉄や銅の融点、エタノールの融点などを紹介すると、いろいろな物が温度によって姿が決まっていることも理解できる。なお、固体⇒液体では融点でよいが、液体⇒固体の変化は凝固点というが、この学習ではすがたが変わるギリギリの温度があることがわかればよいと考え、どちらも融点としている。

読みもの

氷が張っても魚が生きていられるわけ

ジュースに氷を入れると氷は浮きます。ジュースを飲むときにはちょっとじゃまになりますが、氷が水に浮くことには重要な意味があるのです。

冬、寒くなると池に氷がはります。もしも、氷が水に沈んだら、できた氷は池の底に沈んでいきます。池にいる魚は沈んできた氷をよけて徐々に水面近くで生活するようになります。それがどんどん進んでいくと、魚は水面ギリギリで生活することになり、最後に残った水面まで凍ってしまうと魚は凍り付いてしまいます。

しかし、実際には氷は水に浮くので、池の表面が凍っても池の中は液体の水のままなので、魚は生きていられるのです。

このように、固体の水が液体の水に浮くことは、水中の生きものにとってはとても重要な意味があるのです。

■ 4年 電流の働き
一筆書きができれば直列つなぎ

> (ア) 乾電池の数やつなぎ方を変えると、電流の大きさや向きが変わり、豆電球の明るさやモーターの回り方が変わること。

電流の大きさが全面に

これまでは「電気の働き」だったが、今回から「電流の働き」という表現に変わった。こういう言葉を使うのなら、「電流とは何か」という定義がなければならないはずだが、それはない。「科学的な言葉や概念を使用して考えたり説明したりする学習活動などを重視する」（第3章　指導計画の作成と内容の取扱い）と言うのなら、新しい用語の扱いにも気を配るべきである。

「乾電池の数やつなぎ方を変えると、豆電球の明るさやモーターの回り方が変わること」とあったのが、今回「電流の大きさや向きが変わり」が新たに加わった。ここで大切なことは、電気がたくさん流れると、豆電球が明るくなるということである。その意味で「乾電池の数やつなぎ方」という操作的な示し方でなく、回路の中に電流計を入れて、電流（電気）の大きさや向きに注目させることは良いことである。

直列つなぎと並列つなぎは豆電球でも

「内容の取扱い」には「直列つなぎと並列つなぎを扱うものとする」とある。これは、乾電池の直列つなぎと並列つなぎを扱うことを示していて、そのとき使う豆電球やモーターは1個になっている。

しかし、直列つなぎや並列つなぎは乾電池だけでなく、むしろ複数の豆電球やモーターを直列につないだり並列につないだりすることの方が多いのではないだろうか。とくに、電気を使ったおもちゃ作りにとっては欠かせないほど重要な学習内容である。

ところが、「乾電池の数やつなぎ方を変えると‥」という内容と、それに続く「直列つなぎと並列つなぎを扱うものとする」（内容の取扱い）からは、乾電池の直列つなぎと並列つなぎしか扱えないことになってしまう。だから、この単元では、複数の豆電球やモーターの直列つなぎや並列つなぎを扱っている教科書はない。

《現行》にも《新》にも、複数の豆電球やモーターを使ってはならないという歯止めはない。教科書には示されていないが、複数個の豆電球の直列つなぎや並列つなぎを扱って、電気のはたらきを使ったおもちゃ作りに取り組めるようにしたい。なお、「モーターの回り方」の変化は、豆電球の明るさの変化ほどは目で見てわかりにくいので、モーターについては使われ方にふれたり、おもちゃ作りで使ったりする程度で良いと考える。

今回「光電池を使ってモーターを回すことなどができること」が削除された。もともとエネルギー教育という発想から理科に光電池が導入されたときから、取扱いが難しいこともあって無理な学習だったので、6年生の発電の一つとして移行したのはよかった。

「電流の働き」で大切なこと

> (1) 回路（電気の通り道）ができると、豆電球が点灯する。
> (2) 電気の流れには向きがあり、＋極から－極に流れる。

（3）電気がたくさん流れると、豆電球が明るくなる。
（4）回路には直列回路と並列回路がある。
（5）回路（電気の通り道）の図をたどりながら、電気を使ったおもちゃを作る。

回路をたどって電気の流れを調べよう

　回路という言葉は3年生で学習することになっている。しかし、そこでは「電気の通り道を回路という」のような説明があり、学習の中では回路（電気の通り道）の一部に金属を入れると豆電球に明かりがつくことが扱われているにすぎない。つまり、学習した「回路」という言葉はほとんど活用されないのである。また、豆電球のつくりがでている教科書もあるが、豆電球の中も回路の一部になっていて、フィラメントに電気が流れることによって明かりがついているという学習はない。

　そこで、4年生のこの単元で、回路についてしっかり学習させたい。

　まずは、虫めがねで豆電球のつくりを観察し、豆電球に明かりがついているとき、豆電球の中のフィラメントが明るくなっていることをとらえる。つぎに、回路は乾電池の＋極から出てソケットの導線を通って豆電球に届き、反対側の導線を通って乾電池の－極につながっていることを確認する。その後、豆電球のつくりを調べて豆電球も回路の一部であることをとらえさせ、豆電球の中も含めた電気の通り道（回路）をたどらせたい。

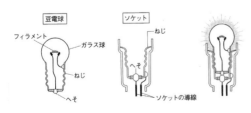

　この回路をたどるという作業は、このあとの直列つなぎか並列つなぎかを判断するうえで大事な学習になるし、おもちゃ作りの時にも回路をたどって配線を考えさせることにも役に立つ。

直列つなぎは一筆書きができる

　学習指導要領では、豆電球やモーターの数を増やすことは扱っていない。しかし、電気の学習で、豆電球やモーターの数を増やしたらどうなるか、また、そのつなぎ方によってどんな違いがあるかを学ぶことはとても重要である。

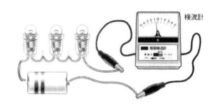

　そこで、豆電球の直列つなぎや並列つなぎも教えたい。乾電池1個で3個4個の豆電球を直列につなぐと、一つ一つの豆電球は少ししか明るくならない。そこで、この3～4個の豆電球を明るくするにはどうしたらよいかを考えさせる。すると、乾電池の数を増やすことはすぐに出てくる。そこでは、乾電池を並列につなぐことはまず出てこない。乾電池を直列に2個～3個とつなげていくと、だんだんと豆電球が明るくなっていく。ここで回路をたどらせると一筆書きになっていることがわかるので、「一筆書きができたら直列つなぎ」ということを教える。このとき、簡易検流計を使って、電気がたくさん流れると明るくなることもとらえることができる。また、どこかが切れたり、豆電球が緩んで回路が途切れると他の全ての豆電球も消えてしまうことにも気づかせたい。

　つぎに豆電球の並列つなぎを扱う。乾電池1個に3～4個の豆電球を並列つなぎにしたとき、それぞれの豆電球の明るさは、乾電池1個に豆電球1個をつないだときと同じぐらいの明るさになる。ここで、直列つなぎの時

と同じように回路をたどってみると回路は一筆書きにならない。そして、どこか1本の導線が離れたり、豆電球が緩んだりしても他の豆電球の明かりが消えないことも調べる。

このようにして、回路をたどることによって豆電球の直列つなぎか並列つなぎかを判断できるというわけである。

乾電池の直列つなぎと並列つなぎ

学習指導要領には「乾電池の数やつなぎ方を変えると」とあるので、2個の乾電池のつなぎ方が直列つなぎか並列つなぎか、それによって豆電球の明るさがどう変わるか、長い時間明かりをつけていられるのはどちらかを学習することになっている。だから、まずは、乾電池2個で1個の豆電球に明かりがついている、図のようなつなぎ方が直列つなぎか並列つなぎかを判断できなければならない。教科書には、乾電池の＋極と－極のつなぎ方で区別したり、回路が途中で分かれているか分かれていないかで区別したりしている。乾電池の直列つなぎか並列つなぎか考える時にも、回路をたどるとわかりやすい。両方いっぺんに教えるのではなく、まずは乾電池の直列つなぎを教える。直列つなぎは乾電池の＋極ともう一つの乾電池の－極がつながっていて、回路をたどると一筆書きができる。そして、一筆書きだから、電池同士をつないでいる導線が離れると豆電球の明かりが消えてしまう。一方、乾電池の並列つなぎでは、2個の乾電池の＋極同士、－極同士がつながっていて、一筆書きができない。電池同士をつないでいる導線がはずれても、豆電球の明かりはついている。

つまり、乾電池の直列つなぎ並列つなぎでも、まずは回路をたどって一筆書きができれば直列つなぎと考え、その上で乾電池の＋極と－極がつながっていれば直列つなぎと判断するとよい。2個の乾電池のつなぎ方が直列つなぎか並列つなぎかを判断するときも一筆書きになるかで考えればよいだろう。

回路をたどって電気のおもちゃを作ろう

電気学習で回路をたどることを学んだら、電気を使ったおもちゃ作りにも取り組ませたい。電気学習では、実際に目的に合った回路が作れることも重要なので、児童向けの科学おもちゃの本などを参考にして、おもちゃ作りに取り組む時間を確保したい。その際、設計図があれば、その設計図の中の回路をたどることも重要である。回路（電気の通り道）をたどることによって配線を考えながら組み立てる作業は、電気工作の基本的技能の獲得につながる。

学校で教材用キットを購入した場合でも、同じように、設計図を見ながら回路をたどって配線を理解させてから組み立てるようにしたい。学習したことが使えることも大事な経験になり、学ぶことの意味を実感できるようになるだろう。

図；乾電池の並列つなぎ図

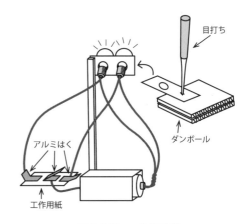

工作の例；二色信号機

4年 人の体のつくりと運動
刺し身って、魚の筋肉なんだ

> （ア）人の体には骨と筋肉があること。
> （イ）人が体を動かすことができるのは、骨、筋肉の働きによること。

小学校で筋肉と骨の学習はここだけ

　小学校でヒトの体について学習するのは5年の「動物の誕生」と6年の「人の体のつくりと働き」、そして4年の「人の体のつくりと運動」である。ヒトの骨や筋肉に関わる学習は4年の「人の体のつくりと運動」だけということになる。

　4年の「人の体のつくりと運動」には、はじめの文に「人や他の動物について、骨や筋肉のつくりと働きに着目して〜」とあるので、他の動物の骨や筋肉にもふれながら学習することになっている。小学校の理科学習では、ヒトや他の動物の骨や筋肉について学習する場はここしかないので大切にしたい。また、骨のない動物もいることを扱い、多様な動物を知るきっかけにしたい。

内容の取扱いに「関節」が

　（イ）には「人が体を動かすことができるのは、骨、筋肉の働きによる」と書かれている。骨や筋肉の働きを運動との関係でとらえることがねらいになっている。ヒトも他の動物も、筋肉の運動によって体を動かしている。これは、骨のない動物にも当てはまるので、骨のない動物もいることや、それらも筋肉で動いていることにもふれたい。また、骨については運動との関わりだけでなく、脳や心臓、肺などを保護する役割があることも大事な学習内容である。

　運動との関わりで骨や筋肉の学習をするためには、どうしても関節の働きを教える必要がある。学習内容に「関節」は出てこないが、内容の取扱いには「関節の働きを扱うものとする」と書かれている。関節の働きは運動との関係で大事な学習内容なのだから、「内容の取扱い」ではなく、学習内容に入れるべきである。

「人の体のつくりと運動」で大切なこと

> （1）ヒトの体にはたくさんの骨があり、体を支えたり脳や内臓を守っている。
> （2）骨と骨は関節でつながっていて、関節で曲がるようになっている。
> （3）ヒトの体には筋肉があり、筋肉が縮むことによって体が動く。
> （4）他の動物にも骨や筋肉がある（骨がある動物とない動物がいる）。

　ここでの学習はヒトという動物の骨や筋肉の学習なので、漢字の「人」ではなく、トラやイヌなどと同じ生物としてのヒトなので、カタカナで表記する。

骨の役目は支えたり守ったりすること

　自分の体の中に骨という物があることは、多くの子どもが知っている。しかし、その骨が何のためにあるのか、どんな働きをしているのかを考えたり知る機会はほとんどない。そこで、骨についての学習としては、骨はどこにあるのか、どんな役目があるのかをとらえさせたい。

　まず、自分の体のどこに骨があるか想像させ、理科室にある人体骨格模型を使って確認

する。その後、頭の骨（頭蓋骨）にはどんな役目があるのか考えさせる。子どもたちは容易に脳を守っていることに気がつく。さらに、どこかを守っているような骨は他にないかを問うと、肋骨は全体を囲んでいるので何かを守っているのではないかと考えることができ、心臓や肺を守っていることもとらえられる。そして、肋骨にすき間があるのは上半身をひねったり曲げたりできるようにするためであることも考えられるようになる。

続いて、他の骨は体を守っているようには見えないが、どんな役目があるかを考えさせると、立つのに必要だとか、体を支えるなどの役目があると考えることができる。

骨格模型を見せたときに、骨がたくさんあることに気づく子もいる。そこで、ヒトの骨は約200個もあることを話すと、次の関節の働きにつなげることができる。

関節があるから体が動かせる

ここでは体のどこに関節があるか、体の動かし方から、どんなつくりの関節があるかをとらえさせたい。まずは、体には曲がるようになっているところがあること、そこを関節ということを子どもの意見で確認したり教師が教えたりする。そこで、肩から指先までや腰から足の先までの輪郭を印刷した紙を配り、手や足の指の関節、膝の関節、肩や脚の付け根など、関節がありそうな所を調べて絵に描き込ませる。その後、どこの関節も同じように動かせるかを問うと、関節によって曲がり方に違いがあることに気づくだろう。そして、動かし方にも違いがあるのは、関節のつくりの違いではないかと考えさせたり説明したりした後、人体骨格模型を使っていろいろな関節があることを確かめる。首や背骨にも関節があることも扱うと、いろいろな体の動きと関節のつくりの関係もわかるだろう。

筋肉があるから体が動く

筋肉の学習でも、まずは体のいたる所に筋肉があることを確認する。自分の体を動かしたり友だちと体の筋肉を観察し合って、筋肉の動きを具体的にとらえることも大事である。その後、教科書にもあるように筋肉が縮むことによって骨を動かしていることを教える。

筋肉が骨を動かしているのだから、関節の部分で骨とどのようにつながっているかもとらえさせたい。ニワトリの手羽先を解剖して観察することによって、筋肉や関節、そのつなぎ目にある腱を見ることもできる。筋肉が縮むことをイメージしながら筋肉を引っ張ってみると、それに伴って骨が動く様子も観察できる。

ヘビにも骨がある　カメの骨は？？？

ヒトの骨や関節、筋肉の学習に続いて、他の動物の骨についてもよい機会なので教えておきたい。図やレントゲン写真などの本があればそれらを使っていろいろな動物の骨格を見せたい。骨がない動物がいることも扱い、エビやカニ、昆虫などの甲殻類を除くと一般的には骨のない動物は素早い動きができない。魚類、は虫類、両生類、鳥類、ほ乳類は骨があるので素早い動きができる。こんな話をすると、生物の進化にもつながるだろう。

魚の骨も扱いたい。アジなどの1匹の魚を観察すると、自分が食べている部分が魚の筋肉であることに気づき、ビックリするだろう。豚肉、鶏肉などと言って食べているのもブタの筋肉であり鳥の筋肉であることにも気づいていく。

ここでの学習はヒトの骨と筋肉の学習から他の動物の骨と筋肉の学習につなげ、動物学習の一つと位置づけたい。

資料

筋肉と骨

　筋肉には大きく分けて骨格筋と心筋、平滑筋の３種類があります。心筋は心臓だけにあって、心臓の壁を作っていて、休みなく動き続けなければならないため、もっとも丈夫な筋肉と言えます。平滑筋は内臓や血管などの壁を作っているところから内臓筋とも呼ばれています。心筋も平滑筋も、神経の命令で動かせません。

　骨格筋は、骨格とつながっています。神経の命令を受けて骨格を動かす（体を動かす）働きをしています。

　さて、骨格筋は骨とどのようにつながっているのでしょうか。

　一般に、筋肉の両端には腱があり、その腱は関節を通り越した先の骨につながっています。上腕部の二つの筋肉だけをとりあげて、骨への腱の付き方を示すと、図のようになります。上腕二頭筋といういわゆる力こぶになる筋肉は、肘の先の骨と肩にある肩甲骨につながっているのがわかります。腕立て伏せをするときに使う上腕三頭筋も同じように肘の先の骨と肩甲骨につながっています。どちらの筋肉も上腕骨にはつながっていないのです。

　たいていの骨格筋は、骨の表側と裏側とに、一対になってくっついています。上腕二頭筋が収縮すると上腕三頭筋がゆるみます。そのときの筋肉の様子が下の図になります。腕を伸ばすときには反対に上腕三頭筋が縮んで上腕二頭筋がゆるみます。

　このように、一対の筋肉の片方が収縮し、もう一方がゆるむことによって人体の各部分の運動が始まるのです。

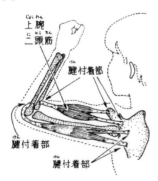

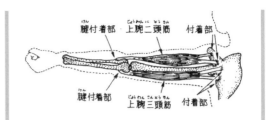

読みもの

運動で強くなる骨と筋肉

　日本人で初めて約４ヶ月半もの長い間宇宙で生活していた若田光一さんは、地球に戻ってきてから、地球で普通に生活できるようにするために運動を始めたそうです。

　宇宙という無重力の中では、フワフワ浮いていられるので、体も重く感じません。そうすると、地球では体重を支えるために必要な筋肉があまりいらなくなります。同じように、体をささえている骨もそれほど丈夫でなくてもよいので、骨も弱くなってしまうのです。骨を作っているカルシウムがオシッコと一緒に出ていってしまうからです。こんなに、骨も筋肉も弱くなっていたのでは地球での生活はできません。そこで、筋肉アップトレーニングなどをして毎日の生活が普段通りにできるように筋肉を強くしたり、骨を丈夫にしたりしたのです。

　大けがをしたり、長い間入院したりして、病院のベッドから自由に立ったり座ったりできないと、人の筋肉や骨も弱くなります。だから、けがや病気が治ってもすぐには退院できなくて、骨や筋肉を丈夫にする運動をやってから退院するという人もいます。

　足のけがをした人が、けがが治るまで松葉杖を使って丈夫な方の足で歩いたそうです。やがてけがが治って両足を見比べたら、けがをした方の足はすっかり細くなってしまったそうです。これも、けがをした方の足は使えなかったから筋肉が弱くなってしまったのです。

　骨や筋肉は、毎日の生活の中で立ったり座ったり歩いたり、とんだりはねたりすることによって丈夫になっていくのです。反対に、あまり体を動かさない生活をしていると骨も筋肉も丈夫にならないのです。

第２章　各学年の内容は何が変わるか どうするか

■ 4年 季節と生物

サクラの木に鳥が来てるよ

（ア）動物の活動は、暖かい季節、寒い季節などによって違いがあること。
（イ）植物の成長は、暖かい季節、寒い季節などによって違いがあること。

「季節と生物」で

大切なこと

（1）学校にあるサクラの様子は季節によって変わる。
（2）校庭の野草は季節によって変わる。
（3）身の回りの野鳥や昆虫などの生活は季節によって変化する。

1年を通じて2種類以上観察するのは困難

「季節と生物」は、3年生の「身の回りの生物」とも重なる学習である。本書36ページにあるように、3年生で1年を通して身近な生物の様子を観察していれば、「動物の活動は、暖かい季節、寒い季節などによって違いがあること」も「植物の成長は、暖かい季節、寒い季節などによって違いがあること」も気づくことである。この単元は、「季節の変化」を強調するだけで4年生でこのような学習を特に設定する必要があるのだろうかと疑問に思う。

内容の取扱いには、「1年を通じて動物の活動や植物の成長をそれぞれ2種類以上観察するものとする」とある。現在使われている教科書には、校庭の樹木として多く植えられているサクラがでている。そして、成長が早いつる性の植物としてヘチマやツルレイシなどが栽培されている。動物で言えば、ツバメやヒヨドリなどがでているが、ツバメは冬にはいなくなってしまうし、ヒヨドリなど野鳥の季節による活動の違いを観察するのは非常に難しい。教科書に昆虫も出ているが、昆虫は変温動物なので気温が低くなる冬には見つけにくくなる。

内容の取扱いに「1年を通じて（中略）それぞれ2種類以上観察」と書かれていても、動物の場合、実際に1年を通じて観察することは、かなり困難である。

サクラで1年を追う

多くの学校にはサクラ（ソメイヨシノ）が植えられている。4月の始業式の頃には、まだたくさんの花が残っているだろう。そのサクラを教材の中心にすえて4年生の「季節と生物」を構成したらよいのではないだろうか。サクラは落葉樹で、秋には紅葉する様子も見られ、季節の移り変わりとともに木の様子が変化するので、よい観察対象になる。

まずは、4月はじめにたくさんの花を付けたサクラのすがたをみんなで観察する。葉が出始めている場合もあるだろうが、4月頃のサクラを観察し、みんなで話し合ったり絵に描いたりして具体的な記録を残しておく。

その後も、花がなくなって葉桜になってくる頃には、葉とともに新しい枝が伸びてくる。よく見るとマッチ棒のような小さな実ができていることもある。この実はサクランボのように大きく育つことはなく、多くはしばらく経つと落ちてしまうが、これも葉桜の頃の特徴である。

夏の盛りになると、サクラの木の下から見上げると空が見えなくなるほど葉が茂るようになる。たくさんの葉を茂らせて日光を浴びて栄養を蓄える時期だが、この頃に葉の付け

根を見ると、もう来年の新芽（冬芽＝越冬芽）ができていることにも気がつく。

秋になると、緑色だった葉が赤や黄色に色づき始める。気温の変化とともに葉を落とすようになると、冬芽も成長して目立つようになる。季節が進むと、やがてすっかり葉を落とし、寒い冬をむかえることになる。

このようにそれぞれの季節のサクラの姿をとらえていくとよいだろう。サクラのこういった変化は、地域によって時期に違いはあるが、ほぼ同様の変化なので、よい観察対象であろう。

子どもたちにもサクラの木を時々観察するように話しておき、気がついたことがあったら先生やみんなに知らせるようにさせる。日直の仕事の一つに「今日のサクラの様子」をみんなに知らせるという活動もよいだろう。昨日と同じで変化が感じられなければそれでもよい。中には「緑色の枝が出てきていた」などの話が出されることもある。

授業では子どもからの報告を生かして、大きな変化が見えたときに全員で観察する。そのためには教師も時々はサクラ観察をしておかなければならない。そして、新しい枝が伸び始めた、葉の付け根に来年の芽ができていた、葉の色が変わってきたなどの変化が見られたら、その様子を絵に描いたり、教師は写真に撮っておいたりすると変化の様子がとらえられるだろう。

栽培したつる性植物の変化を追う

ヘチマやツルレイシなどのつる性植物は、梅雨を過ぎて暖かくなるとつるの成長の度合いが大きくなる。どれだけ伸びたか長さを調べてもよいが、それだけでなく、葉の大きさや花のつぼみができてきたことなど、目に見える変化もとらえさせたい。

ヘチマもツルレイシも秋には実が目立つようになる。ヘチマだわしを作るのもよいし、ツルレイシは収穫してみんなで食べるのもよいが、1つは実を残しておいて、どうなるか観察したい。ヘチマの実はよく熟してくると、ぶら下がっている下の部分がはずれるように取れて、中の黒い種子がザラザラとこぼれ落ちる。ツルレイシの実は、黄色くなって、ぶら下がっている下の部分がバナナの皮を剥いたように広がって、中から赤い種子がでてくる。春にまいた種子とは違う物のように見えるが、赤いのは仮種皮で、その中に種子が入っている。赤いゼリー状の部分は甘みがあり、鳥などに食べさせて、フンとしてあちらこちらに種子を落とさせるという役目がある。

種子の数をかぞえさせるのもよい。一つの実の中にたくさんの種子があり、1株にたくさんの実ができていたことを思い出させると、大量の種子ができたことがわかるだろう。

すっかり枯れた後には土から掘り起こして、根やつるの長さを調べると、つる性植物の成長の早さを実感できる。

季節によって校庭の野草も変化する

栽培している植物だけでなく、野草の変化にも目を向けさせたい。校庭の隅や花壇の周りなど、ある程度場所を決めて、そこにどんな植物があるかを見てくる。栽培しているヘチマやツルレイシの水やりの時や授業で観察しに行った時に植物名だけでも書き留めていく。すると、4月には見られなかったネコジャラシ（エノコログサ）が6月になると現れたり、逆に春先にはたくさん花を付けていたペンペングサ（ナズナ）が姿を消していたりする。ある限られたエリアでの観察でも、季節によって見られる植物に違いがあることはとらえられるだろう。

植物の名前がわからない場合は図鑑で調べればよい。図鑑でもわからない場合は○○に似ている植物という書き方でもよいだろう。

植物だけでなく、昆虫やカタツムリなどの小動物に目が向けられることもある。暖かくなってきてアリが姿を現したり、チョウやトンボなどが校庭に来ることもある。絵に描いたりできるとよいが、それができなくても「昨日、黒いチョウが花壇の周りを飛んでいた」というような話だけでも季節ごとに見られる生きものの変化をとらえることにつながる。1年間同じ植物や動物を見ることはできなくても、身の回りの生物に目が向けられるようになるとよいと思う。

サクラに来る野鳥や校庭の虫も季節によって変化する

サクラの花を見ていると、昆虫や野鳥が来ることもある。花が咲いていればその蜜を求めてヒヨドリやメジロが来ることもあるだろう。

サクラの花の蜜をすうメジロ

スズメはサクラの花の付け根をくちばしでつぶして中の蜜を吸うことがある。本来サクラは花びらが1枚1枚落ちるのに、スズメにつぶされた花は5枚の花びらの状態で落ちている。このように、サクラを観察させると、花の蜜を求めて集まる野鳥を見ることもできる。

サクラの花をついばむスズメ

葉が出はじめると若い柔らかな葉を食べるような毛虫などが見られることもある。すると、その毛虫を食べるためにスズメやムクドリなどの野鳥が来る。野鳥にとっては毛虫は雛を育てるための大事なタンパク源になる。真夏になると葉を茂らせたサクラにセミが来て鳴くようにもなる。

このように、校庭のサクラの観察を通して、それに集まる虫や鳥の様子も観察できる。教科書に出ている植物や小動物を観察することはできないかも知れないが、季節によって様々な生物の様子にふれることができるという点では、学習指導要領のねらいにも合った学習ができるはずである。

読みもの

サクラの冬芽は新しい枝につくられる

新しい枝が伸びて葉がいっぱいになる頃、葉が付いているところを見てみましょう。枝と葉に挟まれるように、小さなつぼみのような物が見られます。これは芽です。まだ夏なのに、来年の春に花を咲かせたり葉を延ばしたりする準備が、もう始まっているのです。

秋になって葉を落としたサクラは、冬芽だけになって冬を越します。来年の春、この冬芽が開いていき、花を咲かせたり、葉を広げたりするのです。

4年 雨水の行方と地面の様子
大雨が降ってがけがくずれた

> （ア）水は、高い場所から低い場所へと流れて集まること。
> （イ）水のしみ込み方は、土の粒の大きさによって違いがあること。

かつては第2学年の内容

　この内容は今回新設されたものである。これまでも「雨水が地面を流れていく様子」を観察することは5年「流水の働き」で扱われていたが、今回の改訂で4年以上のすべての学年で「自然災害」に関連した内容を盛り込むという趣旨でここに加えられたという。
　ところで、1958年版学習指導要領理科編の第2学年に次の記述がある。
イ　雨水のゆくえに関心をもつ。
（ア）　地上に降った雨水を観察し、雨水は低いほうに流れて土を掘ったり、押し流したりすることに気づく。
（イ）　土や砂に水をかけ、水がしみこんでいく様子を観察して、地上に降った雨水の一部は地下にしみこむことを知る。
（ウ）　雨が降り続いた後の小川や池などを観察して、川や池などの水がふえたり、濁ったりしていることから、雨水の一部は川や池に流れこんだり低い所にたまったりしていることに気づく。
　この当時は生活科ではなく、1・2年生にも理科があった。今回新設された4年の内容と比べてみると、明らかに約60年前の2年生の方が深い内容を学習していることがわかるし、今回この内容が盛り込まれた趣旨である「自然災害」につながる内容になっている。
　生活科になって低学年理科がなくなったために、かつては2年生が学習していたことを、そのときよりも内容を削減して4年生が学習することになったのである。

二つの内容　共通点は水だけ

　「（ア）水は、高い場所から低い場所へと流れて集まること」は、ごく当たり前の内容のようだが、子どもはあまり意識していないようである。山や平野、川、海などが描かれているような地図を見せて、川の水がどちらからどちらに流れているかを問うと、水がたくさんある海から山に向かって流れていると考える子どもが少なくない。地面の高低差を意識してとらえる機会がなかったり、近くに河川がなかったりすると、水の流れる方向を考えることなくすごしてきたのだろう。こういった状況を見ると、水が高いところから低いところに流れるということは、ごく当たり前のことであるが、身近な事実と地図上の川の流れとを結びつけた理解が必要である。
　「（イ）水のしみ込み方は、土の粒の大きさによって違いがあること」の内容は水のしみ込み方と、土の粒の大きさの関係を教えるようになっている。しかし、この内容を学習する意味はあるのだろうか。一般的にいっても、粒の大きい土が水がしみ込みやすく、粒の小さな土がしみ込みにくいとは言いきれない。水がしみ込みやすいかそうでないかは、粒の大きさよりも土の性質によるところが大きいのではないだろうか。それを、あたかも粒の大きさに関係があるかのように書いてあるが、意味のある学習とは思えない。
　また、この学習で「雨水の流れ方やしみ込み方と地面の傾きや土の粒の大きさとの関係について、根拠のある予想や仮説を発想し、表現」させることを想定しているとすると、

理科室でのモデル実験で終わってしまう心配がある。身近な地形を具体的にさぐることと結びついた学習にしなければ、土砂崩れなどの「自然災害」と結びついた学習になるはずがない。

「雨水の行方と地面の様子」で大切なこと

- （1）水は高いところから低いところへ流れる。
- （2）川の水も高いところから低いところに流れ、最後には海に流れ込む。
- （3）水が地面にしみ込むと崖崩れや地滑りの原因になることがある。

まずは雨水や水道水の流れを調べよう

生活科や3年生までの理科には水の流れに関わる学習はない。しかし、子どもたちは学校での掃除やプールの授業などで水と関わってきている。また、雨の日でも外に出ることはあるし、水たまりで水遊びやいたずらをしたこともあるだろう。ほぼ全員がそういった体験はしていても、そのことを通して、水が高いところから低いところに流れると全員が意識しているわけではない。

4年生の子どもたちには、まずこのことを具体的にとらえさせておきたい。

例えば、校庭に降った雨水が側溝の方に流れていったり、流しの水が流れ込む排水口は一番低いところにあることなどを、観察や事実をもとに確認する。子どもは、プールのつくりの中に浅いところと深いところがあることは知っているが、一番深いところに排水溝があることに気づいていない子もいる。そこで、プール掃除をするときにプールの水を全部流すが、どこへ流れていくか考えさせる。すると、プールの一番深いところへ流れていくことに気づくとともに、水がプールの浅い（高い）ところから深い（低い）ところに流れていくことも理解できるだろう。

これらの学習を通して、まず第一に、水は高いところから低い方に向かって流れていくという事実をとらえさせたい。

地図上の川の流れをとらえさせる

社会科では4年生で「それぞれの県の地理的概要を理解すること」が学習内容としてとりあげられている。この「地理的概要」の中には、土地の高低差や河川の流れも含まれている。

この社会科の学習と関わらせて、地図上に記入されている河川の水の流れを、高低差との関わりでとらえさせたい。たとえば、北海道の石狩川は、地図でいうと北海道の中心付近の大雪山から日本海まで描かれている。それを見て、石狩川の水はどちらからどちらに向かって流れているかを問い、高いところから低い方に流れることをとらえさせる。

山に降った雨が、山の間をぬうように流れていること、それがやがて平野にでて海に流れていくことをとらえる学習として位置づけ

たい。

4年生の社会科では「47都道府県の名称と位置を知ること」も学習内容になっている。都道府県名を覚えさせることより、山脈が日本列島の中央にならんでいることや平地が河口付近にあることなど、日本の地形を教えるようにしたい。その方が5年の天気の変化や流れる水のはたらき、社会科の産業学習とのつながりで意味のある学習になると考える。

地面にしみ込んだ水

雨水が地面にしみ込むことや、しみ込みやすい地面としみ込みにくい地面があるという学習はやる必要がある。しかし、それは粒子の大きさとの関係でとらえるのではなく、違いがあるという事実をとらえるだけでよいだろう。その上で、水がしみ込みやすい土でもしみ込む水の量が多いと、水を含みきれなくなって地上にあふれてくることもある。また、地面の深いところに排水がよくない粘土層があると、そこまでしみ込んだ水が流れ出し、それががけや山のようなところだと崖崩れや地滑りを引き起こすなど、土砂災害につながることを示していきたい。

日本では、毎年のように梅雨の時期から秋の台風などの影響で、洪水や崖崩れ、地滑りなどが起きている。新聞やテレビのニュース報道などを使って、そういった自然災害がどういうところで起きているかを調べさせると、地形や土の質との関わりが見えてくるだろう。

自分たちが住んでいる所ではどうかということも考えさせたい。自然災害につながる理科教育としてはそこまでの学習が必要である。自治体のホームページに土砂災害危険箇所マップがあれば、それも活用できるだろう。

とにかく、理科室で行うモデル実験や校庭の雨水観察にとどめるのではなく、実際の災害とのつながりがわかるような学習にしたいものである。

資料

地すべりが起こる土地

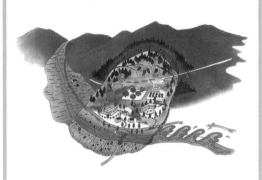

地すべりは、土に含まれる水の影響が大きく、地面に浸透した大量の水が土の粒の間に入り込み、それまで安定していた土の粒同士の関係が不安定になって起こる場合が多い。他にも斜面の傾きや植生なども大きく関係している。そのため、地すべり対策としては、土中の水を抜く、あるいは水を浸み込ませないような工事が有効とされている。

地すべりの自然的な要因としては、強風化花崗岩（真砂土）や火山性土壌（シラスなど）、厚い堆積土（レス）といった局地的な地質によることが指摘されている。

2017年7月に九州北部を襲った集中豪雨は発達した雨雲が帯状に連なる線上降水帯が発生し、記録的な降水となったと発表した。連続的な降雨により、土中に含むことができる水量を大きく超えたため、崩落が起こったのだが、ここの土質も強風化花崗岩（真砂土）だったという。地すべりの多くは大量の雨が直接的な原因であるが、災害を防ぐためには、表土だけでなく深部の違いを正しく把握する必要があるだろう。

4年 天気の様子

雲って水や氷でできてるんだ！

> （ア）天気によって1日の気温の変化の仕方に違いがあること。
> （イ）水は、水面や地面などから蒸発し、水蒸気になって空気中に含まれていくこと。また、空気中の水蒸気は、結露して再び水になって現れることがあること。

1日の気温の変化は天気による…？

　よく晴れた日、昼過ぎに気温が一番高くなると言えるだろうか。また、雨天の時には気温の変化が少ないと言えるだろうか。一般的にはそうかもしれないが、晴天か曇天かによってその日の気温の変化が決まるとは限らない。場合によっては晴れていても朝や夕方の方が気温が高いこともある。気温は、風向きや上空の寒気、暖気によって大きく影響を受ける。たとえば、冬の晴れた日の昼間でも、寒気が南下してきたら朝よりも寒くなることもある。

　（ア）の「天気によって1日の気温の変化の仕方に違いがあること」は、《現行》も《新》も全く同じである。《現行》では自記温度計を使って気温の変化を調べ、そのグラフを読み取って気温が上がったり下がったりしていることと、その日の天気との関係をとらえる学習が教科書にあった。《新》でも同じようにグラフの読み取りが中心になりそうである。

　何日もかけて気温の変化を調べ、それを折れ線グラフに表して読み取った結果が、気温の変わり方に違いがあるというだけでは、苦労した割には学習する意味が少ないように思う。

雲の発生と結びつけて教えたら…

　（イ）について言えば、水が蒸発するというだけでなく、「気温が高くなるほど、地面から水が蒸発しやすくなる」という内容を加えるとよいだろう。子どもの経験を出し合うだけでもよいが、日光が直接あたる日なたと、体感的にも涼しい日陰の蒸発の様子を比べるだけでもはっきりわかることである。

　結露についても、温度が低いとたくさんの水滴が付くことをとらえさせたい。常温の水道水を入れたビーカーと氷水を入れたビーカーの外側に付いた水滴の量を見た目で比べるだけでよい。これは、温度が低い方が飽和水蒸気量が少ないので、空気中に含まれている水蒸気がより多く液体の水になるためである。結露現象の本質につながる経験をさせておくことには意味があるだろう。

　（イ）の内容は、雲の生成にも関わることなので、気象現象と結びつけてとらえさせるとよい。5年生の「天気の変化」でいきなり「雲の様子の観測」が出てくるが、そもそも「雲とは何か」という学習がない。「水は、水面や地面などから蒸発し、水蒸気になって空気中に含まれていくこと」に加えて、「地面から蒸発して、上空で冷やされてできた水滴や氷粒の集まりが雲である」ことも扱いたい。

　《現行》の教科書では（ア）と（イ）は別の単元になっている。（イ）は水のすがたとゆくえという位置づけの単元である。学習指導要領の立場では似通った内容としているが、学習内容としては別にした方がよいと判断した結果であろう。この対応は当然であり、二つの内容としてそれぞれ別々に扱いたい。

「1日の気温の変化」で 大切なこと

(1) 晴れた日は、午後2時頃に気温が最も高くなることが多い。
(2) 曇りや雨の日は、1日を通して気温の変化が少ないことが多い。

百葉箱や自記温度計を使って

　ここでは、1日の気温の変化を調べ、その特徴をとらえることにする。百葉箱があればそれを使いたいが、なければ自記温度計だけでも気温の変化をとらえることはできる。まずは自記温度計を日光や雨があたらないような屋外に設置して、一週間の気温の変化の記録をとる。そして、そのグラフを見ながら、よく晴れた日と曇りや雨の日の気温の変わり方を考えさせる。4年生なら曇りや雨の日は暖かくならないことぐらい経験的にわかっているが、ここでは、1日の気温の変化とその日の天気の関係をグラフで確認しながら、おおまかにとらえさせる。

　つぎに、晴れた日の気温が一番高くなるのはいつか調べてみると午後2時ぐらいであることがわかる。気温が一番高くなるのは、太陽が一番高くなる12時ではないことに疑問がでたら、日光が空気を直接温めているのではなく、地面や建物などを温めてその温められた地面や建物などが接触している空気を温めていると説明する。

　気温の変化の特徴は暖かい空気や冷たい空気の塊（気団）によっても大きく変化するので、いつも晴れの日は朝夕が気温が低くて2時頃に最も高くなるわけではないことも、話しておきたい。

「水の蒸発と結露」で 大切なこと

(1) 水は100℃以下でも蒸発して気体の水（水蒸気）になり、空気中の水蒸気は冷やされると液体の水になる。
(2) 水蒸気は上空で冷やされて、小さな水粒や小さな氷粒となって雲になる。
(3) 水粒や氷粒がくっついて大きな水粒や氷粒になると、雨として地上に降ってくる。

身近で起きている結露から
空気中の水蒸気へ

　この学習は、「水の3つのすがた」の後に扱いたい。自然蒸発の前に、液体の水は100℃以上の温度で気体の水になることを先にとらえさせておきたいからである。

　ここでは、はじめに結露から扱うことにする。氷水を入れたビーカーを児童の机の上に置いておくと、よほど乾燥しきっていない限り結露によってビーカーの外側に水滴が付く。これは多くの子どもが経験していることである。次に、氷水を入れたビーカーと常温の水道水を入れたビーカーでは、どちらがたくさん水滴が付くか調べてみる。すると、冷たい氷水の方がたくさんの水滴が付くのがわかる。

　この学習を通して、空気中に水蒸気があり、それが冷やされて液体の水になったととらえ

させる。水は100℃以下でも水蒸気になることや、注射をするときの消毒用アルコールも78℃（エタノールの沸点；「水の3つのすがた」の単元で学習しておく）以下でも蒸発するから手がスーッとすることなどが思い出されるとよい。

空気中の水蒸気はどこから？

次に、身近に起こっている蒸発現象をとらえさせたい。ぬれた洗濯物がかわくことや、お皿に入れた水を日なたに置いておくと、なくなってしまうことなど、実験を通して確かめることもできる。子どもの経験を交流することも意味があるだろう。ここでも、水は100℃以下で蒸発することがあることが確認できる。

温度の違いで蒸発の速さが違うことも扱いたい。2枚の皿に同量の水を入れ、日なたと日陰に置いてどちらが早く乾くか調べる。すると、結露の時とは逆に温度が高い方が早く蒸発することがわかる。このようにして、水は100℃にならなくても蒸発するが、温度が高い方がたくさん蒸発することもとらえさせたい。これは次の雲のでき方と深いつながりがある。

ここで、水の3つのすがたで学習した「沸騰」と「蒸発」の違いを教えておきたい。

水を加熱して温度が高くなると水面から湯気が出てきたり、水に溶けていた空気が小さなあわとなって出てくるようになる。そして、さらに加熱を続けると水中から大きな泡が出てくる。これが「沸騰」で、あわの中には水蒸気が入っている。

洗濯物が乾いたり、皿に入っていた水がなくなったりするのは、液体の水が気体になるからである。これが「蒸発」で、液体の表面から気体になって空気中に出ていくという点で、水中から水蒸気があわとなって出ていく「沸騰」との大きな違いである。

蒸発した水が雲になる

水蒸気を含んだ空気が上昇していき、上空で冷やされると、液体の水になったり小さな氷になったりする。液体の水や氷なら、自然に落ちてきそうなのだが、たくさんの水粒や氷粒は落ちそうになっても風の影響で吹き上げられのでなかなか落ちてこない。地上から見るとそのたくさんの水粒や氷粒が白い雲として見える。その水粒や氷粒がお互いにくっついたりして風で浮かぶことができなくなると雨になって落ちてくることを教科書や資料などを使って説明するとよい。

読みもの

温度による空気中の飽和水蒸気量

水蒸気は空気中にいつでも存在しています。$1m^3$の空気の中にある水蒸気の量は多いときも少ないときもありますが、これ以上は含むことができないという限界量があり、それを飽和水蒸気量といいます。

飽和水蒸気量は、温度によって変わります。たとえば、気温が10℃の時は$1m^3$あたり9g、20℃では$1m^3$あたり17g、30℃では$1m^3$あたり30gです。気温0℃でも$1m^3$あたり5gの水蒸気が含まれています。－10℃でも水蒸気が2g含まれています。－10℃というと氷（固体の水）になる温度なのに、なんだか不思議な気がしますね。

テレビの気象情報などで、「今日の湿度は80％を超え、非常に蒸し暑い一日となりました」などと言うときの湿度は、飽和水蒸気量に対してどれだけの割合かを％で表したものです。

いま、部屋の中の気温が30℃だとすると、飽和水蒸気量は$1m^3$あたり30gです。この

ときの湿度が57%だとすると、30 g × 0.57 = 17.1で、1 m³の水蒸気量は約17 gになります。

この部屋でコップに冷たいジュースを入れると、コップの周りの空気の温度が下がります。もしも、コップの周りの空気が10℃以下になったとすると、10℃の飽和水蒸気量は9 gなので、17 g − 9 gで1 m³あたり8 gの水蒸気が液体の水に変わることになります。こうしてコップの近くにある空気が含んでいた水蒸気が液体の水になり、コップの表面に結露が発生するのです。

梅雨時に窓ガラスに結露ができることがあります。これは、室内が暖かくて水蒸気量も飽和状態に近いと、気温が低い外とのわずかな温度差でも水蒸気が液体の水になるからです。

温暖な海でたくさんの水蒸気を含んだ空気が、温められて膨張すると、密度が小さくなり上空に上がっていきます。

上空に上がった空気はさらに膨張し、温度が下がります（断熱膨張）。すると、それまで空気中に含まれていた水蒸気が液体の水になります。水蒸気は気体なので目に見えませんが、液体の水粒になると目に見えるようになります。水粒はさらに冷やされて氷粒になったりします。そのたくさんの水粒や氷粒が、地上から見える雲なのです。

雲の中の水粒や氷粒は重くなって落ちてきますが、風（上昇気流）によって雲の中で落ちたり吹き上げられたりしてさらに大きな粒になります。このようにしてできた大きな水粒や氷粒が落ちて雨や雪になるのです。

地上に降った雨や雪は、池にたまったり地面にしみ込んだりします。また、地表を流れていき、川となって海に流れていきます。そして、川や池から水蒸気が出て行きます。海に降った雨もまた水蒸気になり、その水蒸気が冷やされ、ふたたび雲になります。

このように、水は様々に姿を変えながら、地球上をめぐっているのです。

読みもの

自然界の水の循環

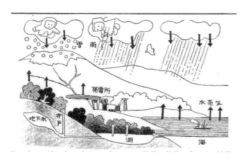

上の資料にもあるように、空気中には水蒸気が含まれています。温度が高いほど含むことができる水蒸気量は多くなります。

水蒸気は池や川、海からだけでなく、地面からも蒸発しています。冬には氷や雪からも直接水蒸気が空気中に出て行っています。しかし、もっともたくさんの水蒸気が出ているのは暖かい地方の海です。

4年 月と星

月ってひとつなの？

> （ア）月は日によって形が変わって見え、1日のうちでも時刻によって位置が変わること。
> （イ）空には、明るさや色の違う星があること。
> （ウ）星の集まりは、1日のうちでも時刻によって、並び方は変わらないが、位置が変わること。

月の満ち欠けの理由がわからない

　子どもは夜空の月を見て、いくつもの月があると思っていないだろうか。満月をはじめ、上弦の月も三日月も、それぞれ見える時刻も見え方もまったく違うのだから、そうとらえていても仕方がない。このような状況を考えると、月が一つであるという学習は天体学習の第一歩としてとても大事である。

　上記の内容（ア）を学習するにあたっては、少なくても次の三つの理解が必要になる。
①月は球形をしていて、太陽の光を受けている面だけが光って見える。
②月は一つだけで、光って見える部分の形がちがって見えている。
③月は地球の周りを公転している。

　学習指導要領では②だけを教えていて、①と③は扱っていないが、少なくても①を知らないと②はわからないだろう。また、どうして日によって見え方が違うのかは、③の内容と太陽と月と地球の位置関係の理解が必要である。これは6年生で学習することになっているので、4年生では「見え方が違う」という現象を知るだけの学習になってしまう。

　1日のうちでも時刻によって位置が変わることも、観察の事実からは月が動いているからとされ、観察だけでは天動説を学ぶことになってしまう。

　（ア）はどちらも現象を観察するだけで、子どものなぜ？に答えることはできない。この点だけを考えると、4年生でなく6年生で月の公転も含めて学習すれば、月が満ち欠けする理由もわかるので、6年生の学習にまとめたい。ただ、現在は多くの子どもたちは月をじっくり観察する経験が少ないので、観察を通して「月は日によって形が変わって」見える事実をとらえさせることは、意味がある。

観察は大事だがそれだけで終わらせない

　星や星座の学習は小学校では4年生だけである。星の明るさや色の違いを学習することは多様な星があることを知ることになる。地球からの距離が近いから明るく見える星もあるだろうし、星自体の大きさの違いで明るく見える星もある。色の違いもその星の現在の特徴の現れである。そういう意味では観察を通していろいろな星があるという事実を知ることには意味がある。それに加えて、星の色は表面温度の違いであり、明るさは星の大きさや地球との距離の違いによることもぜひ教えておきたい。せっかく観察した星の色や明るさの違いの理由がわかれば、星に対する興味が広がるだろう。

　星座の並び方には変化がないことや、1日のうちでも見える位置が変わることも、観察を通してとらえることができる。並び方に変化がないことは、2000年以上も昔からオリオン座があったことなどを資料を使って紹介し、並び方が1日で変わることはないということにもふれたい。また、季節ごとの星座観察を通して、夏の星座や冬の星座など、季節によって見える星座が違うという事実にも気

づかせることができるだろう。

　ここでも、1日のうちで見える位置が違う事実だけでは、やはり天動説になってしまう。少なくても、3年生の太陽の1日の変化、4年の月の1日の変化と星座の1日の変化を関連させて、それぞれが動いているのではなく、地球が動いていることにつなげる必要があるのではないだろうか。

「月と星」で大切なこと

> （1）太陽や他の星（恒星）は球形をしていて自分で光っている。
> （2）月は、太陽の光があたっているところが明るく見えるので、日によって違う形に見える。
> （3）星には明るさの違う星や色の違う星がある。
> （4）季節によって見える星座が違う。
> （5）月も星座も東から西の方に動いているように見える（地球が回っているから）。

星には光っている星とその光を受けて明るく見える星がある

　現在の日本では、たくさんの星を実際に見ることはなかなかむずかしい。それでも、よく晴れた雲のない夜にはいくつかの星を見ることができる。地球から見える星はどれも点としてしか見えないが、地球や太陽、月と同じように、どれも球形をしている。

　それらの星の中には、金星や火星のように自らは光を放っているわけではなく、他の星の光を受けて光って見える星と、太陽のように光っている星がある。太陽系では太陽だけが自ら光っている星（恒星）で、地球も含めた他の惑星は太陽の光を受けている部分が明るく見えているのである。

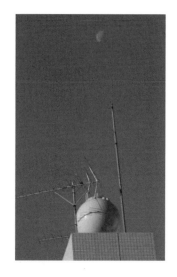

　地球や他の惑星と同じように、月も太陽の光を反射して、光があたっているところが明るく見えている。人工衛星から地球をとらえた写真を見ると、太陽のある方だけが明るくなっている様子が見られる。太陽の光を受けている月と地球を同時に見られたら、月も地球も同じ方だけが明るくなっているはずである。

　地球からの月の見え方が変わる理由を理解するためには、まずこのことをとらえさせる必要がある。これは、観察によってわかることではないので、天体学習のガイダンスとして読み物などを使って教えていきたい。

実際の月をじっくり観察させよう

　「月が何種類もあると思っていた」という大学生の話を聞いたことがある。以前、よく晴れた日に月の観察を宿題にしたとき、「こんなに月をちゃんと見たことはありませんでした」という母親の感想が届いたことがあった。

　月を見たことがないという人はたぶん一人もいないだろう。月は遠くにあるが、それほど身近な存在である。しかし、観察の対象として月を観る機会は小学校の理科授業以外ではほとんどないため、前述のような状況になっているものと思われる。やはり、月の学

習では実際の月を観察させたい。

夕方の満月、午前中に見える半月（下弦の月）、丸い眉のような細い月など、実際に観察させて模様も含めて絵にしてみると、月が一つであることがわかってくる。本来なら、暗くて見えない部分が、太陽光を受けた地球の反射光でぼんやり明るく見える。その模様は満月と同じなので、月が一つであるとわかる。

地球照

月の1日の（地球から見たときの）動きは時間をおいた観察を通してとらえることができる。教科書にもあるように、周りの建物や樹木などを含めた絵に見えた月の形を描き入れておき、30分なり1時間なりの間をおいて再び観察して同じ絵に描き加えていけば月も東から西の方に動いて見えることがわかる。

このようにして、月はいろいろな形に見えるが、実際は一つしかないこと、月は東の方から西の方に動いて見えることがわかるだろう。

星座の観察は季節ごとに

星座の観察は、理科室にある星座早見を、一定期間子どもに貸し出して行わせたい。一学期のうちに星座早見の使い方を教室で指導して夜空の星を観察させ、何時頃、どちらの方角に何座が見えたかを記録しておく。観察する時間帯を夜7時〜8時ぐらいなどと、ある程度決めておくと、季節の変化で見える星座が違ってくることにも気づかせることができる。

その後、晴天の日を選んで1か月に1回程度観察する機会をつくり、同じように観察時刻と方角、見えた星座の名前を記録させる。観察する日は一人一人違ってもよいので、星座が見られたら朝の会などで発表させ、観察記録を貯えていくようにする。

星の色の違いや見かけ上の動きなどは、教室の授業で課題意識を持たせて実際に観察させられるとよい。冬のシリウスやオリオン座のベテルギウスなど、色の違いがはっきりわかる。オリオン座は東の空に上がってくるので、その後も時間を追って観察させると、東から天頂の方に動いて見えるのがわかる。

夏から秋、冬にかけて集めた観察記録を使うと、季節によって見える星座に違いがあることに気づくだろう。この理由については深入りできないが、地球から見ると星が見えるのは夜だから太陽のない方が見えていることになる。太陽を中心に考えると、地球は太陽の周りを公転しているので、地球の夜にあたる方にある星が見えていることになり、夏と冬では見える星が違うことになる。

地球が動いていることを教える

この単元では、観察を通して月の見え方や見かけ上の動き、星の色や星座の形、位置関係は変わらないこと、星の見かけの動きなど、月や星、星座を観察してわかる事実を確認することしかできない。しかし、満月でも半月でも、どのような形に見える月も東から西の方に動いて見えること、星も東から西の方に動いて見えること、そして、3年生で学習している太陽の見かけ上の動きを思い出させながら、地球から見るとどれも東から西の方に動いているように見えることをつなげて考えさせることによって、それは地球が動いているからであると教えたい。自分たちが観察した結果から考えさせ、映像や科学読み物などを活用すれば、地球が動いていることは十分とらえることができるだろう。

■4年
「水の3つのすがた」の学習展開プラン

はじめに

この授業は、「空気と水」「物のあたたまり方」「物の温度と体積」の学習後に取り組む。各単元では、それぞれの「大切なこと」に書いたような学習を前提にしている。

第1・2時 アルコールの変化（液体⇄気体）

【ねらい】液体のアルコールは90℃近い温度になると気体になる。

①実験装置を見せながら具体的に課題を出す。透明のポリ袋にメスピペットでアルコール（メタノール）を3mL入れて空気を追い出し、ポリ袋の口を輪ゴムで閉じる。これに90℃の水をかけると中の液体のアルコールも90℃ぐらいになることを話しあってから、課題を出す。

課題1 ポリ袋の中にアルコールを3mL入れて、空気を追い出して口を閉じた。このポリ袋に90℃以上の水をかけて、アルコールの温度が上がると、袋はふくらむだろうか。

②教師が板書をした課題をノートに書かせる。つぎに「はじめの考え」をノートに書いてから話し合う。まず、どんな考えの子が何人いるか、挙手させて調べ、人数を板書する。

③それぞれの理由を発表させるが、見当がつかない子がいたらその子から発表させ、次は人数の少ない考えから発表させる。
「見当がつかない。アルコールが膨張してふくらむと思ったけど、自信がない」「ポリ袋にはアルコールしか入っていないため、90℃の水をかけることによってアルコールが膨張して袋がふくらむと思う」など、これまでに学習してきたことを使って考えたことが出される。

④「友だちの意見を聞いて」を書かせ、意見変更した子を中心に発表させる。
「アルコールは液体だから、大きくふくらむから少しふくらむに変えます」「アルコールは液体だから、少し膨張するという意見に賛成で、ふくらまないという意見から少しふくらむという意見に変えました」

⑤**実験** ①（教師実験）
子どもたちを教卓から1mほど離れたぐらいに集めて教師実験が見えるようにする。教卓の周りに集まるときは、いつもこうするように教えておくとよい。水槽にアルコールの入ったポリ袋を置き、沸騰している90℃以上の水をかけると、ポリ袋がふくらみ液体が見えなくなる。ふくらんだポリ袋を水槽から出すと、袋の中を液体が流れてきて底にたまるのが見える。

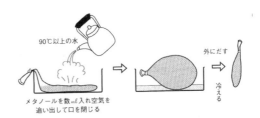

⑥繰り返しこの現象を見せ、液体だったアルコールが気体になったことをとらえさせる。この時間は、実験を繰り返し見せることがとても大事である。

⑦「実験したこと、たしかになったこと」を書く。

〈子どものノートの例〉
　アルコールだけをポリ袋に入れて、90℃の水をかけたら、液体だったアルコールがなくなって、ポリ袋がパンパンにふくらんだ。空気？と誰かが言ったら、アルコールが気体になったんだとK君が言った。アルコールが気体になるのは初めて見た。

⑧次の実験でアルコールが気体になったことを確かめる。

実験②（教師実験）
　試験管にアルコール（エタノール）と沸騰石を入れた物を見せ、沸騰石は突沸を防ぐ物であることを説明する。
　この試験管を90℃の水に入れると、液体のアルコールが沸騰して泡（気体）が出てくる。泡が気体のアルコールであることをとらえさせるために試験管の口にライターの火を近づけると火が付く。泡は気体のアルコールであることを確認する。
　この後、沸騰という言葉と、沸点（アルコールの沸点は78℃）を教えて板書する。

⑨「実験したこと、たしかになったこと」を書く。

〈子どものノートの例〉
　ビーカーに90℃の水を入れてその中にアルコールの入った試験管を入れたら、泡がいっぱい出てきた。その泡はアルコールが沸騰してできたアルコールの気体の泡だった。その試験管の上にライターの火を近づけたら、火がついた。液体のアルコールが液体でいられなくて全部気体になってしまう温度が沸点で、アルコールの沸点（78℃）だった。

第3時　水の気体
【ねらい】水は90℃では沸騰しない。

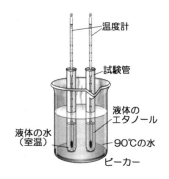

①アルコール（エタノール）と温度計を入れた試験管と、水と温度計を入れた試験管を見せて、具体的に課題を出す。

課題2　アルコールと温度計を入れた試験管と、水と温度計を入れた試験管の両方を90℃の水に入れると、どちらも沸騰するだろうか。

②課題を書き写し、「はじめの考え」をノートに書いてから話し合う。まず、どんな考えの子が何人いるか、挙手させて調べ、人数を板書する。
　「両方とも沸騰すると思う。水もアルコールも液体だから」「水とアルコールは違うから、水は沸騰しないかも」といった意見が出されるだろう。

③「友だちの意見を聞いて」を書かせたら実験に入る。

④**実験**（気体になったエタノールが出るので、安全のため教師実験とする）
　エタノールの方はさかんに沸騰して気体が出てくるが、水の方は沸騰することはない。これで、90℃では水は沸騰しないし気体にもならないことがわかる。また、このとき、エタノールが沸騰しているときの温度に着目させると、沸点（78℃）と同じぐらいの温度になっていることもわかる。

⑤「実験したこと、確かになったこと」を書く。

〈子どものノートの例〉

　アルコールの方は２時間目の時と同じように沸騰したけど、水の方は沸騰しなかった。90℃の水に入れたのに、アルコールの方は78℃から温度が上がらなかった。水の方は88℃まで上がったのに沸騰はしなかった。水は90℃（88℃）では沸騰しないことがわかった。

第4時　水の沸点

【ねらい】液体の水が沸騰して気体になる温度（沸点）は約100℃である。

① これまでに、ヤカンの水が沸騰していることを見てきているので、子どもは水が沸騰することは知っている。そこで、フラスコに水を入れて温度計をつるした実験装置を見せ、ガスコンロで加熱して水が沸騰する温度を調べよう、という課題を出す。

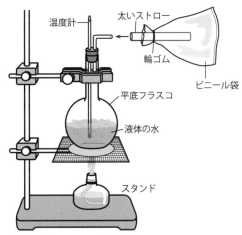

加熱器具は、アルコールランプ、ガスバーナー、実験用コンロのいずれでもよい。

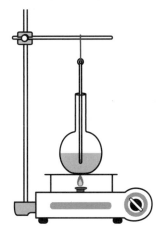

課題3　水が沸騰する温度を調べよう。

② 沸騰している様子とそのときの温度を観察させ、約100℃で温度上昇が止まることを確認する。前時で液体のアルコールが沸点以上にならなかったことから、水の沸点は100℃であることに気づかせる。

③ 次に、右上のような実験装置でフラスコを加熱すると、ガラス管から水蒸気が出てくる。その水蒸気をポリ袋に集める（教師実験）。

フラスコのガラス管の先から水蒸気が出てきたら、太いストローをつけたポリ袋をガラス管に差し込む。すると、ポリ袋が水蒸気でふくらむ。ガラス管からストローを抜くとポリ袋はしぼんで、中に液体が入っているのが見える。

④「実験したこと、確かになったこと」を書く。

〈子どものノートの例〉

　ガスコンロに火をつけて2分ぐらいで小さい泡が出てきた。そして、70℃ぐらいから大きな泡が出るようになって、90℃近くなったらどんどん泡（気体）が出はじめた。温度は98℃より上がらなくなった。

　次に、ポリ袋がつけてある太いストローをフラスコのガラス管に差し込むと、出てきた水の気体でポリ袋がふくらんできた。少したつと、ポリ袋の底に水がたまってきた。気体の水が液体の水にもどったのだと思った。

　水も気体になった。ぼくたちの実験では98℃とか99℃だったけど、正確に測ると水の沸点は100℃だと先生が言っていた。

第5時　ブタンの変化（気体⇄液体）

【ねらい】室温で気体のブタンは沸点以下の

温度で液体のブタンになる。

①あらかじめ、ポリ袋にガスライター用のボンベからブタンガスをとって、口を輪ゴムで閉じておく。袋がパンパンにふくらんでいるポリ袋を見せて、中に気体が入っていることを確認してから「このポリ袋の中の気体を液体にすることはできるだろうか？」と課題を出す。

課題4 このポリ袋の中の気体を液体にすることができるだろうか。

②課題を書きうつして「はじめの考え」をノートに書いてから話し合う。まず、どの考えの子が何人いるか、挙手させて調べ、人数を板書する。

③それぞれの理由を発表させるが、見当がつかない子がいたらその子から発表させ、次は人数の少ない考えから発表させる。
「液体にならないと思う。気体は気体でも前の実験ではもともと液体のを無理矢理気体にしたんだけど、今日のはもともと気体だから液体にはならないと思う」「できると思う。液体をあたためると液体でいられなくなって気体になったんだから、反対に気体を冷やせば気体でいられなくて液体にできると思う」「液体が気体になったからって、気体が液体になるとは限らないから、できないと思う」

④「友だちの意見を聞いて」をノートに書く。

⑤ノートを書いたあと、もう一度、討論後の人数を挙手させて調べ、板書する。

⑥「はじめの考え」から意見が変わった子がいたら、その子を中心に発表させる。

⑦実験は、まず、エタノールに細かく砕いたドライアイスを入れて寒剤を作る。寒剤に－20℃まで測れる温度計で温度を調べ、寒剤が－20℃以下になっていることを確認する。次に、ポリ袋をその寒剤の入っているビーカーに少しずつ入れていくと、袋がしぼんでいくのがわかる。ポリ袋を全部入れてから引き上げると、袋がぺちゃんこになり、袋の中に液体がたまっているのが見える。その液体部分を指で持つと、沸騰して袋がふくらんでくる。袋の中の気体が冷やされて液体になり、体温で温められて再び気体になったことがわかる。

⑧気体はブタンであることを説明する。ブタンの沸点は一定ではなく、イソブタン（沸点－11.7℃）とノルマルブタン（沸点－0.5℃）という二種類のブタンの混合比によって違いがあるそうだ。しかしどちらにしても沸点よりも低い温度になったために液体になったことに変わりはない。子どもたちからブタンの沸点についての質問があったら、「約－12℃」だと話しておく。

⑨「実験したこと、確かになったこと」を書く。

〈子どものノートの例〉
結果は気体が液体になった。アルコールドライアイス寒剤の中に袋を入れてふっ点以下にしたら、気体がなくなってきて液体になった。最初は気体が漏れているのかと思ったが、袋の中に液体がちょっと見えた。よく見てみたら、やっぱりポリ袋の気体は液体になっていた。次に、M君が袋をつまんだら液体が沸騰してきて袋がふくらんできた。気体の名前は「ブタン」で、ブタンのふっ点は－12℃だった。アルコールドライアイス寒剤は－12℃より低いから、そこに付けたらふっ点より下がって液体になった。

第6時 スズの変化（固体⇄液体）

【ねらい】金属のスズ（固体）は232℃以上で液体になる。

①金属のスズの粒を見せて、課題を出す。

課題5 固体のスズを液体にすることができるだろうか。

② 「はじめの考え」をノートに書いてから話し合う。金属がとけることを知っている子もいるので、「チョコレートは熱くなるととけるから、すごく温めれば液体になると思う」「できると思う。とても高い温度でスズを溶かしたら液体になると思う」などの意見が出される。

③ 数人の意見を聞いたあと、子どもたちを教卓の周りに集め、実験方法を説明する。
グループ実験をするので、まずは教師が操作手順や注意することを実際にやりながら説明する。パイレックス試験管に粒状のスズを4〜5粒入れて、試験管ばさみではさんで実験用ガスコンロで加熱すると、数分で液体になる。液体になったことを確認したら、金属製の皿などに液体のスズを流してみる。液体になっていることもわかるし、すぐに固まって固体になることも確認できる。

そのあと、グループ実験をさせる。グループ実験では、スズが液体になったら加熱を止めさせ、試験管ばさみではさんだままビーカーに立てて温度が下がるのを待つ。その間にノートに書かせる。固体が固体でいられなくなる温度を融点といい、スズの融点は232℃であることを教える。

④ 「実験したこと、確かになったこと」を書く。

〈子どものノートの例〉

今日は、固体の金属のスズを液体にした。鉄を溶かして自動車を作ると聞いたことがあったから、金属だから液体になると思っていたら、ほんとに液体になった。スズの融点は232℃で、ガスコンロですぐに液体になった。液体になったスズをお皿に流したらすぐに固体になった。

次は自分たちで実験した。同じようにスズが液体になった。

第7時 水の変化（液体⇄固体）

【ねらい】液体の水は0℃以下の温度で固体（氷）になり、そのとき体積が大きくなる。

① 液体の水は固体になるかをたずね、氷が固体の水であることを確認したら、固体の水にするにはどうしたらよいかを問う。すると、冷やせばよいと出てくるだろう。そこで、実験方法を示して課題を出す。

課題6 液体の水が固体の水になるときの様子を調べよう

② 班ごとに上図（試験管には水を入れる）のように実験装置をセットする。このとき、試験管の水面の位置に油性ペンで印をつけておき、液体の水が固体になると体積が大きくなることも確認する。また、液体の水が固体の水になっていくときの温度も調べる。温度計のめもりもどんどん下がって0℃になり、しばらくその状態が続く。班によって多少の差はあるが、0℃±1℃あたりで変化しなくなるので、沸点と同様、時間が経っても温度の変わらない点があることに注目させる。ここで、水の融点が0℃であることを教える。

③ 全ての水が固体になったら、試験管を取り出して体積が大きくなったことを確認する。

④ 「実験したこと、確かになったこと」を書く。

〈子どものノートの例〉
　今日は液体の水を固体にした。水の融点より温度を下げれば固体になる。その温度は約0℃だった。凍っていくとき、0℃まで温度が下がって、しばらく0℃のままだった。試験管の水面に印をつけたけど、氷になったら印より上に行っていた。体積が大きくなったからだった。

第8時　食塩の変化（固体⇄液体）

【ねらい】食塩も融点以上の温度になると液体になる。

①食塩を見せ、固体であることを確認して課題を出し、水は入れないことを付け加える。

課題7　固体の食塩を液体にすることはできるだろうか。

②「はじめの考え」をノートに書いてから話し合う。まず、どの考えの子が何人いるか、挙手させて調べ、人数を板書する。
「この前、固体のスズをガスコンロで加熱したら液体になったから、固体の食塩を液体にできると思う。食塩の融点より温度を高くすればいいと思う」「私はできると思ったけど、このあいだのスズと塩では金属と塩なので、できると思うんだけど不安です」「固体は同じでも種類が違うんだからできないと思う」

③それぞれの考えが出されたら、「友だちの意見を聞いて」をノートに書く。
ノートを書いたあと、もう一度、討論後の考えを挙手させて調べ、板書する。

④考えが変わった子がいたら、その子を中心に、発表させる。

⑤**実験**（教師実験）
子どもたちを前に集めて、少量の食塩を入れたパイレックス試験管を試験管ばさみではさんでガスコンロで加熱する。やや時間がかかるが、白い固体の食塩が無色透明な液体になる。
液体になったということは、食塩の融点以上の温度になったことに気づかせ、食塩の融点が約800℃であることを教える。
そのあとで、試験管の底にマッチの頭をつけると火が付き、紙をあてると紙が黒く焦げる様子を見せ、800℃という温度を実感させる。さらに、無色透明な液体が白く固まってきたら、固体になったから温度がどうなったかを問い、融点（約800℃）以下になったことに気づかせる。

⑥「実験したこと、確かになったこと」を書く。

〈子どものノートの例〉
　ガスコンロで食塩の入った試験管を加熱したら、少し時間がかかったけど液体になってきた。完全に液体になったら白じゃなくて透明になった。塩の融点は約800℃だから、液体になったら800℃以上になっていた。その800℃以上の試験管に火がついていないマッチを近づけたら一瞬で火がついた。次に、紙に試験管を当てたら、焦げて火がついた。とても熱いんだと思った。そのまま置いておいたら、すぐに固体に戻った。でも、塩みたいな白にはならなかった。多くの固体には融点があり、融点を超せば液体になるんだと思う。

第9時　ロウの変化　固体⇄液体と体積変化

【ねらい】ロウは液体から固体になると体積が小さくなる。

①子どもたちを集めて、ろうそくのロウを加熱すると液体にできるかを問い、数人から意見を聞いてから、ろうそくを何本か入れたビーカーを湯煎して実際に液体になる様子を見せる。
芯になっている糸は取り除いて液体のロウが入っているビーカーを、氷の入った皿に

入れて温度を下げることを話して課題を出す。

課題8 液体のロウの温度を下げて固体にすると、体積はどうなるだろう。

② はじめの考えを書いて、発表させ、ロウが固体になった頃に結果を確認する。

③ **実験①**（教師実験）

課題で示した液体のロウが冷えて固体になったビーカーを見せる。すると、中央部がへこんでいる状態が確認でき、液体のロウが固体になると体積が小さくなったことがわかる。

④ 水は液体から固体になったとき体積が大きくなった。ロウは反対に体積が小さくなった。では、スズが液体から固体になると体積は大きくなるか小さくなるか、調べてみよう。

⑤ **実験②**（教師実験）

スズを太めの試験管（18mm）に入れてガスコンロで加熱し、全て液体になったら火を消してまっすぐに立てる。しばらく待つと固体になるので、体積がどうなったかを確認する。すると、ロウの時と同じように、まん中がへこんでいることがわかる。そこで、液体から固体になるときに体積が大きくなるのは水だけで、ほかの物はほとんど体積が小さくなると説明する。

⑥「実験したこと、確かになったこと」を書く

〈子どものノートの例〉

液体のロウが固体になると体積が小さくなった。前にやった金属のスズも液体から固体になると体積が小さくなった。固体になるとかたまるから体積が小さくなるのかなあと思った。でも、水は体積が大きくなった。先生が、「体積が大きくなるのは水だけで、他のほとんどの物は液体が固体になると体積が小さくなる」と話してくれた。

第10時 物の温度とすがた

【ねらい】物は温度が決まるとすがた（状態）が決まる。

① 融点と沸点の表を配って、「－20℃の南極では水はどの状態だろう」などを考えさせる。この問いについては当然固体になっていることがわかる。「ではブタンはどうなっているだろう」と問うと、室温では気体のブタンだが、液体になっていることに気づく。

② 金星は、地球より温度が高く470℃といわれている。金星では液体になって金属は何だろう？

問い1 金星の温度は470℃もある。金星で液体になってしまう金属は何だろう？

③ 問いなので、「はじめの考え」を書いたりすることはしないで、表を見ながら考えさせ、考えがまとまったら挙手させる。

スズや鉛など比較的融点が低い金属は、金星では液体になっている。

④ 同じように、**問い2** 金星でも固体の金属は何だろう？　**問い3** 金星に地球と同じように海はあるだろうか？などを出題してみると温度によって状態が決まることがさらにはっきりする。

実際に調べられるわけではないのでクイズのようだが、物の温度とそのときの状態との関係がまとめられる。

	融点（℃）	沸点（℃）
食塩	800	1467
スズ	232	2270
鉄	1535	2754
鉛	328	1750
水	0	100
メタノール	－97.7	64.6
エタノール	－114.5	78.3
ブタン	－138	－0.5

5年 物の溶け方 ［108ページに学習展開プランが付いています］

食塩は水に溶けてなくなった？

> （ア）物が水に溶けても、水と物とを合わせた重さは変わらないこと。
> （イ）物が水に溶ける量には、限度があること。
> （ウ）物が水に溶ける量は水の温度や量、溶ける物によって違うこと。また、この性質を利用して、溶けている物を取り出すことができること。

「食塩の重さ＋水の重さ」の本当の意味

改訂によって（ア）と（イ）の順番が入れ替わって、「物が水に溶ける量には、限度があること」の前に「物が水に溶けても、水と物とを合わせた重さは変わらないこと」が来た。

教科書では、食塩を水に溶かして食塩水をつくるとき、「食塩の重さ＋水の重さ＝食塩水の重さ」となることが載っている。この内容が（ア）である。

食塩を水に溶かすと、食塩の粒が見えなくなって食塩水は透明になるが、このとき、「食塩がなくなってしまった」と思いこんでいる子どもがいる。しかし、「食塩水の重さ」を量ってみると、「食塩の重さ＋水の重さ」とぴったり一致するので、食塩はひと粒もなくなっていないで水の中にあるということがわかる。つまり、水の中で見えなくなったように見えても、食塩は保存されていることがこのことからはっきりするのである。

（ア）が大切なのは、「水と物とを合わせた重さは変わらない」という事実にとどまらず、その結果として、「物が水に溶けて見えなくなっても、その物は保存されている」ということがはっきりすることであって、そのことが理解できてはじめて後の学習に役に立つ知識となるのである。

子どもの理解のしかたにそった順番

食塩を少しずつ水に溶かしてゆくと、ある程度まで溶けていったところでそれ以上は溶けなくなり、どんなにかきまぜても溶け残った食塩の粒が下に沈んでしまう。そのことを示しているのが（イ）である。

じつを言うと、（ア）で述べた「物が水に溶けて見えなくなっても、その物は保存されている」ことが前提となって、（イ）が理解できるのである。なぜなら、食塩が水に溶けて見えなくなったら食塩もなくなってしまったと思い違いしている子どもは、食塩はいくらでも水に溶けると考えてしまうからだ。

しかし、食塩は水に溶けてなくなったわけではなく、水の中に保存されているから、ある程度以上は飽和状態になって溶けなくなってしまうというわけである。

だから、今回の改訂で（ア）が（イ）よりも前に書かれるようになったことは、だいじな意味があるのである。この順番の変更は、子どもの理解のしかたにかなったものである。

「溶けている物を取り出す」方法は

ふつう100gの水に食塩をどんどん溶かしていくと、36gくらいまで溶けるが、それ以上は溶けなくなってしまう。同じように、100gの水にミョウバンを溶かしていくと、11gくらいまでしか溶けない。このように、水に溶ける限界は物によってちがう。

また、同じ物でも水に溶ける量は温度によって違う。20℃の水100gに食塩は36gほど溶けるが、60℃に水の温度が高くなるとわずか増えて37gくらい溶けるようになる。

ミョウバンでは、20℃の水には11gしか溶けないが、60℃の水には約57g、じつに5倍もたくさん溶けるようになる。(ウ)はそのことを示している。

なお、「(水に)溶けている物を取り出す」方法として、ミョウバン水溶液の温度を下げるとミョウバンの結晶が析出してくる実験が教科書に載っている。これは、温度変化によって溶解度が著しく変わるミョウバンなどについて言えることであって、一般に通用することではない。それは、食塩のように溶解度の変化が小さい物でやってみると、ミョウバンのように結晶は出てこないことでわかる。むしろ、「(水に)溶けている物を取り出す」方法というのであれば、「蒸発乾固」(次ページ)のやり方のほうが、一般的に使える方法である。だから、(ウ)の記述は「この性質を利用して、溶けている物を取り出すことができる物もあること」とするほうがよい。

「水溶液の均一性」が加わった

なお、今回の改訂で「水溶液の中では、溶けている物が均一に広がることにも触れること」(内容の取扱い)という指示が加わった。これまで中学校の第一分野「物質の溶解」で扱われていたものが小学校に移行してきたものである。

水溶液の均一性は、物が水に溶けるとはどういうことかを理解させるうえでもっとも基本的な内容であり、小学生にも十分に理解できることなので、この移行は良い。

「物の溶け方」で大切なこと

(1) 物が水に溶けると、目に見えない小さな粒になり、均一にちらばる。
(2) 物は水に溶けてもなくならない。
(3) 物が水に溶ける量には限りがある。
(4) 水に溶けない物を、水以外の液体で溶かすことができる。

3つの「とける」

小学校の理科では、「とける」という言葉が3つの場面で出てくる。

ひとつは、この5年の「物の溶け方」で、ここでは「食塩が水に溶ける」というように、必ず「溶ける物(食塩)」と「溶かす相手の物(水)」があり、科学では「溶解」と呼んでいる。

ふたつめは、4年の「水の3つのすがた」で登場する、氷やろうや鉄などの温度が高くなって固体の状態から液体の状態にとろける場合である。科学ではこれを「融解(ゆうかい)」と呼んでいる。

みっつめは、6年の酸・アルカリの「水溶液の性質」で、アルミニウムが塩酸にとけるという場面である。これは「アルミニウムが塩酸と反応して塩化アルミニウムや水素という別の物質に変化した」という「化学変化」である。

日常生活では「砂糖がとける」「チョコがとける」といろいろに使っている言葉なので、ここでは「溶解」の意味で、必ず「○○が△△にとける」という言い方をして、「融解」や「化学変化」と区別することを意識させたい。

「物が水に溶ける」とはどういうことか

「物が水に溶ける」場合でも、生活用語では「小麦粉が水に溶ける」「絵の具が水に溶ける」「味噌がお湯に溶ける」などという言い方をする。しかし、ここにあげた例はどれも本当の意味での「溶解」ではない。溶かしてできた液体は濁っているし、長い時間静かに置いておけば溶かした物が下に沈んでくる

からである。

食塩や砂糖のひと粒を金づちでたたいてどんなに細かく砕いても、顕微鏡で見えなくなるほど小さくすることはできない。ところが、その粒を水の中に入れたとたん、光学顕微鏡でも見えないくらい小さな分子状態にバラバラになってしまう。このように、食塩や砂糖などの分子が水など液体の中でバラバラになってしまう現象が「溶解」である。

分子状態になった食塩や砂糖は、分子運動によって水分子の間を動き回り、拡散し始める。そして、一度水に溶けた物は、どんなに長い時間がたっても下に沈んでくることはない。また、水に溶けた食塩や砂糖がろ紙の繊維の小さなすき間を通過してしまうのも、以上のことで説明できる。

もちろん、小学校ではこうしたミクロな現象まで教えようというわけではないが、「物が水に溶けると、液が透明になる」「水に溶けた物は均一にちらばって、下に沈殿してくることはない」「水溶液はろ紙を通過してしまう」といった事実の背景にあることを教師は知っておきたい。

溶けたものは保存されている

水溶液が透明になっても、溶けた食塩はなくなったわけではない。それは、味を調べたり（感覚による認識）、蒸発乾固（図）すると食塩が出てくること（視覚による認識）などでたしかめることができる。さらに、水に溶けた食塩の重さが1グラムも違わずに残っていること（重さによる認識）で、溶けた食塩が完全に保存されていることをたしかめることができる。子どもたちにとって、「目に見えなくなっても保存されている」ことを知ることは、「物質不滅の法則」との初めての出会いである。

食塩水を加熱すると水が蒸発して食塩が出てくる

溶ける量には限度がある

食塩は無限に水に溶けるわけではない。飽和状態をこえると、どんなにかきまぜても溶け残りが出て沈殿してしまう。「水に溶ける量には限度がある」ことは、「水に溶ける」とはどういうことかをはっきりさせるうえで大切なことである。また、砂糖やミョウバンなど、物によって水に溶ける限度は違うことも見ておきたい。

水以外のもので溶けるものがある

「溶解」は、食塩の精製など人間の生産技術の歴史のなかでさまざまに利用されてきた。とくに、自然界にある物から人間にとって必要な物をとりだすのに、水だけでなく有機溶媒（アルコール、ベンゼンなど）を使うといった技術は、近代工業ではたくさん使われている。身近な例では、6年生の光合成の学習で葉緑素を溶かしだす実験にアルコールを使うが、これも「水に溶けないものも水以外の液体で溶けるものもある」ことを使った技術である。

■ 5年 振り子の運動

振り子の世界をひろげる

> （ア）振り子が1往復する時間は、おもりの重さなどによっては変わらないが、振り子の長さによって変わること。

条件制御と振り子の学習

「振り子の運動」は、これまでも「おもりの重さや振り子の長さなどの条件を制御しながら調べる」学習として位置づけられ、教科書でも多くのページが割かれてきた。そして、振り子が1往復する時間を調べる実験で、「振り子の長さと振れ幅という条件は同じにして振り子の重さを変えた場合」、「振り子の重さと振れ幅という条件は同じにして長さを変えた場合」、「振り子の重さと長さという条件は同じにして振れ幅を変えた場合」のそれぞれについて調べ、その結果を表やグラフにまとめるという授業が行われてきた。

その内容から考えれば、学習指導要領の記述は「糸につるしたおもりが1往復する時間は、おもりの重さと振れ幅によって変わらないが、糸の長さを長くすると1往復する時間も長くなる」と書いたほうが学習する内容がはっきりする。

振り子学習のゆくえ

しかし、それ以上にたったこれだけの「振り子の運動の規則性」を明らかにするために、振り子が10回往復する時間を何度も計り、平均を計算したり表にまとめたり、科学者がやる定量実験の真似ごとのような面倒なデータ処理を小学生に何時間もとりくませる意味があるとは思えない。

また、振り子の現象自体も昔のような振り子時計は子どもたちの生活から姿を消してしまったし、目にすることはほとんどない。

理科の学習でもこの後、高校の力学的エネルギーの学習で「ばね振り子」（単振動）が部分的に登場する程度で、それほど発展的な内容をもった学習とは思えない。

振り子から音の学習へ

むしろ、振り子の往復運動をきっかけに、さまざまな「物の振動」（きまった1点を通る往復運動）に目を向けるようになれば、この学習の意味が出てくるだろう。

振り子のような物の往復運動は、つるまきばね、楽器に使われている弦などで見ることができる。

「物の振動」の学習は、以前の学習指導要領でも「音」の学習場面で扱われていた。例えば1980年版学習指導要領では「いろいろな物を使って音を出したり伝えたりさせながら、音が出ている物は震えていること及び糸などは音を伝えることに気付かせる」（2年）、「音が伝わる様子を調べ、音の出方及び伝わり方を理解させる。…ウ　音の強さは、物の震える幅によって変わること」（5年）となっていた。

今回の改訂で3年生に「物から音が出たり伝わったりするとき、物は震えていること。また、音の大きさが変わるとき物の震え方が変わること」という内容が復活した。その学習と関連させて、この振り子をきっかけにして「物は振動し、その結果、音が出る」という学習に発展させることを考えたらどうだろうか。

子どもたちの生活にあふれている音について小学生なりの追究ができたら、いろいろな発見のある学習になる。

「振り子の運動」で大切なこと

(1) 物の振幅が変わっても、振動数は変わらない。
(2) 音が出ている時は、物は振動している。
(3) 物の振動数の違いで、音の高低が変わる。
(4) 音は物を振動させて伝わる。

振り子の「振幅」と「振動数」

　振り子の実験は、1 m、50cm、25cmの3通りの糸の長さに同じ重さのおもりをつけた実験道具を用意して、グループで分担して「振り子を大きくゆらした時と小さくゆらした時で10秒間にふれる回数」を調べる。そして、「大きくゆらしても、小さくゆらしてもふれる回数は同じだった。いろいろなグループの結果をみると、糸が短いとふれる回数は多く、糸が長いとふれる回数は少なくなった」とまとめられればよい。

　ここで、ふれる幅を「振幅」、1秒間に振動する回数を「振動数」という言葉を教え、「振幅を変えても振り子の振動数は変わらない」とおさえる。きまった振り子の振動数は、変わることはない。このように、物が決まればその振動数も決まっているということを、まずとらえさせたい。

振動から音へ

　振り子のような物の往復運動は、つるまきばね、楽器に使われている弦などで見ることができる。

　つるまきばねにおもりをつるし、おもりを少し下に引いて離すと、おもりは上下に往復運動する。また、ゴムひもを横にピーンと張って、真ん中を下に引いて離すと、ゴムひもは上下に往復運動する。こうしたことを「物が振動している」という。

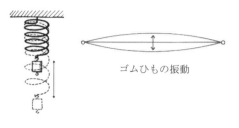

つるまきばねの振動　　ゴムひもの振動

　ゴムひもの途中を指で押さえて、振動する部分の長さを短くしていくと、振動が速くなり（振動数が多くなり）、やがてブーンと低い音を発するようになる。音が出ている時は、物が振動している。人間の耳に聞こえるのは、毎秒20回～2万回振動するときである。

振動数と音の高い低い

　ふりこの糸の長さを変えると振動数が変わることは、ゴムひもや弦の場合にもあてはまる。同じ弦でも振動数が少ないと低い音が出るし、弦の振動数が多くなると高い音になる。弦楽器でチェロやコントラバスのように長い弦を使うと振動数が少なく低い音が出るし、バイオリンのように短い弦を使うと振動数が多くなって高い音が出るといったことは、このことに関係がある。「長い→低い音」「短い→高い音」がいろいろな楽器のしくみに使われていることが発見できる。

　なお、教科書では、ふりこのおもりが重くても軽くても振動数は変わらないことを扱っているが、つるまきばねの場合は変わってしまう。このような内容は、小学校の子どもたちに理解させることは無理があるので、ここでは扱わない。

■5年 電流がつくる磁力
コイルに電気を流したら針が吸い込まれた！

> （ア）電流の流れているコイルは、鉄心を磁化する働きがあり、電流の向きが変わると、電磁石の極も変わること。
> （イ）電磁石の強さは、電流の大きさや導線の巻数によって変わること。

表題が変わった

今回の改訂で、《現行》の「電流の働き」という表題が、《新》「電流がつくる磁力」と変わった。高学年の電気学習は、他にも6年に「電気の利用」があり、ここでは導線に電気を流すと発熱するという「発熱作用」を扱う。それに対して、この5年では導線に電気を流すと磁力を生じるという「磁気作用」を扱っている。小学校の電気学習では、この電気の2つの作用をおさえたい。

今回、「電流がつくる磁力」という表題に変わったことで、ここでは「磁力」について学ぶことをはっきりさせたという意味では良い。

「電流の向き」の意味は

（ア）に「電流の流れているコイルは、鉄心を磁化する働きがあり」と書かれているが、その前提として「鉄心に導線を巻きつけたものが電磁石であること」、「コイルに電気を流すと磁力を生じること」がなければ、この内容は理解できない。

また、「電流の向きが変わると、電磁石の極も変わること」は、子どもにとって「電流の向き」の意味が書かれていないと理解できない。「電磁石につないだ乾電池の向きを変えると、近くに置いた方位磁針が逆向きになることから、電磁石の極が逆になる」と丁寧に書いたほうがよい。

「強い電磁石を作ろう」

（イ）の「電磁石の強さは、電流の大きさや導線の巻数によって変わること」は、これまでも「条件制御の能力を育てる学習」として、「コイルの巻き数という条件は同じにして乾電池の数を変えた場合」「乾電池の数という条件は同じにしてコイルの巻き数を変えた場合」のそれぞれについて磁力を調べるという内容がどの教科書にも載っていた。そこでは、表にまとめたり煩雑な実験データ処理の学習が子どもと教師を悩ませてきた。

今回も「電流がつくる磁力について、電流の大きさや向き、コイルの巻数などに着目して、それらの条件を制御しながら調べる活動を通して」と書かれているので、こうした傾向がますます色濃くなることが予想される。

ここでは、実験データをとるための学習ではなく、「強い電磁石を作ろう」という学習にすればよい。

子どもたちと電磁石作りをすると、「もっと強い電磁石を作りたい」という声が出てくる。どうすればよいか聞くと、「乾電池をもっとたくさんつなげばよい」という意見がすぐ出てくる。教科書にあるような定量実験でデータとりをするのではなく、「電気が多く流れるほど電磁石の磁力は大きくなる」ことがおおまかにとらえられればよい。

また、「導線の巻数」も教科書のように100回巻きと200回巻きとでくっついたクリップの数を比較する実験をやると、「コイルの巻数が多いほど電磁石は強くなる」といった単純なとらえ方になってしまう。実際は、巻き数が多くなれば導線も長くなり、その分電気抵抗が多くなって電気が流れにくくなり、磁力はそれほど大きくはならない。

「電流がつくる磁力」で大切なこと

(1) 鉄心に導線を巻き付けたものが電磁石である。
(2) 電磁石は、電気が多く流れるほど、磁力が大きくなる。
(3) 導線に電気が流れると、その周りに磁力が生じる。
(4) 電磁石は、コイルに電気が流れると磁場を生じることを利用したものである。

電磁石のしくみ

理科の教材に「強力電磁石」がある。乾電池1個を入れただけで鉄板がピタッとくっついて、ヒトがぶら下がっても離れないほど強力な電磁石だ。

中のしくみを見てみると、鉄心とそのまわりにたくさんの導線を巻き付けたコイルからできている。これと同じしくみの電磁石を作ってみる。鉄心のかわりに鉄くぎを使い、コイルと直接触れないようにストローの中を通して、ストローの外側からエナメル線を巻き付ければ完成。

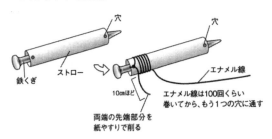

早速これに乾電池をつないで電気を流してみると、鉄くぎの両端にクリップがつく。ここで、磁石が鉄を引き付ける力のことを「磁力」と教える。

3年生で学習した「磁石にはS極とN極がある」ことを思い出して、方位磁針を近づけてみると反応するので、S極とN極になっていることもたしかめられる。

3年生の時学習した永久磁石と違うのは、電磁石はコイルに電気が流れた時だけ磁石になることと、乾電池を多くつないで電気がたくさん流れると磁力も大きくなることだ。

また、乾電池の向きを変えると方位磁針がクルッと逆向きになるから、S極とN極が簡単に入れ替わってしまうことも永久磁石とは違うことだ。

鉄心を抜いてみると

「電磁石の鉄くぎを抜いたコイルに電気を流しても、クリップは引き付けられるだろうか」と聞くと、「電磁石でクリップは鉄くぎに付いたから、鉄くぎがなかったら付かない」という意見と、「電磁石は電気を流した時クリップが付いたから、鉄くぎがなくても電気が流れるコイルがあれば付く」という意見とに分かれる。

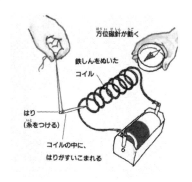

実際に試してみると、クリップは付かないが、針をコイルの近くに置いて電気を流すと、針が吸い込まれる。また方位磁針も反応するので、鉄心を抜いたコイルだけでも磁力があ

ることがわかる。

コイルに電気が流れると磁力を生じる

1リットルのペットボトルの上下を切り取って作った筒にビニール線を数回巻いて、その両端と筒の中に方位磁針を置いておく。このビニール線に電気を流すと、方位磁針が一斉に反応して動くことがわかる。そして乾電池の向きを反対にすると、方位磁針も一斉に逆向きになる。

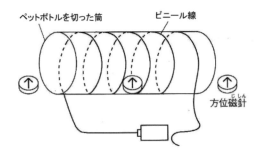

エナメル線を10回ほど巻いたコイルをブランコのようにぶらさげて、電気を流しながら永久磁石を近づけると、コイルが磁石に近づこうとしたり反発したりする。磁石の向きを反対にするとコイルは逆の動き方をするし、乾電池の向きを反対にしても逆に動くことがわかる。

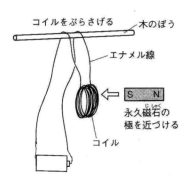

これらのことを通して、コイルに電気が流れると磁力を生じることがはっきりする。

導線に電気が流れると磁力を生じる

最後に、一本に伸ばしたエナメル線に電気が流れると、その近くに置いた方位磁針が動くので、磁力を生じることがわかる。

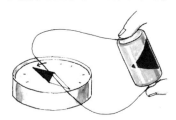

一本の導線のまわりにできる磁力はとても弱いが、導線をコイル状にしたり、真ん中に鉄心を入れることによって磁力を強くすることができる。そうした性質を利用したものが電磁石である。

乾電池チェッカーを作ってみよう

コイルに電気が流れると磁力が生じて、コイルの中にある永久磁石が反応して動く。乾電池の向きを変えると、ようじも逆向きに動く。

電気の実験で使う電流計も、電気が流れると針が動くが、この乾電池チェッカーと同じしくみである。

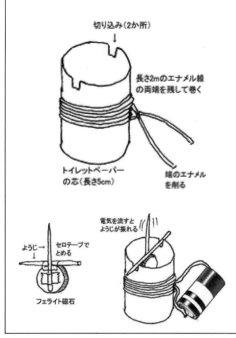

5年 植物の発芽、成長、結実

花は子孫を残すはたらきをしている！

> (ア) 植物は、種子の中の養分を基にして発芽すること。
> (イ) 植物の発芽には、水、空気及び温度が関係していること。
> (ウ) 植物の成長には、日光や肥料などが関係していること。
> (エ) 花にはおしべやめしべなどがあり、花粉がめしべの先に付くとめしべのもとが実になり、実の中に種子ができること。

発芽に使われる養分

　(ア) の「植物は、種子の中の養分を基にして発芽すること」はだいじな内容であるが、「基にして」という記述よりも「使って」と言うほうが分かりやすい。

　「『種子の中の養分』については、でんぷんを扱うこと」(内容の取扱い) となっているので、教科書では発芽する前と発芽した後の種子の中のデンプンを比べると少なくなっていることをヨウ素デンプン反応で調べるようになっているが、子どもにはわかりにくい。デンプンが糖化されて吸収されている事実を、トウモロコシやイネなどの有胚乳種子が発芽した後、種皮だけになっていることを見せればわかりやすい。

発芽条件を調べるわけ

　(イ) の「植物の発芽には、水、空気及び温度が関係していること」を教科書では「種子の発芽条件」を調べる学習として扱っているが、そもそも「なぜ種子が発芽する条件を調べることが大切なのか」という学習の意味が抜けているので、ここでも退屈な「条件制御の能力を育てる学習」になってしまっている。「1株の植物はたくさんの種子をつくり、それを広く散布して、その中の限られた条件が整ったところでようやく発芽して子孫を残していること」という「植物の繁殖」の内容がまったく欠如しているからである。「条件制御の学習」を強調する結果、本質的な内容が不明確になっている例である。

「植物の成長」は6年で

　(ウ)「植物の成長には、日光や肥料などが関係していること」では、肝心の「水」がぬけてしまっている。植物体の80％は水であり、肥料は水に溶けて運ばれている。

　また、「日光が関係していること」を調べても、「日光がなぜ必要なのか」ということは、ここでは分からない。植物は日光の働きで自分で栄養をつくっているという「光合成」の学習は、6年生で行うことになっているからである。「植物の成長」の学習をここで中途半端に扱うよりも、6年の「植物の養分と水の通り道」でまとめて扱うほうがよい。

「子房」を教える

　(エ) の「花にはおしべやめしべなどがあり」では、花のつくりとして「がく、花びら、おしべ、めしべ」とはっきり書くべきである。また、「花粉がめしべの先に付くとめしべのもとが実になり、実の中に種子ができること」では、「内容の取扱い」で「おしべ、めしべ、がく及び花びらを扱うこと」となっているので、多くの教科書は「めしべのもと」という学習指導要領の言葉をそのまま使っている。種子は植物の子どもであり、その子どもが育つ部屋が「子房」である。「子房」は動物でいう「子宮」と同じように大切な言葉である。

だから、「めしべの子房が実になり」という記述にしたほうがよい。

「植物の発芽、成長、結実」で大切なこと

(1) 植物にとって、花は子孫を残すための繁殖器官である。
(2) 花の中のおしべの花粉がめしべにつくと、子房が成長して実（種子）になる。
(3) 植物はたくさんの種子をつくって散布する。
(4) 種子の中にたくわえた栄養分を使って発芽する。
(5) 発芽できる条件がそろったときに種子は発芽する。

花は子孫を残す器官

子どもたちは日常生活でチューリップやアサガオのような栽培植物にふれることが多いせいか、花の役割というとせいぜい「人間の目を楽しませる」とか「虫にみつをやる」程度にしかとらえていない。しかし、植物にとっての花は、種子をつくって子孫を残す大切な器官なのである。そうしたことが理解できた時、花のまわりに集まってくる昆虫も受粉にかかわっていることなど、花を見る目が変わってくる。

なお、一般的に「実」と言っているものの中には「種子」を含んでいる場合もあり、その区別を小学生に理解させることは難しいので、ここでは「実（種子）」と表す。

花から実（種子）ができる

1株のアブラナのからだ調べをすると、根、茎、葉、花、実にはすぐ気がつくが、「茎の先のとんがっている部分」が何か問題になる。アブラナの一株を下の方から上まで順にたどっていくと、花びらが枯れてくっついた実が見られ、さらにその上は花になる。注意してみると、花びらに囲まれるように、実を小さくしたものが見つかる。そのことから、実は花からできたことがたしかになる。

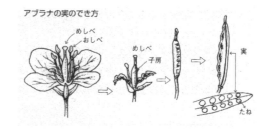

アブラナの実のでき方

今度は、アブラナの花ひとつをピンセットを使って分解してみると、めしべの形が実と似ていることが分かる。子房をカッターナイフで縦にわってみると、小さな緑色の胚珠が入っている。こうして花の中の子房が実になることがたしかになる。

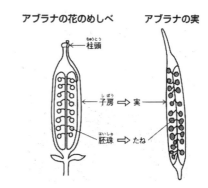

おしべの花粉がめしべにつく

花の中には、おしべとめしべがある。おしべの先には「葯」という袋があって、この中にたくさんの花粉が入っている。実ができるためには、この花粉がめしべにつくこと（受粉）が必要である。めしべの先（柱頭）をよく見ると、ねばりやすく花粉がつきやすいようになっている。ここについた花粉は、管（花粉管）をのばして胚珠と合体すると、胚珠が成長して種子になる。それといっしょに子房

の壁がふくらんで実になる。

では、自然の中ではどのようにして花粉がめしべの先に運ばれるのだろうか。タンポポやアサガオなどは、蜜や花粉を食べに来た昆虫の体に花粉がつき、昆虫が花の上を動き回っている間にうまく花粉がめしべにつく。

きれいな色をした花びらや強い香りは、昆虫に花のありかを知らせるためのものである。

また、花粉が風に運ばれてめしべにつく花もある。

花らしくない花

こうしてみると、花にはおしべとめしべがあるということが大切なことである。

イネの花は、「花らしくない花」で、花びらがない。それでもよく観察すると、花粉がついたおしべがあり、真ん中に白い毛の生えためしべが見つかる。花びらがなくても、めしべとおしべがあって、めしべが実になるものが花ということである。

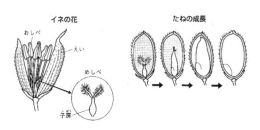

ふだん食べているトウモロコシのひと粒ひと粒は、トウモロコシの実である。実があるということは、どこかにそれをつくった花があるはずである。トウモロコシの茎のてっぺんには穂のような雄花がある。下の葉のつけ根の所に小さな形をした実のようなものがあり、これが雌花の集まりで、先にはたくさんのひげ（めしべ）が出ている。雄花にはふさのようなおしべに花粉がついていて、風が花粉を飛び散らしてめしべの柱頭につくと、ひげの1本ずつのもとにあるひと粒ひと粒の実ができる。トウモロコシのしんの周りにとこ ろどころ欠けている実があるのは、受粉できなかっためしべがあったためである。

花が咲いたらそのあとに実（種子）ができる。逆に、実（種子）があるということは花があるはずだという見方ができるようにしたい。

種子は「べんとうもちの赤ちゃん」

トウモロコシの種子をカッターナイフで縦に切って中を観察すると、芽や根になる胚の部分と、発芽する時の養分になる胚乳がある。

インゲンマメの種子を同じようにカッターナイフで縦に切って中を観察すると、芽や根になる幼芽や幼根、発芽する時の養分になる子葉があることが分かる。インゲンマメの場合は、胚乳ではなくて子葉だが、ここに発芽に必要な栄養分が蓄えられている。この栄養分と胚はどんな種子にもある。だから、種子は「べんとうもちの赤ちゃん」と言える。

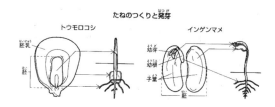

いろいろな種子の撒布

植物は、動物のように自分で動き回ることはできない。せっかく種子ができても、それを離れた所までまき散らさないと、子孫が生活する場所を広げたり子孫を残すことができ

ない。では、植物はどのようにして種子をまき散らしているのだろうか。

カタバミやスミレの実は熟すと何かの刺激で割れて、自分で種子をまわりの地面の上にはじき飛ばす。

イノコズチやヌスビトハギは、種子についている毛やとげで人の洋服や動物の体にくっついてあちこちに運ばれる。アケビの実のように鳥などの動物に食べられて、中に入っているかたい種子が消化されずにふんといっしょに捨てられて、あちこち運ばれるものもある。

カエデやマツのように、風に乗ってくるくる回りながら飛んでいくものもある。

植物は、いろいろなしかたで、種子を遠くまで散布している。

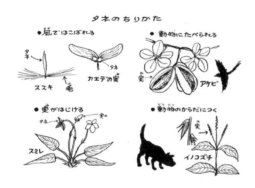
タネのちりかた

「世界中がタンポポだらけにならないのは？」

タンポポの黄色い花びらをひとつとってみると、下の方にふくらんでいる所があり、これが子房で、その上には白い綿毛（冠毛）が生えている。タンポポの子房が種子になったところで、白い冠毛が綿毛になる。つまり、黄色い花びらの数だけ種子ができることになる。

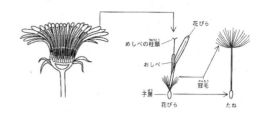
タンポポの花とたね

タンポポの種子は、綿毛で飛ばされて散らばっていく。1本の花からできる綿毛を数えてみると、140個くらいある。1株に10本の花があるとすると、これだけで1400個も種子がつくられることになる。

これだけの種子が風に飛ばされて、地面に落ちて発芽したら「世界中がタンポポだらけにならないか」と疑問になる。ところが、実際はそうなっていない。

水やコンクリートの上に落ちて発芽しないもの、地面に落ちても虫に食べられてしまうものなど、全部の種子が発芽するわけではない。種子は発芽できる条件がそろわないと発芽しない。

そこで、どんな条件のときに発芽するのか調べるために、図のようなものを作って2・3日置いてみた。

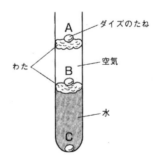

Aは空気に触れていても水がない。Cは水はあっても空気がない。Bは空気も水もあるので発芽することが分かる。

植物がたくさんの種子をつくるのは、いろいろなしかたで散らばっても発芽できるのはそのうちのほんのわずかなので、ようやく子孫を残すためのだいじなしくみなのである。

■ 5年 動物の誕生

ヒトも他の動物も子孫を残している

（ア）魚には雌雄があり、生まれた卵は日がたつにつれて中の様子が変化してかえること。
（イ）人は、母体内で成長して生まれること。

なぜメダカ？

　表題は「動物の誕生」となっているが、実際の内容は「魚と人の誕生」である。

　（ア）では、メダカを飼って産卵とその後の卵の変化を観察するという学習が中心である。かつてはどこでも見かけられたメダカが、今や絶滅危惧種になっているにもかかわらず、どの教科書にも教材として扱われているのは、「雌雄では体の形状が異なること」をとらえるようにする（『小学校学習指導要領解説 理科編』）となっているため、「雌雄では体の形状が異なる」メダカが観察しやすいという理由からである。だから、教科書には必ず「メダカのおすは、せびれに切れ込みがあり、しりびれの後ろがめすより長い」という説明が載っている。しかし、メダカのおすの背びれや尻びれがこうした形になっているのは、交接の際にめすの体を抱え込んで産卵を促し効率よく受精させるメダカ特有のしくみであり、魚類一般に言えることではない。むしろ、外形だけでめす・おすが区別できる魚は限られていると言ってよい。

受精は扱わない

　そのことよりも、動物になぜめす、おすがあるのか、つまり、メダカを含む脊椎動物の体内には卵巣（めす）と精巣（おす）があり、めすとおすが交尾して受精卵をつくるという、動物が子孫を残すための基本的なしくみを学ぶことのほうがずっと大切なことであるが、そのことを学習指導要領では扱っていない。学習指導要領に「受精に至る過程は取り扱わないものとする」という「歯止め規定」があるからである。

　今回の改訂ではこの規定は「人の受精に至る過程は取り扱わないものとする」と変わった。（イ）の人の誕生は、《現行》でも唐突に子宮内の受精卵の話から始まって、どのように精子と卵が合体して受精するかというしくみを学ぶことはなかった。以前の学習指導要領では「人は、男女によって体のつくりに特徴があること」（1989年版）とあって、男女の生殖器も扱っていたが、今回、「歯止め規定」に改めて「人の」という言葉が加わったことで、このような学習を子どもたちは小学校のどの学習場面でも学ぶ機会がなくなってしまうことになる。

　メダカも含む動物のめすには卵をつくる卵巣、おすには精子をつくる精巣などの生殖器があり、めすとおすが交尾して受精卵をつくることをきちんと教えるべきである。そのうえで、ヒトも他の動物と同じように受精卵をつくり、胎児を育てて哺育することを扱うとよい。

　なお、《現行》でメダカの食べ物として扱われていたプランクトンについて、「魚は、水中の小さな生物を食べ物にして生きていること」と書かれていた内容は、6年生の「生物と環境」で扱うように変更された。マグロはイワシを食べ、イワシはプランクトンを食べるといった食物連鎖の学習の中で扱うほうが理解しやすいので、この変更は適切である。

「動物の誕生」で大切なこと

(1) 自然にわく生物はいない。
(2) 動物は生殖器をもち、受精卵をつくる。
　①卵を産む動物のめすには卵巣、おすには精巣がある。
　②子どもを産む動物のめすには卵巣、子宮、ワギナがあり、おすには精巣、ペニスがある。
　③めすとおすが交尾して受精卵をつくる。
　④受精卵から子どもが育って生まれる。
(3) 動物が卵や子どもを産む数は、親の生活と関係がある。
　①親が卵や子どもを守る動物は、産卵数が少ない。
　②哺乳動物は1頭だけ産んでも子孫を残せる。
(4) ヒトの体にも生殖器官があり、子どもは母体内で育って生まれる。

子どもにはかならず親がいる

拾ってきたドングリを放っておくと、いつのまにか硬い殻に穴があいて中から虫が出てくることがある。この虫は親なしでひとりでに生まれてきたのだろうか。じつは、ドングリの皮がまだやわらかい時期に、虫の親（ゾウムシ）が皮に穴をあけて中に産卵したものが、ふ化して出てきたのである。

「ウジがわく」というように、虫が自然と生まれてくるように考えている子どもも多いが、どんな動物も親なしで生まれてくる子どもはいないことをはっきりさせたい。

卵は受精して生命をもつ

卵を生むのはめす。では、おすはどんな役目をしているのだろうか。サケが水中で産卵している画像など見ると、めすが生んだ卵におすが白い精子をかけている様子がわかる。卵と精子が合体することを「受精」と言い、卵は受精してはじめて生命をもつのである。

アジやイワシのような魚を解剖すると、めすの体内には卵をつくる卵巣、おすの体内には精子をつくる精巣があることが実物でたしかめられる。

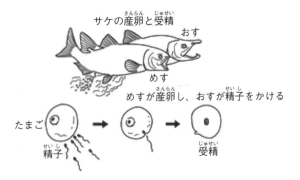

ところで、ニワトリの卵は、硬い殻に包まれている。では、ニワトリはどのようにして受精しているのだろうか。めすが生んだ卵におすが精子をかけると考える子どももいるが、精子が硬い殻を通り抜けて中の卵にたどり着くというのも不自然である。まして、精子は乾燥に弱く空気に触れただけで死んでしまうから、こうした受精は考えられない。

ニワトリは、めすとおすが交尾してめすの体内におすが精子を直接送り込んで、殻ができる前に受精している。魚のような水中動物が体の外で受精する「体外受精」であるのに対して、ニワトリのような陸上動物は「体内受精」するしくみになっているのである。

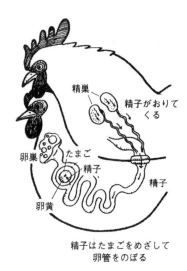

ニワトリの生殖器と交尾

　また、哺乳動物のように卵ではなく子どもを生む動物の場合は、めすには卵をつくる卵巣の他に子どもを育てる子宮、赤ちゃんが出てくるワギナがあり、おすには精子をつくる精巣の他に精子を出すペニスがある。

卵や子どもの数と親の生活

　タラコはスケトウダラという魚のめすの卵巣である。あの小さな粒々の卵を数えると、なんと20万個以上ある。それだけの数の卵を生んでも、海の中がタラだらけにならないのはなぜだろう。産卵してもすぐに他の魚に食べられたり、卵からかえっても大きい魚に食べられたりして、生き残って親になる魚がわずかだからである。このような魚はたくさんの卵を生んでようやく子孫を残している。

　1匹のマンボウのメスが生む卵の数は約3億個にもなるが、生みっぱなしで海面に浮かんでいる卵のほとんどは食べられてしまう。それに対して、同じ魚でも川に住むフナが1回に生む卵の数は9万個だが、水中の水草に生みつけるので、他の魚に食べられてしまう確率は減る。さらに巣を作って親が卵を守っているトゲウオは1回に100個しか生まない。

　また、哺乳動物のようにめすの子宮の中で受精した卵は親から栄養をもらって育ち、子どもとなって生まれてからも母乳を飲んで育てる場合は、1匹から数匹と少なく生んでも子孫を残すことができる。

　このように、生まれる卵や子どもの数は、親がどんな生み方や育て方をしているのかと深い関係がある。

哺乳動物としてのヒト

　動物としてのヒトは、他の哺乳動物と同じように、めすには卵巣、子宮、ワギナがあり、おすには精巣、ペニスという生殖器官があり、ペニスをワギナに入れて精子を送り込んで体内受精している。ヒトの精子は1度に3億個も送られるのに、卵と受精するのはその中の1個だけである。

　子どもたちはヒトは他の動物と違う特別な存在としてとらえがちだが、このように動物の繁殖の一連の学習をしてくれば、その延長上でヒトの体が子孫を残すしくみをもっていることが自然と理解できるようになる。

たまごをたくさん産む魚と少し産む魚

魚	たまごの数(個)	親の育て方	たまごのしくみ
マンボウ(海)	2億8,000万	水の中に産みっぱなし。	油のうきがあって、うかんでいる。
ブ　リ(海)	150万		
フ　ナ(川・池)	9万	産みっぱなし。	
アイナメ(海)	6,000	たまごを守る。	ねばねばしたものがついていて、ものにくっつく。
トゲウオ(小川)	100	巣をつくってたまごを産み、子にえさをあたえる。	

■5年 流れる水の働きと土地の変化

川が地形をつくる

> (ア) 流れる水には、土地を侵食したり、石や土などを運搬したり堆積させたりする働きがあること。
> (イ) 川の上流と下流によって、川原の石の大きさや形に違いがあること。
> (ウ) 雨の降り方によって、流れる水の量や速さは変わり、増水により土地の様子が大きく変化する場合があること。

三作用は地形と関わらせて

《現行》の「流水の働き」は、《新》「流れる水の働きと土地の変化」という表記に変わった。「自然災害についても触れる」(内容の取扱い)ことに関連して「土地の変化」を強調した名称変更である。しかし、具体的な内容は、《現行》とほとんど変わらない。

(ア)「流れる水には、土地を侵食したり、石や土などを運搬したり堆積させたりする働きがあること」は、流水の「侵食・運搬・堆積」の三作用について述べている。

流水の三作用がだいじなのは、それらの働きによってさまざまな地形がつくりだされてきたことである。傾斜の急な山地の上流から中流で見られるV字谷は、川底が流水によって侵食され、V字のようにえぐられてできた地形である。

削られた土や石は流水とともに運搬され、川が山地から平地に出る場所で流速が急に遅くなるため、堆積作用によって扇状地がつくられる。また、海や湖にそそぐ河口では極端に流速が遅くなるので、砂や泥が堆積して三角州がつくられる。

雪どけの頃や集中豪雨などで洪水が起きると、川は大きな石や大量の土砂を運搬し、短時間に深く侵食する。その結果、地すべりや土石流などによって、川の流路が変わったり、地形が変わることもある。

これまでの教科書では、理科室の流水実験のようなモデルで三作用の言葉を覚えて終わりという学習になりがちだったが、以上に述べたような実際の地形との関わりでとらえる学習にしたいし、それが「自然災害」につながる学習にもなる。

川原の石の大きさや形からわかること

(イ)「川の上流と下流によって、川原の石の大きさや形に違いがあること」も、「川原の石の大きさや形」の比較観察がどういう意味を持つかが明らかにされなければ、ただの暗記学習になってしまう。

川の上流では流れが速く、石が少しずつ流されながらお互いにぶつかりあったり川底にあたりながら川を下っていくので、大きくてごつごつした岩や石がたくさん見られる。中流では、大きな岩は見あたらず、流される間に角が削られ、上流よりも角が丸くなっている。下流に来るとさらに削られて、角はまったくなくつるつるした石になっている。「川の上流・中流・下流」の地形との関係で石の大きさ・形の違いをとらえさせたい。

なお、今日の子どもたちの生活と川との関わりが薄れている実態を考えると、「川とは何か」「山地に降った雨水が低い所に集まって川ができ、海で終わる」という内容も扱いたい。それが理解できなければ、(ウ)の「雨の降り方によって、流れる水の量や速さは変わり、増水により土地の様子が大きく変化する場合があること」も実感としてわからない。

社会科の地理学習も含めて、日本の地形の

特徴や成因を概観する内容が学習指導要領ではほとんど扱われていない状況で、「日本列島には山地や平野がある」ことがとらえられる学習を大切にしたい。

「流れる水の働きと土地の変化」で

川が地形をつくっている。
(1) 日本列島には、背骨のように連なる山々がある。
(2) 川は山地から海へ流れ、河口のまわりには平野がある。

日本列島には山地や平野がある

日本列島の地図を広げると、真ん中に背骨のように連なる山々がある。そして、その東側に降った雨は川になって太平洋に流れ込み、西側に降った雨は日本海側に流れ込んでいる。ちょうど山々を中心にして川の流れが反対に分かれ、その境目のような山々を「分水嶺（ぶんすいれい）」とよんでいる。

大きな川が海に注ぐ河口付近には、川が山の方で削った土砂が運ばれてつくられた平野がある。

このように、日本の地形と川の流れが関係していることをおおまかにとらえさせたい。

急流が多い日本の川

大雨が降った時、川が増水したり洪水が起きて、橋や車が水に流されている映像など、子どもたちはテレビで目にしている。とくに、大量の雨が一度に降った時は、山の岩や石を大量にけずりとって一気に流れ下る「土石流」が起こり、大きな被害をもたらす。

日本列島は、山から海までの距離が短いので、高い所から水が落ちる傾斜の大きい川が多い。その結果、日本の川は急流が多いので、それだけ山の岩や土を削りとり、V字谷ができる条件も多い。

川が運ぶもの

川の上流、中流、下流の河原の様子を見ると、上流には大きな岩が残って、中流や下流になるにつれてこまかな石になっていく様子がわかる。

川が土地を削るはたらきを「侵食」、削った石や岩をおし流すはたらきを「運搬」、運んだものを積もらせるはたらきを「堆積」という。

上流の石は角ばっているのに、下流の石は丸くなっているのも、そうした川のはたらきに関係がある。

また、川が曲がっている所を見ると、内側は流れがゆるやかで川が運んできた砂や小石が積もっているし、外側は川の流れが速く水が削って急ながけになっている様子なども見られる。

土地の様子とそれをつくってきた川のはたらきとを結びつけてとらえられるようにしたい。

日本の川と世界の川

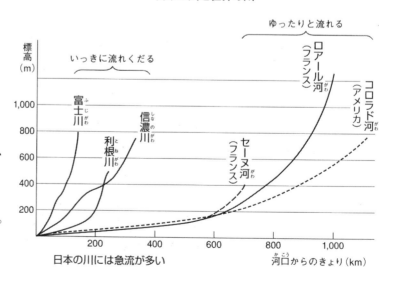

■ 5年 天気の変化
日本列島は各地で気候に特徴がある

> （ア）天気の変化は、雲の量や動きと関係があること。
> （イ）天気の変化は、映像などの気象情報を用いて予想できること。

雲の正体は？

「天気の変化」の内容は、《現行》と変わらない。

（ア）「天気の変化は、雲の量や動きと関係があること」とあるが、天気の変化でだいじなのは「雲の量や動き」だけでなく、雲の形、風の吹き方なども見る必要がある。

ただ、この内容は局地的な雲の観察をすることが中心の学習になり、それから何が明らかになるかわからない。

そもそも子どもたちが一番知りたがっている「雲って何？」がわからないと、雲の様子が降雨や降雪などの天気と関係があることが結びつかない。せっかく4年「天気の様子」で「水は、水面や地面などから蒸発し、水蒸気になって空気中に含まれていくこと」を扱っているのだから、それと結びつけて「雲は大気中の水蒸気からできる」という内容を加えたほうがよい。

情報処理の天気学習ではなく

（イ）「天気の変化は、映像などの気象情報を用いて予想できること」は、テレビやインターネット情報を集める活動を想定しているようであるが、それらを使って天気の変化を「予想」させる学習は、あまり現実的ではない。実際の天気予報は、気団、前線などさまざまな要素を駆使して行われるものであって、こうした知識ももたない子どもたちが与えられた情報だけから正確な予報などできないからである。

そもそもテレビやインターネットで日々提供される「気象情報」自体が「予報」も含んでいるわけだから、わざわざ子どもたちに予報させる活動は必然性がない。「情報処理のしかた」を学ばせようという発想から組み立てられた学習が、現実と合わないことを示す例である。むしろ、子どもたちが新聞などに載っている毎日の天気図から「気象情報を読みとることができる」とするほうがだいじなことである。

なお、「内容の取扱い」に「台風の進路による天気の変化や台風と降雨との関係及びそれに伴う自然災害についても触れること」という指示があるが、最近の自然災害の様子を考えると、梅雨前線のような日本に特徴的な季節変化も合わせてとりあげられるようにしたい。

また、天気学習が4・5年の2学年にまたがって設定されているが、これほど時間を費やして行うことが必要とは思えない。4年の「天気の様子」は、5年生に示した内容と結びつけて扱えばよい。

「天気の変化」で
大切なこと

> （1）雲や雨や雪は、大気中の水蒸気からできる。
> （2）日本には太平洋側、日本海側、内陸性など、各地の特徴的な気候がある。
> （3）季節による特徴的な天気がある。

雲ができるわけ

子どもたちの中には、高い山の上で雲の中に入った体験をしているものもいる。雲は高い空で空気中の水蒸気が冷やされて集まってできる。水蒸気を含んだ空気が冷えるのは、空気が高い山にぶつかったりして空高く上がった場合などに起こる。そこで、図のような方法で実際に雲をつくって見せることができる。

また、水蒸気をたくさん含んだ空気が冷えると、気体の水蒸気が液体の水に変わって、それが雨となって降ってくる。地上付近まで冷えていると、雪になる。

日本各地の気候

新潟と東京の気温をくらべてみると、夏に気温が高く冬に気温が低いのはどちらも似ているが、1年を通じてみると新潟より東京の方が高い。

また、冬は新潟の日本海側に雪がたくさん降るけれど、東京の太平洋側は雨があまり降らないでカラカラ天気になっている。

真冬の頃の天気図を見ると、日本列島の西に高気圧、東に低気圧があって、西風が日本海をわたって水蒸気をたくさん含み、それが山地にぶつかって上昇するので冷やされて雪を日本海側にたくさん降らせる。雪を落とした乾燥した風が山地を越えて太平洋側に来るのでこちらはカラカラ天気になる。

逆に、夏の天気図は日本列島の西に低気圧、東に高気圧があって、太平洋側からしめった風が吹くので、逆に太平洋側が雨が多い。

冬の季節風

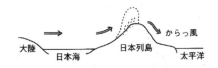

夏の季節風

中国山地と四国山地にはさまれた瀬戸内では、夏は太平洋側からしめった風が吹いてきて四国山地にぶつかるので、太平洋側にたくさん雨がふり、瀬戸内には乾燥した風が来るので降水量は少ない。また、冬は日本海側から吹いてくる風は中国山地より日本海側に雪を落としてしまうので、やはり瀬戸内は降水量が少ない。

内陸にある松本盆地は、海から離れていて瀬戸内と同じように山に囲まれているから、夏も冬も山の外側で雨や雪を落としてしまった空気が来るので、雨が少ない。

そして、沖縄は1年を通して気温が高く、降水量も多いが、北海道は気温が低く冬の雪

が多い。南北に長い日本列島の各地の気候には、それぞれの特徴がある。

梅雨と台風

梅雨の時期は北の冷たく湿った高気圧と南の暖かくて湿った高気圧が日本の近くでぶつかりあって梅雨前線ができ、雨を降らせる。台風は熱帯地方でできた水蒸気をたくさん含んだうずが日本に近づいて、たくさんの雨を降らせたり強い風が吹いたりする。

日本の上空ではいつも西から東に向かって「偏西風」が吹いていて、とくに秋から春にかけて強く吹くので、7月の頃の台風は日本の西の方を大きく移動しているが、8月、9月は日本列島の上を通り、10月になると大きく東にカーブしている。

日本の天気が大体西から東へ変わっていくことも、この偏西風の影響である。

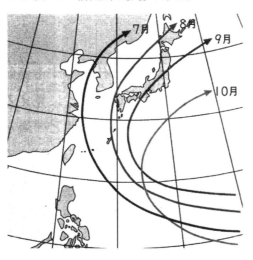

列島の上でぶつかりあって「梅雨前線」ができ、雨を降らせる。

また、小笠原気団から南西の湿った空気が梅雨前線に流れ込むと、前線の活動が活発になって、1か所に雨がまとめて大量に降る「集中豪雨」を起こしたりする。

台風が発生するしくみ

台風は熱帯地方にできる低気圧で、とくに低気圧の中心付近の風速が秒速17.2m以上のものをさす。熱帯地方では日ざしが強く、海面が暖められ、その上の空気も暖められて水蒸気をたくさんふくんだ強い上昇気流が起こる。この上昇気流と熱帯地方を吹いている東向きの風（北東貿易風）などによって、うずが発達し、太平洋の西のほうに動き、そこで西風（偏西風）にのって東のほうに向きを変えて日本にやってくる。

台風のうずの中心では、水が排水口に吸い込まれるときと同じように、時計回りに下降気流が起こり、気温が上がり雲は消え、下から見上げると青空さえ見えることがある。これが台風の目である。

読みもの

梅雨はどうしてあるの？

北海道をのぞく日本列島は、6月から7月にかけて梅雨がある。

この時期、北の冷たく湿ったオホーツク海気団と、南の暖かく湿った小笠原気団が日本

■ 5年
「物の溶け方」の学習展開プラン

第1時　砂糖を水に溶かす

【ねらい】物が水に溶けると、水溶液は透明になる。

①「物を水に入れて溶かすことを『溶解』と言う」ことを話して、今までどんな時に物を水に溶かした経験があるか、簡単に話しあう。「紅茶を飲むので、お湯に砂糖を溶かした。」「風邪をひいたとき、水に塩を溶かして吸引した。」

※必ず「〇〇を△△に溶かした」「〇〇が△△に溶けた」と、溶かす相手がはっきりする言い方に気をつけさせる。

②次の課題を出す。

課題1　砂糖を水に溶かしてみよう。

③薬包紙にのせた砂糖、ビーカー、スプーン、撹拌棒（わりばし）をグループに配って、砂糖を水に溶かす実験をグループごとに行う。スプーンにすりきり1杯分の砂糖をビーカーの中の水に入れ、撹拌棒でかきまわして溶かしていく。必ず、1杯分が完全に溶けてから2杯目を入れるようにさせる。

④2、3杯溶かしたところで、「完全に溶けてからと言ったけれど、砂糖がどうなったら完全に溶けたと言えるか」と質問する。「砂糖の粒が見えなくなったら溶けたと言える」「砂糖水が透明になったら、溶けたと言える」などをみんなに確認する。

⑤実際に、砂糖水が、透き通っていることを確認しながら、砂糖を4～5杯程度まで溶かしてやめる。

⑥〈実験したこと・たしかになったこと〉をノートに書いて、何人か発表させる。

〈子どものノートの例〉
　砂糖を水に溶かした。水に溶けると、砂糖は目に見えなくなり、砂糖水は透明になるこ

とがたしかになった。

第2時　水に溶けたもの、溶けなかったもの

【ねらい】物が水に溶けると水溶液は透明になるが、溶けてないと濁ってしばらくすると沈殿する。

①教師が少量の食塩と炭酸カルシウムをそれぞれ水の入った2本の試験管に入れ、よく振って見せて、次の課題を出す。

課題2　2つの白い粉（食塩と炭酸カルシウム）はどちらも水に溶けたと言えるだろうか。

②〈自分の考え〉をノートに書いてから、話しあう。「食塩は粒が見えなくなったから、水に溶けた。炭酸カルシウムは白くにごっているので、水に溶けたとは言えない。」「炭酸カルシウムの方は、下にだんだん沈んできているから、水には溶けていない。」

③グループ実験で、2本の試験管に水を入れ、少量の食塩と炭酸カルシウムを入れて振り、試験管立てに立てて様子を観察する。

④食塩を入れた方は、砂糖のように粒が見えなくなったから、完全に水に溶けた。炭酸カルシウムを入れた方は、白くにごって見えていることから、水に溶けていない。図のように、試験管の後ろにおいた本の文字が見えるか見えないかということで、「透明」が具体的に確認できることも教える。さらに時間がたつと、炭酸カルシウムの方は粉が沈殿してくるが、食塩は水に溶けると液は透明になったままである。

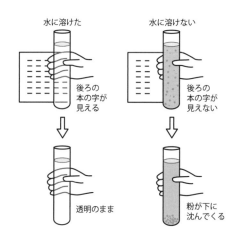

⑤「物が水に溶けた液を『水溶液』と言う」「砂糖が水に溶けた液を『砂糖水溶液』、簡単に『砂糖水』と言う」「食塩が水に溶けた液を『食塩水溶液』、簡単に『食塩水』と言う」と教える。

⑥〈実験したこと・たしかになったこと〉をノートに書き、何人か発表させる。

〈子どものノートの例〉
食塩と炭酸カルシウムを水に入れたら、食塩の方は水に溶けて透明になった。炭酸カルシウムは白くにごって、水に溶けずに下に沈んできた。水に溶けたものは、目に見えなくなり水が透明になることがたしかになった。何かが水に溶けた液のことを「水溶液」というそうだ。

第3時 有色透明とろ過

【ねらい】物が水に溶けて有色透明になるものがある。

①教師がクエン酸鉄アンモニウム（または粉末状の植物染色剤、薬品名は子どもには言わない）の粉を少量、試験管の水に入れてよく振って、その様子を見せてから、次の課題を出す。

課題3 茶色の粉を水に入れてよく振った。この時、この粉は水に溶けたと言えるだろうか。

②〈自分の考え〉をノートに書いてから、話しあう。「色がついているから、水に溶けたとは言えない。」「色がついていても、向こうが透き通って見えるから、水に溶けたと言える。」「透き通って見えるから水に溶けたかなと思うけれど、色がついているから水に溶けていないようだし、見当がつかない。」

③教師が少量のベンガラを試験管の水のなかに入れよく振って、先ほどのクエン酸鉄アンモニウムを水に入れたものと比べて見せる。クエン酸鉄アンモニウム水溶液は褐色をしているが、向こうが透き通って見える。それに対して、ベンガラは同じ褐色をしていても、にごってしまって透明ではない。少したつとだんだんベンガラの粉が下に沈殿してくる様子が見える。ここで薬品名を教える。

④教師実験で、クエン酸鉄アンモニウムを水に入れたものをろ過する。ろ紙には何も残らず、下のビーカーにたまったろ液は褐色のままである。同様に、ベンガラを水にいれたものをろ過すると、ベンガラの粉がろ紙の上に残り、ろ液は無色透明の水になっている。

⑤〈実験したこと・たしかになったこと〉をノートに書き、何人か発表させる。

〈子どものノートの例〉
クエン酸鉄アンモニウムの茶色の粉は、水に入れると茶色になったが、透き通っていたし、時間がたっても下に沈まなかった。ベンガラは、水に入れると茶色になってにごり、しばらくすると下に沈んできた。だから、クエン酸鉄アンモニウムの方は水に溶けたことがはっきりした。水に溶けたクエン酸鉄アンモニウムは、ろ紙を通ってもそのままの色で落ちてビーカーの中にたまった。水に溶けな

> かったベンガラは、ろ紙にひっかかって水だけが落ちてきた。水に溶けたものはろ紙を通り抜けるけれど、水に溶けなかったものはろ紙に残ることがわかった。

第4・5時　氷砂糖を水に溶かす

【ねらい】水に溶けたものは、顕微鏡でも見えない小さな粒になる。

①氷砂糖を見せて、次の課題を出す。

課題4　氷砂糖をろ紙を通るような小さな粒にできるだろうか。

②〈自分の考え〉をノートに書いてから、話しあう。「うんと細かくすりつぶしたら、ろ紙を通り抜けるかもしれない。」「いくら小さくしても、ろ紙を通り抜けることはできない。」「ろ紙の上にのせて、水をかけたら通り抜けるかもしれない。」

③グループ実験で、氷砂糖を乳鉢で細かくすりつぶす。すりつぶしたものを、茶こし(またはガーゼ)でふるう。

④茶こしの下に出てきたものをさらに乳鉢で細かくする。

⑤試験管にろうとをセットし、ろ紙をのせる。細かくした氷砂糖をろ紙の上にのせるが、ろ紙は通り抜けない。

⑥そこに水を注ぐと、氷砂糖は水に溶けてろ紙を通り抜ける。水に溶けるとろ紙の目を通り抜けるほど、小さな粒になる。ろ紙を通過した液をなめてみて、砂糖水になっていることをたしかめる。

⑦〈実験したこと・たしかになったこと〉をノートに書き、何人か発表させる。

> 〈子どものノートの例〉
> 　氷砂糖を手でいくら細かくすりつぶしても、ろ紙を通り抜けることはなかった。でも、水を入れたら水に溶けてろ紙を通り抜けた。水に溶けると、ろ紙も通り抜けるような小さな粒になることがわかった。

⑧二人ひと組で、1粒の食塩が水に溶けて小さくなって見えなくなる様子を、顕微鏡で観察する。まず、食塩の1粒をホールスライドグラスのホールの部分に置いて、顕微鏡で見る。粒はしっかり見える。そのまま、別の子どもがスポイトで水を1滴食塩の粒の上にたらすと、すぐに粒が小さくなって見えなくなる様子を見ることができる。

⑨結果をノートに書き、何人か発表させる。

> 〈子どものノートの例〉
> 　食塩ひと粒を顕微鏡で見たら、ちゃんと粒が見えた。ところが、そこに水を1滴たらすと、すぐに食塩の粒は小さくなって見えなくなった。食塩が水に溶けるとは、こういうことなんだとわかった。

第6時　水に溶けたものの保存

【ねらい】水に溶けたものは見えなくなっても保存されている。

①教師が台ばかりの上に薬包紙をのせて、食塩30gをはかりとる。次に、ビーカーを台ばかりの上にのせて、300gになるまで水を入れる。これに30gの食塩を入れて撹拌棒でよく溶かす。ここまでを子どもたちに見せる。

②食塩が全部溶けたところで、次の課題を出す。

課題5　300gの水に30gの食塩を入れて溶かしたら、食塩は水に溶けて見えなくなった。食塩はなくなったのだろうか。

③〈自分の考え〉をノートに書いてから、話しあう。「食塩は見えなくなったから、なくなったと思う。」「目に見えなくなっただけで、水の中にはあると思う。」「なめればしょっぱいから、あると思う。」

④「食塩が水に溶けてなくなったかどうか、どうやって調べたらいいだろう」と聞いて

話しあう。「味を調べればいい。」「水を蒸発させてみればいい。」「重さをはかってみればいい。」

⑤グループのビーカーに食塩水を分けて、指につけてなめるとしょっぱいことを確認する。

⑥グループ実験で、金属スプーンに入れた食塩水を実験用ガスコンロ（またはアルコールランプ）で熱して水を蒸発させ、白い粉が出てくる様子を見る（90ページ参照）。さましてから白い粉を指につけてなめると、食塩であることが確認できる。水を蒸発させて水溶液中に溶けているものを取りだす方法を「蒸発乾固」ということを教える。

⑦「食塩は見えなくなってもなくなったわけではなく、残っていることはたしかめられた。では、全部残っているのか、少しはなくなったのかはどうやったらたしかめられるだろうか」と聞いて、「重さをはかればいい」ことを確認する。

⑧教師実験で、もう一度①の操作をやってみせて、台ばかりの上の食塩水の入ったビーカーがぴったり330gになっていることを見る。

⑨〈実験したこと・たしかになったこと〉をノートに書き、何人か発表させる。

〈子どものノートの例〉
食塩水をなめたら、しょっぱかった。次に、蒸発乾固という方法で水を蒸発させると、白い粉が出てきた。その粉をなめてみたらしょっぱかったので、食塩だということがわかった。次に、重さをはかったらぴったり330gになっていた。このことから、食塩は全部残っていたことがわかった。食塩は水に溶けて見えなくなっても、ひと粒もなくなっていないことがたしかになった。

※ここでつくった食塩水は次の授業で使うので、捨てないで1本のメスシリンダーに集め、静かに置いておく。

第7・8時 水に溶けたものの拡散

【ねらい】水溶液は全体が同じ濃さになる。

①授業の1時間前に粉末状の植物染色剤をごく少量ろ紙に包んでホチキスで密封して、ペットボトルの水の中に竹ぐしで押し込んで沈めておく。

②前時に作った食塩水をメスシリンダーに入れて静かに置いておいたものを見せて、次の課題を出す。

課題6 この前作った食塩水を静かに置いておいた。食塩水の濃さは上と下で同じだろうか、それとも違うだろうか。

③〈自分の考え〉をノートに書いてから、話しあう。「食塩は小さな粒になっても重さはあるから、下の方が濃いと思う。」「食塩は水の中で小さな粒になって上の方に行くから、上の方が濃いと思う。」「食塩は水に溶けた時、全体に散らばっていると思うから、上も下も同じ濃さだと思う。」

④教師実験で、ピペットを使いメスシリンダーの上と下から同じ量の食塩水をとって、金属スプーンで蒸発乾固する。ほぼ同じ量の食塩が出てくる。

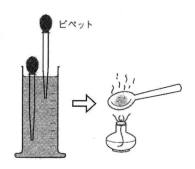

⑤教師実験で、ペットボトルの水の底に、ろ紙に密封した植物染色剤を入れる。水の中で赤いもやもやが少しずつ広がっていく様子が見える。①で予め作っておいたものを出して、これと比べると、時間がたつほど

全体に広がっていることがわかる。このように全体に広がっていくことを「拡散」ということを教える。
⑥〈実験したこと・たしかになったこと〉をノートに書き、何人か発表させる。

〈子どものノートの例〉
　前の時間に作った食塩水の上と下から同じ量だけ取って蒸発乾固したら、同じくらいの食塩が出てきた。ペットボトルの中の水に沈めた植物染色剤は、だんだん広がっていった。水溶液は時間がたつと全体に広がって同じ濃さになることがわかった。

⑦グループごとに角砂糖1個をガラスコップかビーカーの水の中に静かに入れて、水に溶けていく様子を観察させる。角砂糖が何をしなくても水の中でくずれ、やがて全体に広がって見えなくなっていく。その結果をノートに書き、何人か発表させる。

〈子どものノートの例〉
　ビーカーの水の中に角砂糖を1個入れて、観察した。角砂糖からもやもやが上にあがっていき、かき混ぜてもいないのに角砂糖がくずれてやがて見えなくなってしまった。砂糖が水の中で拡散したからだった。

第9時　水に溶ける量

【ねらい】水に溶ける量には限りがあり、その量は物によってちがう。

①ビーカーに100gの水を入れたものを見せて、次の課題を出す。

課題7　100gの水に食塩を溶かす。食塩が水（100g）に溶ける量には限りがあるだろうか。

②〈自分の考え〉をノートに書いてから、話しあう。「食塩は水に溶けて見えなくなったから、いくらでも溶けると思う。」「見えなくなってもなくなったわけじゃないから、溶ける限界があると思う。」

③グループ実験で、水100gをビーカーにはかりとり、食塩を10gずつ溶かしていく。完全に溶け終わるのを確かめてから、次の10gを入れるように注意する。30gまでは溶けるが、40gになるといくらかき混ぜても溶け残りが出てくるのでやめる。

④同じようにして、100gの水にミョウバンを溶かす。10g目で溶けにくくなり、20gでは完全に溶けなくなる。

⑤「100gの水に溶ける量」の限界は食塩35g、ミョウバン11gであることを教える。

※溶け残りができた食塩水とミョウバン水溶液は、次の時間に使うので、捨てないでグループのビーカーに入れたままとっておく。

⑥〈実験したこと・たしかになったこと〉をノートに書き、何人か発表させる。

〈子どものノートの例〉
　食塩は、100gの水に40g入れたら溶けなくなり、下に残った。いくらかきまぜてもこれ以上は溶けなかった。ミョウバンは100gの水に10gで溶けにくくなった。100gの水に溶ける食塩は35g、ミョウバンは11gしか溶けないそうだ。同じ水に溶けるものでも、溶ける量は違うことがわかった。

第10時　飽和水溶液

【ねらい】水に溶ける限界まで溶かした水溶液を「飽和水溶液」という。

①前時の実験の様子を思い起こす話をしながら、次の課題を出す。

課題8　溶け残りができた食塩水とミョウバン水溶液をそのまま静かにしておい

た。溶け残っていた食塩とミョウバンは水に溶けてしまっただろうか。

② 〈自分の考え〉をノートに書いてから、話しあう。「100gの水に溶ける限界があるのだから、いくら時間がたってもあれ以上は溶けないと思う。」「時間がたてば少しずつ溶けていると思う。」

③ グループごとに前時に作った食塩水とミョウバン水溶液を実際に見て、溶け残りはそのまま残っていることを確認する。

④ このようにもうこれ以上は溶けないというものを「飽和水溶液」ということを教える。

⑤「溶け残ったものを溶かすにはどうしたらよいか」と聞いて、話しあう。「水を加えてみる。」「水温を上げてみる。」

⑥ グループ実験で、前時の食塩水とミョウバン水溶液をそれぞれ二つのビーカーに分け、ひとつの食塩水とミョウバン水溶液には水を少し加えてよくかきまわす。どちらもよく溶ける。もうひとつの食塩水とミョウバン水溶液は温めて水温を上げる。ミョウバンはよく溶けるようになるが、食塩の方はほとんど変わらない。

⑦「100gの水に溶ける量」の資料を配って、話しあう。「食塩は、温度が変わってもほとんど変わらない。」「ミョウバンと砂糖は、温度が高くなるとたくさん溶けるようになる。」

⑧ 〈実験したこと・たしかになったこと〉をノートに書き、何人か発表させる。

〈子どものノートの例〉
　溶け残りが出た食塩水やミョウバン水溶液は、いくら時間がたってもあれ以上は溶けなかった。こういうものを「飽和水溶液」というそうだ。飽和水溶液も水を加えるともっと溶けるようになることがわかった。温度を上げると、食塩の方は変わらなかったが、ミョウバンの方はよく溶けるようになった。ものによって水に溶ける限界は違うということがわかった。

⑨「食塩やミョウバンの濃い水溶液をつくって、何日か置いたらどんなことが起きるだろう」と聞いて、話しあう。「水分が蒸発すると、蒸発乾固と同じで、中に溶けていた食塩やミョウバンが粉になって出てくる。」

　教科書に載っている食塩やミョウバンの結晶作りの話を読んで、食塩やミョウバンの大きな粒を「結晶」ということを教え、⑥の食塩水やミョウバン水溶液を少し温めて、食塩とミョウバンを加えて濃い水溶液をつくる。それを蒸発皿に入れて、何日か日かげに置いておくと、結晶ができる。

第11時　水以外の液体に溶けるもの

【ねらい】水に溶けないものでも、アルコールに溶けるものがある。

①「傷の消毒に使うヨードチンキは、ヨウ素の結晶を溶かしたものである」と説明して、ヨウ素の結晶と試験管に入れたヨードチンキを見せる。その後、次の課題を出す。

課題9　ヨウ素も水に溶けるか、調べてみよう。

② 試験管にヨウ素の結晶を1粒入れ、水を加えてよく振る。水はほんのり褐色になる程度で、ヨウ素は水にはあまり溶けない。

③ 別の試験管にヨウ素の結晶を入れ、今度はエチルアルコールを注ぐと、ヨウ素がよく溶けて液全体が濃い褐色になる。

物質名＼温度	0℃	20℃	40℃	60℃	80℃
食塩	35.5	35.9	36.4	37.0	38.0
ミョウバン	5.7	11.4	23.8	57.4	321.0
砂糖	179.0	204.0	238.0	287.0	362.0

第2章　各学年の内容は何が変わるか どうするか

④これがヨードチンキで、ヨウ素をアルコールに溶かした液を「ヨウ素アルコール溶液」と言うことを教える。

⑤「砂糖はアルコールに溶けるだろうか」と聞いて、簡単に話しあう。「アルコールも水と同じような液体だから、砂糖は溶けると思う。」「アルコールは水とは違うものだから、砂糖は溶けないと思う。」

⑥試験管に少量の砂糖を入れてから、エチルアルコールを加えてよく振る。砂糖はアルコールにはほとんど溶けない。

⑦下敷きなどにフェルトペン（油性）で絵を書き、水とエチルアルコールをそれぞれ脱脂綿にひたしたもので拭き取ってみる。アルコールで絵が消えたのは、油性インキがアルコールに溶け、それが脱脂綿に拭き取られたからである。

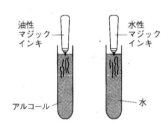

油性インキはアルコールに溶ける。
水性インキは水に溶ける。

⑧〈実験したこと・たしかになったこと〉をノートに書き、何人か発表させる。

〈子どものノートの例〉
　ヨウ素は、水には少ししか溶けなかったが、アルコールにはよく溶けた。砂糖は水にはよく溶けるが、アルコールには溶けなかった。溶かす相手によって溶けるもの、溶けないものがあることがわかった。

読みもの

しみぬきの話

　服などについたしみや汚れを落とすとき、どんなものを使うとよいだろう。

　しょう油やみそ汁の汚れは水に溶けるから、水をつけた歯ブラシでたたけば落ちる。その後で洗剤をつけた歯ぶらしでたたけば、もっときれいになる。

　チョコレートやペンキ、口紅などの汚れは水には溶けないから、水ぶきしても落ちない。でも、アルコールなどには良く溶けるから、ベンジンをつけた歯ブラシでたたけば落ちる。これも、その後で洗剤をつけた歯ぶらしでたたいたりつまみ洗いすれば、もっときれいになる。

　街のクリーニング屋さんは、服についた汚れがどんなものか調べて、それに合った材料を使う工夫をしているそうだ。

第12時　植物の色素とり

【ねらい】植物の葉の色素はアルコールで溶かし取ることができる。

①植物（カタバミなど）の葉を見せて、「植物の葉の色素は、雨が降っても水に溶けてしまわないね」と話して、次の課題を出す。

課題10　植物の葉の色素はアルコールに溶けるか、調べてみよう。

②グループ実験で、試験管にエチルアルコールを入れ、その中に植物の葉を1枚入れる。ビーカーに熱湯を取り、その中に上の試験管をつける。しばらくすると、葉の色素が溶けだして試験管の中のエチルアルコールが緑色になってくる。葉を取りだすと、色素が抜けて白くなっている。

③教師実験で、ペットボトルにムラサキキャベツの葉やブドウの実の皮を細かくちぎって入れ、そこにエチルアルコールを注ぎ入れて、ふたをしてよく振る。葉の色素が溶けだして、エチルアルコールが紫色になる様子が見られる。

※ここで作ったアルコール溶液は、6年の「酸のはたらき」でリトマス紙のかわりに酸性・アルカリ性の識別に使えるので、ふたをしてとっておくとよい。1年以上たっても十分に使える。

④〈実験したこと・たしかになったこと〉をノートに書き、何人か発表させる。

〈子どものノートの例〉

試験管のアルコールの中にカタバミの葉を入れ、それをお湯であたためたら、緑色の色素がアルコールに溶け始めた。葉は白くなって、アルコールは緑色になった。葉の色素は水には溶けないが、アルコールには溶けることがわかった。

結晶を作ってみよう

食塩やミョウバンの大きな粒を「結晶」と言う。次のようにして結晶作りに挑戦してみよう。

ア、第10時の食塩水やミョウバン水溶液を少し温めて、食塩とミョウバンを加えてさらに濃い飽和水溶液をつくる。

イ、濃い飽和水溶液を蒸発皿に入れて、何日か日かげに置いておくと、結晶ができる。

ウ、モールで適当な形を作ってわりばしから糸でぶら下げたものを濃い水溶液に入れておくと、モールに結晶がついてかざりができるので、それも試してみるとよい。

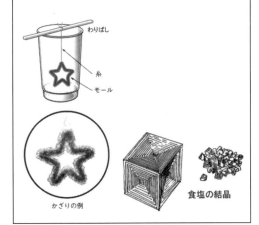

第2章 各学年の内容は何が変わるか どうするか

6年 燃焼の仕組み
スチールウールを燃やしたら、重くなった！

> （ア）植物体が燃えるときには、空気中の酸素が使われて二酸化炭素ができること。

金属も燃やして「多面的」な学習にしたい

　今回の改訂によって、（ア）の内容に変更は見られない。この「燃焼の仕組み」の内容はここ数回の改訂を見ても、あまり変更がされていないが、1989年版を見ると、現在の中身と大きな違いが見られる。

> （1989年版学習指導要領）
> ア　植物体が燃えるときには、空気中の酸素が使われ二酸化炭素ができること。
> イ　植物体を空気の入れ替わらないところで熱すると、燃える気体などが出て、後に炭が残ること。
> ウ　金属を空気中で熱すると、その性質が変わるものがあること。

　アは全く同じだが、1989年版にはイ・ウの内容があった。木材を乾留すると可燃性の気体である「木ガス」が発生し、後に炭が残ることを扱った内容がイで、スチールウールが酸素と結びついて酸化鉄になる「化合」を扱ったものがウである。いずれも物を燃焼させたときに起こることなのだが、現在の教科書には載っていない。
　《新》での燃焼の対象は「植物体」のみである。これは植物体を燃焼させると炭になって残るという結果が簡単にとらえられること、身の回りに植物を原材料にしているものが多く存在するためだろう。しかし自然科学の基礎を教える上で燃焼させる物を「植物体」に限定してしまっては、物を燃やすとすべて二酸化炭素を発生させて炭素が残るという誤った認識になってしまう。学習指導要領にあるような「多面的に調べる」という学習にもならないだろう。燃焼の正しい概念を学ぶためには、対象を動物体も含めた「生物体」として、タンパク質や脂質などを含む物一般をさした方が、将来の有機物の学習にもつながるはずである。
　さらに「金属も燃える」ということを扱うことで、燃えた時に二酸化炭素が発生しない物や炎を出さない物があるということをつかませたい。燃焼とは酸素との結合なので、鉄を燃やして酸化鉄ができ、鉄ではない別の物に変わる物があることを扱うことは重要である。

「気体」と「物」の変化が混在している

　（ア）の内容は、燃焼時の空気を構成する気体の割合の変化についてのことである。子どもたちがこの学習をすると、物が燃えるということを「そこにある酸素がすべて使われて、二酸化炭素に変わってしまう」という誤った理解になりやすい。正確には「酸素の一部が使われ、二酸化炭素がつくられる」としたい。
　この内容によって、燃焼による「気体の変化」を扱うことになるが、同時に"生物体が黒い炭になる"という「物の変化」も扱っていることになる。つまり、物が燃えたときの「物の変化」と「気体の変化」、変化した「気体の性質」という3つの内容が混在しているために、理解が難しくなっている。
　ここでは、「気体の性質」の学習と「燃焼した物の変化・気体の変化」の学習とを分けて扱いたい。「気体の性質」では、主に空気を組成している酸素、窒素、二酸化炭素それ

ぞれの特性を扱う。「燃焼した物の変化・気体の変化」では、生物体が燃えると生物体が炭に変化すること、空気中の酸素の一部が使われて二酸化炭素が発生することなどの内容を扱いたい。

「燃焼の仕組み」で
大切なこと

1　空気は、主に酸素、窒素、二酸化炭素の混合気体である。
(1) 空気には体積と重さがある。
(2) 気体1Lの重さは、窒素約1.2g、酸素約1.4g、二酸化炭素約2gである。
(3) 酸素中では、物は激しく燃え、窒素、二酸化炭素の中で物は燃えない。
(4) 空気は、主に窒素4／5と酸素1／5の混合気体である。
2　物が燃えるのは、酸素と結びつくことである。
(1) 金属が燃えると酸素と結びつき重くなる。
(2) 木炭が燃えると、気体の二酸化炭素ができる。
(3) 硫黄も燃え、気体の二酸化硫黄ができる。

空気そのものを扱った学習をする

　物が光や熱の発生を伴いながら、空気中の酸素と結合することを一般的に「燃焼」という。広い意味では少しずつ酸素と結合する「酸化」、急激に酸素と結合する「爆発」なども燃焼といえる。小学生の子どもたちにとっての燃焼（燃えること）は、ろうそくやマッチのように赤い炎を上げながら熱を出すことが一般的だろう。

　しかし、木炭やスチールウールのように燃やしても赤い炎を上げず、赤みを帯びて煙や熱を出す物もある。物の燃焼を学ぶには、物が燃える時、赤い炎を上げるだけではないことを示すことは重要なことである。

　また、火のついたろうそくを集気びんに入れ、ふたをしてしばらくすると、ろうそくの火は消えてしまう。ふたをしているから、空気は出入りしていない。つまり、集気ビン内の空気に何かしらの変化が起こったことが分かる。空気が必要なのかがわかるためにも、燃焼を学ぶ前に空気そのものを扱った学習を取り入れる必要があるだろう。

空気も場所をとり重さがある

　空気は「物」であり、いくつかの種類の気体が混ざり合った混合気体である。空気については、4年生で空気の圧縮性や膨張・収縮を学ぶが、教科書には空気に体積や重さがあるという学習はない。意図的に空気の学習をしなければ、6年生であっても空気は物であるととらえている子どもは少ない。そこで、初めに空気（気体）そのものの存在を学ばせたいと考える。

　空気も物であることを知るためには、空気も場所をとることを確かめればよい。袋に空気を閉じ込めて両手でつぶせないことや、コップを逆さまにしたまま水の中に沈めていき中につけた紙が濡れないことを実験する。空気も場所を取ることは6年生にとって比較的易しい内容だが、ここできちんと空気の存在を確認し全員の理解にしておくことは大切である。そして「空気に重さはあるか」と聞くと、これまでの経験をもとに子ども達は「物だから重さはあるだろう」「でも体に空気の重さを感じないから重さはない」などと悩み出す。

　空気には体積も重さもあることを知り、気体固有の特性を学ぶことは、「物の燃焼」の学習の理解を深めることになるだろう。

空気は混合気体

小学校で学ぶ気体は、「酸素」「窒素」「二酸化炭素」の3つである。これらは身の回りの空気を構成している重要な気体であるにも関わらず、それぞれの気体の性質についての学習はほとんどない。

空気の重さは約1.3g／Lで、教室全体の体積を300m³と考えて計算すると、教室の空気の重さはおよそ390kgになる。

そのような空気の約8割を占める窒素は、空気の重さとほぼ等しい。1Lの重さを調べると、窒素は約1.2gになる。しかし空気との大きな違いは、窒素の中では物は燃えないことである。酸素の重さも、約1.4g／Lと似ているが、ろうそくの火を入れると激しく燃えることから、窒素とは異なる特性をもつ気体であることがわかる。二酸化炭素は約2g／Lと窒素や酸素よりも重く、気体中では窒素同様物は燃えないが、石灰水を白くするという特性がある。

また、酸素が物を燃やす働きがある気体に対し、気体そのものが燃える「ブタン」がある。ブタンは気体自体が燃えるために、その中ではろうそくの火が消えてしまう。その様子を見せると、燃やす働きがある酸素という気体をより理解できる。

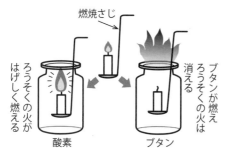

教科書によっては、物を燃やす前と後の気体の変化を調べるために、気体検知管を使ってグループ実験を行っている。この実験は、グループによって結果に誤差が出やすく、結果的に教科書でのまとめになりやすい。そうであれば、数値調べに重点を置くのではなく、「燃やした後の気体は石灰水が白濁するために二酸化炭素が増えたこと」と「その気体の中ではもう物が燃えないために酸素が減ったこと」を扱い、このことから「燃えた時に酸素が使われて二酸化炭素ができた」という理解は十分できるだろう。

酸欠って何？

気体	体積の割合（％）
窒素	78.03
酸素	20.99
アルゴン	0.94
二酸化炭素	0.03
水素	0.01
その他（ヘリウム・ネオンなど）	

空気を体積の割合で考えると、窒素78％、酸素21％で残りの1％にアルゴンや二酸化炭素などがわずかにある。人が呼吸をしたり、ろうそくの火が普通に燃えたりする時の空気は、この割合でこれらの気体分子が飛び回りながら混ざり合っている状態である。

では、いわゆる「酸欠」とはどういう状態なのかというと、酸素の割合が18％未満になることを指す。人体はこの環境に置かれると酸素が欠乏した状態になってしまい、体調が悪くなったり生命の危険にもつながったりしてしまう。

個人差はあるが、通常の空気からわずか3～4％酸素の割合が減ってしまうだけで「酸欠」になってしまうのである。

物が燃えると酸素がくっつく

「物が燃えるために酸素が必要なことはわかったが、酸素はどこへ行った（どうなった）のだろうか」と子どもたちは考える。原子・

分子の概念がない小学生に詳しい理解は難しいが、「燃えた時に酸素がくっついた」ということを教えることはできる。

この学習では初めに金属が燃えることを扱う。マグネシウムに電気が流れることを調べ、このマグネシウムが金属であることを確かめてから、「このマグネシウムは燃えるだろうか」と質問する。すると「金属だから燃えない」と多くの子が言う。しかし実際に火をつけてみるとマグネシウムは激しく発光しながら燃え、しばらくすると白い灰になってしまう。ここで、木片などの植物体だけでなく「金属も燃える」ことを子どもたちは知る。

次に、スチールウール（鉄）にも火をつけて、燃やす前後の重さを調べる。燃やす前よりも後の方がわずかに重くなることから、燃えた時に使われた酸素がくっついたということがわかる。例として、釘がさびたり、しょうゆなどが変色したりすることも、酸素と結びついた「酸化」であることを話すと、最近のしょうゆが密封容器を使っている理由もわかってくるだろう。

さびる・燃える・爆発するはどれも酸化

酸素がくっつく酸化は、その反応の速さによって一般的に呼び方が変わる。

酸化反応が早ければ熱や炎を上げて「燃える」となり、酸化反応がゆっくりだと、発生するエネルギーが拡散してしまい熱などが出ていないように感じ、これが「さびる」となる。「爆発」とは、閉じ込められた空間などで酸化反応が非常に速いと起こるものである。

炭素（木炭）を酸素中で燃焼させると「二酸化炭素」になり、酸素中で硫黄を燃やすと「二酸化硫黄」になる。この二酸化硫黄という気体が水に溶けると酸性雨になっていることも、物の燃焼と関係づけたい内容である。

この「燃焼の仕組み」では、「物が燃えると二酸化炭素ができる」という一般的な理解ではなく、「燃えるということは物に酸素がくっつくこと」という視点で、学習を進めていきたい。

読みもの

木炭が消える？

フラスコ内に酸素と木炭（デッサン用木炭がよい）を入れ、先に風船のついたゴム栓をする。ガスバーナーで木炭を熱すると、木炭が燃え始める。

フラスコを回しながら木炭を燃やし続けると、いつの間にか木炭が消えてしまう。子ども達は「手品だ！」と大喜び。

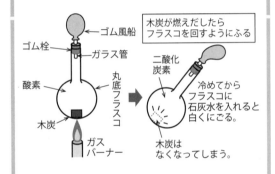

実際は、木炭（炭素）が酸素と結びついて気体の「二酸化炭素」になってしまったということ。

（※ゴム風船は膨張した気体の安全弁）

■ 6年 水溶液の性質

なめると酸っぱい味がした！　だから酸性だ。

- （ア）水溶液には、酸性、アルカリ性及び中性のものがあること。
- （イ）水溶液には、気体が溶けているものがあること。
- （ウ）水溶液には、金属を変化させるものがあること。

物質が水に溶けて「水溶液」ができる

今回の改訂によって、内容の変更はみられない。しかし、（ア）（イ）（ウ）とも、記述がすべて「水溶液には」という書き出しで始まっているため、水溶液とは「○○が水に溶けている液体」という学習が前提になっている。

例えば、授業で用いる炭酸水は水に二酸化炭素が溶けている液体である。気体の二酸化炭素は、そのままでは酸性を示さないが、水に溶かすことで「酸性」を示すようになる。このように酸物質は水に溶かして初めて「酸性」を示す。つまり学習の順序だけでいえば、「物を水に溶かすこと」が先にきて、「その水溶液には、酸性、アルカリ性及び中性のものがある」となる。

このような意味も踏まえ、この学習は5年「物の溶け方」と関係づけたい。「物の溶け方」では食塩やミョウバンなどを水に溶かす、いわゆる「溶解」を学ぶ。「溶解」では、物を溶かしている液体（溶媒）は「水」なので、子どもたちはすでに食塩水溶液やミョウバン水溶液を扱っていることになるからだ。物が水に溶けた液体を「○○水溶液」ということを学んでいれば、溶解と水溶液の学習がつながる。また、そうでない場合でも、改めて物を水に溶かして「水溶液を作る」ことから学習するとよい。

物を水に溶かし「○○水溶液」を作ることで、「水に溶けている物」と「水溶液の性質」が結び付けた学習の理解になる。

「酸」という共通の性質を学ぶ

（ア）「水溶液には、酸性、アルカリ性及び中性のものがあること」とある。ここでは水溶液の性質が並列的に挙げられている。「酸性」と「アルカリ性」は互いに打ち消し合う性質があり、そのちょうど真ん中が「中性」という性質になる。つまり、「酸性」と「アルカリ性」を学んで、初めて「中性」がわかるとした方が、並列的に覚えるよりも、より正しい理解につながる。

また、水溶液の性質を分類する方法として、教科書では「見た目の違い」「においの有無」「蒸発乾固で固体が残るかどうか」ということを行っている。蒸発乾固は、水溶液を蒸発させて溶けている物を取りだす具体的な方法である。

ここで大切なことは、「酸性にはどんな共通する性質があるか」ということである。酸性は、「酸っぱい」「水に溶けない炭酸カルシウムを溶かす」「青色リトマス紙を赤変させる」という子どもにも理解できる共通の性質がある。これらを実際に体験させながら、「酸」という物質が示す共通の性質を学びたい。先程も述べたがアルカリ性は、酸性を打ち消す性質とするとよい。

「気体」『金属』を位置付けた学習を進める

（イ）（ウ）に「気体」「金属」という言葉がある。ここでは、それぞれの言葉が漠然と使われていて、教えることがはっきりしてい

ない。例えば（イ）は「気体が溶けている水溶液を蒸発乾固すると、気体が出ていってしまうために何も残らない」などと具体的にしたい。（ウ）も「水に溶けない金属も、酸やアルカリの働きによって、金属ではないものに変化する物があること」のように金属の特性によっては、塩酸（塩化水素水溶液）に入れても変化しないものもあることを示した内容にするべきである。

また、「気体」は直接見えないために、気体が水に溶けているという具体的な理解が難しい。気体が水に溶けていることは、「物の燃焼」で気体について学ぶ際、酸素が水に溶けているから水中の生き物は生きていけることなど、気体も液体や固体と同様に水に溶けることを扱っておきたい。

一方「金属」について教科書では、塩酸にアルミニウムを入れて溶かし、溶かす前と後のアルミニウムの変化を調べている。これは同じ「溶かす」でも「溶解」ではなく「化学変化」であり、硬い金属が溶けてしまう様子は、子どもたちにとって非日常的なことである。塩酸に入れたとき、同じ金属でも鉄やアルミニウムは溶かすが、銅は溶かさないなど具体的な事実をつかませるために、アルミニウムだけでなく、いくつかの金属を扱いたい。

「気体も、液体や固体と同じように水に溶けるものがある」「金属には金属光沢がある」ことがわからなければ、それがどのように変化したのかも見えてこない。そのため、気体・金属学習をしっかり位置付けることが大切になる。

「水溶液の性質」で大切なこと

(1) 酸水溶液には、共通の性質がある。
 ・酸っぱい味がする
 ・水に溶けない炭酸カルシウムを溶かす
 ・青色リトマス紙を赤色に変える
 ・金属を溶かす酸水溶液がある
(2) 酸物質は、水に溶けたときに性質が現れる。
(3) アルカリ性は、酸性を打ち消す働きがある。
(4) 身の回りの水溶液は、様々な性質がある。

クエン酸水溶液だとチョークが溶ける

水溶液の学習では、物を水に溶かして「○○水溶液」と呼ぶことと、「酸」という共通の性質を知ることから始めたい。小学校では、「酸っぱい味がする」「水に溶けない炭酸カルシウムを溶かす」「青色リトマス紙を赤色に変える」ことが酸に共通する性質で、それが「酸性」であるとする。

レモンなど柑橘系の植物からとれる固体のクエン酸は、お菓子や飲料などに用いられて私たちの身近にある。初めに固体のクエン酸を少量なめさせ、味が酸っぱいことを確かめてから、試験管の水に溶かす。できたクエン酸水溶液は水に溶けない炭酸カルシウム（チョーク）を溶かすので、この性質を「酸性」ということを教える。水だけでは炭酸カルシウムを入れてもただ白くにごるだけなのに、クエン酸水溶液には泡を出しながら溶けて透明になっていく様子に、子どもたちは「不思議だな」と酸水溶液の性質に驚くだろう。

これまで、溶解の意味での「溶かす」ことはしてきたが、ここで初めて「化学変化」と

しての「溶ける」を目の前で見ることができる。

また、出てきた泡（気体）を石灰水で調べると白くにごる。このことから、クエン酸水溶液に炭酸カルシウムを入れ出てきた気体は二酸化炭素であることも分かる。

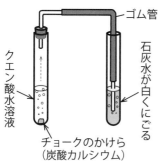

水に溶けると酸性を示す酸物質は、固体・液体・気体の3つの姿で存在する。固体の酸としては、クエン酸の他にブドウからとれる「酒石酸」がある。また、液体の「酢酸（氷酢酸）」、塩酸に溶けている気体の「塩化水素」や炭酸水に溶けている「二酸化炭素」などでも酸性を確かめたい。様々な酸物質を繰り返し扱うことで、酸の共通した性質をつかませることができる。そして、身の回りにある水溶液の性質へと広がりを見せていくはずである。

「水溶液」にする必要があった

水溶液の性質を学習するとき、教科書では当たり前のように最初から液体の状態で始められている。これでは水に溶けている物が水溶液の性質と関係していることがとらえられない。水に溶かすことでイオン化し、それにより酸性や、アルカリ性を示すことは中学で学ぶ。しかし、小学校でも物を水に溶かすことで水溶液が酸性を示すことの具体的な事実は扱うことができる。

例えば、液体の酢酸を提示して「このままの酢酸と酢酸を水に溶かした酢酸水溶液では、どちらがよくチョークを溶かすか」と課題を出す。「このままの方が酸が濃いだろう。だからよく溶かす」という考えや、「これまでのクエン酸や酒石酸も、水に溶かしていたぞ」などと考える子が出てくる。討論をしてから実験をすると、酢酸を水に溶かした酢酸水溶液はチョークが泡を出してよく溶けているのに対し、そのままの酢酸は全く反応がない。驚きとともに子どもたちは、「酸性を示すには、水溶液にする必要がある」ということを理解する。

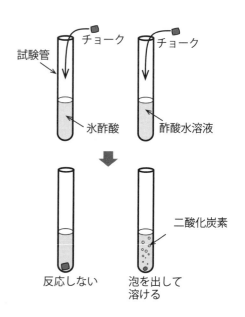

気体の二酸化炭素を乾いたリトマス紙に直接吹きかけても変化はないが、水にぬらしたリトマス紙に二酸化炭素を吹きかけると赤く変色し酸性を示すことも同じことだ。「○○水溶液は△△性だ」と表面的な性質の理解で終わらせず、物質が水に溶けることで、水溶液の性質が現れるというような学習にしたい。

資料

〈小学校版〉言葉の化学式

塩化水素水溶液（塩酸）にマグネシウムを入れると気体（水素）を出しながら溶ける。

その気体にマッチの火を近づけると、「ポン！」と小さな爆発が起こり、これが「水素」という気体であることを教える。

次に、マグネシウムを溶かした塩化水素水溶液を蒸発皿に入れ熱すると、白い粉が出てくる。この白い粉の正体を次のように言葉の式で考えることができる。

式　塩化水素水溶液＋マグネシウム－水素
　　→塩化マグネシウム水溶液

　　塩化マグネシウム水溶液－水溶液
　　→塩化マグネシウム

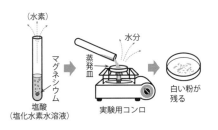

白い粉は「塩化マグネシウム（にがり）」

身の回りにある水溶液調べ

共通する酸の性質をひと通り学んだあと、その性質を簡単に調べる方法としてリトマス紙があることを教える。青色リトマス紙を赤色に変える性質が「酸性」で、酸性を打ち消す働きをもつ性質を「アルカリ性」と教えた後、身の回りの水溶液調べを行いたい。

調べていくと、食塩水溶液のようにリトマス紙が変色しない水溶液がある。このような性質を「中性」と呼び、酸性とアルカリ性の真ん中に位置する性質であることを教える。酸性とアルカリ性が互いの働きを打ち消しあうことで中性になる。このことを中和という。

中和の例は様々あるだろうが、例えば蚊は刺すと、人間の体の中にギ酸と呼ばれる酸水溶液を入れる。これがかゆみの原因である。

それに対して、虫刺され薬はアルカリ性を示す水溶液である。蚊にさされたところに虫刺され薬をぬることで中性にし、かゆみを抑えていることを教えてもよいだろう。

最後には、台所やふろ場などにある様々な調味料や洗剤などを各自が持ってきて性質を調べる活動を行いたい。身の回りには酸性の水溶液が多くあることもわかってくるだろう。

読みもの

10円玉をきれいにするカタバミ

強い酸性を示す水溶液が鉄やアルミニウムを溶かし、変化させてしまうことが分かった。では、私たちの身近には、他にどのような所に酸性を示す物があるだろうか。

公園などでよく見かける「カタバミ」。実はこのハート形をしたカタバミの葉をよく洗ってからかんでみると、少し酸っぱい味がする。これは葉や茎が「シュウ酸塩」を含んでいるためで、10円玉に葉をこすりつけてみると、酸の働きによって表面の汚れが溶かし落とされてピカピカときれいになることがわかる。

6年 てこの規則性
くぎ抜きで抜いた「くぎ」は曲がっている

(ア) 力を加える位置や力の大きさを変えると、てこを傾ける働きが変わり、てこがつり合うときにはそれらの間に規則性があること。
(イ) 身の回りには、てこの規則性を利用した道具があること。

「水平＝つり合う」が削除された

今回の改訂で「水平につり合った棒の支点から等距離に物をつるして棒が水平になった時、物の重さは等しいこと」という項目が姿を消した。「水平＝つり合う」という誤解を与えるという批判があった項目だから、姿を消して当然であるといえる。

「力」についての学習がない

この内容は全体として、てこの仕組みを理解することを扱った（ア）と、その仕組みが使われている道具を見つけたり調べたりする活動の（イ）で構成されている。
さらに言えば、（ア）は3つの内容からできている。①「力を加える位置や力の大きさを変えること」②「すると、てこを傾ける働きが変わること」③「てこの規則性」である。つまり「色々な位置に力を加えると、てこが傾いて、その関係には法則がある」ということだが、実は①②③にはそれぞれに学習したい内容がある。
①では、「『力』とはどのようなものなのか」という学習が必要である。ある物に力が加わったとき、物の形が変わったり、動きが変わったりする。例えば「人がサッカーボールを蹴ってシュートする」は、ボールに力が加わって起こる。この時のことを「力」の働きとして考えると、「人がボールに力を加えてボールが飛んでいく」といえる。すなわち「力」とは、何かが何かに働きかけたときに起こるものである。

そう考えると、「力の大きさ」も理解しやすくなる。台ばかりに手をのせて上から押し、針がちょうど500gをさしたとき、「台ばかりに、手が下向きに500gの力を加えている」ことになる。針が700gを指すようにさらに少し力を加えると、「下向きに700gの力を加えている」となる。つまり力の大きさは「○○gの力（g力）」という単位で表すことができる。

教科書では、「実験用てこ」の左右の腕におもりをつり下げ、その傾きの様子を調べる。おもりをつり下げるということが「その位置に力を加えている」とわかれば、③にある「規則性」との関わりも具体的なものになっていくはずである。

「てこ」とは回転する動きのこと

③に「てこの規則性」とあるが、これは実験用てこの「支点からの距離」×「おもりの重さ」が等しいときに、てこはつり合うというものだろう。
てこには、「支点」「力点」「作用点」の3つの点がある。力を加える点を「力点」、力が働く点を「作用点」、回転する中心の点が「支点」である。つまり「てこの規則性」とは、支点を中心とした回転運動であって「てこの原理」のことを表している。
また、物体を回転させる働きを「力のモーメント」という。「力のモーメント」は支点からの距離と力の大きさに比例するため、支点から力点までの距離が大きくなると作用点に大きな力を加えることができる。だから

モーメントが大きい方にてこが傾くのだが、正確には「傾く」というよりも「支点を中心に回転している」ということになる。

「てこがつり合う」ことも、「棒が水平になる」ということだけではない。止まって動かないということは、「右回りのモーメントと左回りのモーメントが等しい」ことである。つまり、「モーメントが左右で等しいために棒が止まっている」と考えれば、「物が止まっているときは、等しい力が働き合っている」という理解ができるようになる。

「実験用てこ」の形にとらわれないで

（イ）も「回転している道具」という視点で見ると、実にたくさんのものが見つかる。教科書の例には、ハサミ・釘抜き・ペンチなど支点・力点・作用点が直線上にあるものが多い。しかし実際には、ドアノブやハンドル、ドライバーなど円の形をして、握るところが外側についているものが多くある。もしハンドルの握るところが支点に近かったら、動かすのに大きな力が必要だろう。ドアノブがドアの外側についている理由もわかってくる。

「小さな力で物を回転させる働きを大きくする道具」という視点で、てこの原理を利用した道具がたくさんあることを実感させたい。

「てこの規則性」で大切なこと

（1）物に力が加わると、物の形が変わったり、動きが変わったりする。
（2）物に働く力には、向きと大きさがあり、力の大きさは重さの単位で表す。
（3）「てこ」とは、回転する道具である。
（4）てこの回転する働きは「力×支点からの距離」である。
（5）てこの働きを利用した道具がある。

物に力が加わると「形」「動き」が変わる

教科書では、いきなり「てこ」と「支点、力点、作用点」についての説明から始まる。その後、てこを利用し、木の棒で重い砂袋を持ち上げる活動を行い、支点からの距離と重さとの数量関係をデータから読み取っていく。

ここでは物が動いたり変形したりするときには、そのものに「力」が働いているという理解をさせながら学習を進めたい。

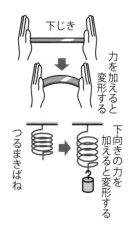

例えば、下敷きを両手ではさんで力を加えると、下敷きは曲がる。これは「手の力が下敷きに加わって、下敷きが曲がった」ということになる。また、つるまきばねにおもりをつるすとばねが伸びることも、「つるまきばねに、おもりが力を加えたからばねの形が変わった」のである。

このことがわかると、「実験用てこ」が傾くことも、「おもりが力を加えたから傾いた」と目の前の現象が力学的にわかってくる。

さらにいえば、物が止まっているということは、同じ大きさの力が反対方向に働き合っているということである。台ばかりに物を乗せて針が700gを指して止まった時は、物が台ばかりを700gの力で押しているのに対して、台ばかりも物を700gの力で押し返しているために、物は止まっている。「力」についての基礎的な理解は、その後の学習でも使

えることである。

回転して釘が抜ける

　てこの原理を学習するとき、てこは回転運動であることの理解が重要である。そのためてこは「傾く」ではなく「回転する働き」という言い方をしたい。

　回転する働きを教えるために、まず釘抜きなどの身近な道具を使う。釘抜きは中学年の図工で使った経験のある子が多い。1〜2cm程釘を打ち込んだ木片を見せて、「釘を抜くとき、支点に近いところを握るのと、支点から離れたところを握るのとでは、どちらが小さい力で釘が抜けるだろうか」と質問する。話し合った後、全員がこの二通りの方法を実際にやってみると、支点に近いところではびくともしない釘が、離れたところをもつと小さな力で抜けることがわかる。

　ここで初めて、こういった回転する道具を「てこ」と呼ぶことと、「てことは、支点より遠くに力を加えるほど、小さな力で回転する働き」であることを教える。もっと小さい力で抜く方法を考えると、「支点から力点をもっと遠くすればよい」と考えるので、図のようにロール紙の芯などを使って、釘抜きの持ち手を長くすると、小指一本でも釘がスッと抜けてしまう。

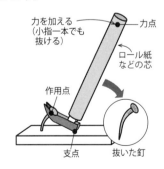

　抜いた釘を見ると、少し曲がっていることがわかる。これは、てこが「回転する働き」であることを表している。

　身のまわりの「てこ」を探す時、自転車を調べるとよいだろう。ブレーキやペダル、ハンドルの持ち手の位置など、子どもたちがよく使う自転車にも「てこ」がたくさん使われていることがとてもよくわかる。

学習の最後は輪軸で「力のモーメント」を

　てこの仕組みがわかってくると、回転する働き（力のモーメント）を学習する。ここで使う実験用てこには、支点からの目盛りが「1・2・3…6」と数字で書かれている。これは具体的な距離ではないため、できれば目盛りではなく「距離」で教えたい。「○cm」「○m」のように長さで表す方が、身の回りの道具を調べるときにも役に立つはずである。

　「左回転の働きと右回転の働きが等しいとき、棒が動かない」ことから考えると、自然と子どもたちから「おもりの重さ（下向きの力）」と「支点からの距離」が関係していることが意見として出る。中には、算数で学んだ「比」を活用したり、左に回転する働きを反対側の距離で割って加えている力を求めたりするなど、様々な考え方が出てくる。単に「おもりの重さ×支点からの距離」と教えるよりも、子どもたちの考えが生かされた話し合いになる。

　学習の最後では「輪軸」を扱って支点からの距離と回転を意識させたい。輪軸を簡単にしたものが実験用てこなので、基本的な考え方は同じである。

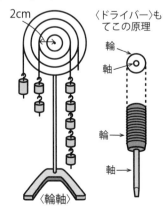

■ 6年 電気の利用
導線にたくさん電気を流したらそれだけ熱くなった！

> (ア) 電気は、つくりだしたり蓄えたりすることができること。
> (イ) 電気は、光、音、熱、運動などに変換することができること。
> (ウ) 身の回りには、電気の性質や働きを利用した道具があること。

「電熱線の太さと発熱」は中学へ

今回の改訂で大きく変わったことは、《現行》の「電熱線の発熱は、その太さによって変わること」という内容が完全に削除されたことである。この学習では、2種類の太さの違う電熱線に同じだけの電気を流すと、細い電熱線よりも太い電熱線の方がよく発熱するといったことを扱っていた。

これまでの教科書にあったこの実験では、電圧の関係で細い方がよく発熱してしまうことがある。また、太い方が発熱するという結果にするには2つの回路が独立している必要があり、2本の電熱線を直列につなぐと、抵抗の大きい細い電熱線の方がよく発熱するというような、混乱させる内容を含んでいた。

電圧や抵抗を学ぶ中学校で導線の太さと発熱については正しく学び、小学校ではその基礎となる「導線に電気が流れると発熱・発光する」という学習を扱いたい。

磁力が生じて音や運動になっている

(イ) に「電気は光、音、熱、運動などに変換する」とあるが、導線に電気を流した時、発熱・発光はしても、「音」や「運動」に変わるというのは科学的におかしな表現といえる。教科書では、スピーカーなどに電気を流すと音がでることを「電気が音に変わる」としている。この音を作り出しているのは、中にあるコイルが電磁石になるという磁気作用が関係し、それにより物や空気を振動させて音を出している。モーターを扱う「運動」も磁気作用によって回転運動を作り出している。

改訂により、《新》の5年生「電気がつくる磁力」では、はっきりと「磁力」を学ぶことになった。小学校では「電気が流れると発熱・発光し、磁力が生じる」ことを電気の働きとして、次の（ウ）「性質や働きを利用した道具」を探していく方がよいだろう。

学ぶ内容を複雑にしている

発電・蓄電を扱った内容が(ア)になる。「内容の取扱い」では「手回し発電機、光電池などを扱うものとする」と、発電する道具として光電池が4年生から移行してきた。

ここでは「電気は発電や蓄電ができること」という電気の基礎的な性質を学ぶことが大きなねらいである。しかし教科書では「コンデンサーにつなぐものによって、使える時間がちがうのはどうしてだろう」と物による放電量の違いを、流れる電気の量や複雑な実験で確かめることに時間を取っている。

コンデンサーに蓄電した電気を、豆電球とLEDにそれぞれつなげば、明らかにLEDが長く光を放つことは容易にわかる。LEDの消費電力が少ないことを長々と調べることで1時間のねらいからも外れてしまうだろう。そうであれば、「豆電球を明るくするには手回し発電機の回転数を増やせばいい」「導線に流れる電気の量が多いと発熱も大きくなる」という内容にしてはどうだろうか。

「電気の利用」で大切なこと

（1）電気が流れると、発熱・発光する。
（2）電気の流れる量が多いほど、電球は明るく光り、電熱線は熱くなる。
（3）発電機で電気を作ることができる。
（4）電気は、蓄電し放電することができる。

電気が流れると「発熱・発光する」が基本

電磁石作りでエナメル線に電気を流すとコイルが熱くなることがある。これを5年生の時に体験している子ども達にとって「電気を流すと熱くなる」ということは比較的とらえやすい。

「電気」という見えないものを扱うこの学習では、あまり細かな作業やデータ取りに追われるのではなく、「導線に電気をたくさん流すとそれだけ熱くなった」「より明るくなった」という具体的な事実を大切にしたい。例えば図1のような装置をつくると、導線の温度は上がっていき、温度計の液柱も高くなっていく。電池1つより3つ直列につないだ方が温度が高くなることもわかる。

発光についても、図2のように電池1つだと電流が弱いために豆電球は光らない。検流計で調べるとわずかに針はふれるため電気は流れている。子どもたちは電池の数を増やし、電気をたくさん流すと明かりがついていくことを確かめることができる。

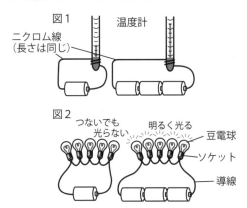

図1　ニクロム線（長さは同じ）　温度計
図2　つないでも光らない　明るく光る　豆電球　ソケット　導線

また、スライダック（変圧器）を用いてシャープペンシルの芯に電気をたくさん流すと、徐々に発熱・発光する様子が見られる。このように電球が発見されたことを話してもよいだろう。電気を流すことで「発熱・発光する」ことをできるだけシンプルに感じ取らせていけるようにしたい。

「回転運動」→「電気」→「回転運動」

手回し発電機は、ハンドルを回すことでモーターのコイルを回転させ、電気を発生させる仕組みになっている。つまりハンドルの回転数を上げるとコイルがより回転し、電気がたくさん作られる。すると豆電球はだんだんと明るくなり、コンデンサーにつなげば、電気のたまるスピードが速くなる。

ハンドルを回転させて発電できることがわかったら、作られた電気がまた回転運動に変わることを見せる。図のようにつなぎ、Aのハンドルを回すとBのハンドルも回転する。ゆっくり回せばゆっくり、反対に回すと反対に回転する。これをやると、回転のさせ方によって発電量や電流の向きが変わることがわかるし、直接的に電気の変換を感じ取ることができる。

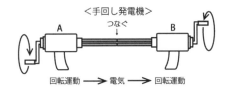

＜手回し発電機＞　つなぐ
回転運動　→　電気　→　回転運動

電気をためるコンデンサーのしくみ

子どもの中の「蓄電」は、携帯型の電気機器のイメージが大きい。最近では「リチウムイオン電池」を使っていることが多いようだが、教科書で扱うコンデンサーとは蓄電のしくみが全く違う。その詳しい説明はできないので「電気はためることができる」という電気の性質を扱う程度にし、あとは蓄電・放電を繰り返したり、身近な道具を探したりして、身近な蓄電についての理解を深めたい。

■ 6年 人の体のつくりと働き
ヒトは「直立」二足歩行をする動物だ！

(ア) 体内に酸素が取り入れられ、体外に二酸化炭素などが出されていること。
(イ) 食べ物は、口、胃、腸などを通る間に消化、吸収され、吸収されなかったものは排出されること。
(ウ) 血液は、心臓の働きで体内を巡り、養分、酸素及び二酸化炭素などを運んでいること。
(エ) 体内には、生命活動を維持するための様々な臓器があること。

「ヒト」の栄養器官の学習

　今回の改訂による内容の変更はない。この「人の体のつくりと働き」は、ヒトが生命を維持するためにどのような方法で栄養分を獲得しているのかということを学習する。ここでの「人」は、食べること（摂取）によって栄養分を体内に取りこみ、成長していく生物なのだから、動物としての「ヒト」という表記にしたい。

　動物には栄養分を獲得するために「消化」「呼吸」「循環」「排出」を広義に総称した「栄養器官」がある。「消化」により食べた物の栄養分を腸壁から吸収しやすくしたり、「呼吸」で肺から酸素を取り込み二酸化炭素を排出したりしている。取り込んだ栄養分や酸素などを血液によって全身へ「循環」させて、不要なものを内臓の働きによって体外へ「排出」させているのである。ヒトを含む動物は、これら栄養器官の働きがあって生きている。内容の（ア）〜（エ）は、この「消化」「呼吸」「循環」「排出」についての学習をしている。

ヒトとはどのような動物なのかを学びたい

　一方、学習指導要領には「人や他の動物の体のつくりと働きについて追究する中で」と書かれている。このことについて教科書では、動物の体内には一本の消化管があることや、呼吸によって酸素を取り込み二酸化炭素を排出していることなど、ヒトと他の動物の栄養器官とを対比させ、主に類似点を知るために動物の体を扱っている程度になっている。

　「他の動物の体のつくりと働き」を扱うことで、動物には共通の特徴があることを知ることは大切である。しかし、相違点を学ぶことも、その動物固有の特徴をとらえる上で重要なことである。ヒトも動物であると同時に、ヒトはどのような特徴をもった動物なのかということが学ぶことのできる学習にしていきたい。

「呼吸」は「肺の働き」として学習する

　肺で空気中の酸素を血液中に取り入れ、同時に体内で作られた二酸化炭素を空気中に排出するという「呼吸」を扱う内容が（ア）になる。この肺呼吸は、ヒトを含む陸上動物の大きな特徴である。

　しかし小学校の段階で、呼吸の細かな働きを教えることは難しい。そのために教科書でも吸った空気は「口→気管→肺へと送られる」と、大まかな解説をする程度の扱いとなっている。教科書によっては発展として「気管」「気管支」「先にあるふくろ（肺胞を表している）」というような資料を載せている場合もあるが、その多くが読み物となっている。

　肺での呼吸によって取り入れられた酸素は、血液によって全身へ運ばれ、各細胞で使われ

る。つまり（ア）の内容は血液循環として（ウ）の内容と一緒に「肺の働き」の学習としたほうが理解しやすい。

消化は「デンプン」を変化させるだけ？

（イ）は食べ物の消化・吸収を扱った内容である。消化液の例として多くの教科書で「だ液」が使われ、ヨウ素デンプン反応で「だ液がデンプンをデンプンでない別のものに変化させること」を消化と学習する。

しかし、この学習で、デンプンがデンプンでないもの（糖）に変化することで水に溶けやすくなり、小腸などの腸壁から吸収しやすくなっているという理解はできない。また子どもたちの実態によっては、グループ内でだ液を提供することに抵抗を感じる場合もあるだろう。

ここでは「消化とは、食べた物が腸壁を通るような水に溶けやすいものに変化させること」という理解をさせたい。消化酵素（ジアスターゼ）を用いて、温かいデンプンのりに消化酵素をかけると糖に変化する実験を見せ、ドロドロだったデンプンのりが消化されてサラサラの液体になること、ろ紙などの紙を通過することを確かめるとよいだろう。

消化をしている管を「消化管」といい、口から肛門まで一本の通り道になっているということは、他の動物との類似点を学ぶ意味でも扱っておきたい。

肝臓や腎臓の扱い方が示されていない

（エ）にある「様々な臓器」とは、「内容の取扱い」で「肺、胃、小腸、大腸、肝臓、腎臓、心臓を扱うこと」と示されている。このうち肺は（ア）、胃・小腸・大腸は（イ）、心臓は（ウ）で扱うが、肝臓と腎臓を、どこで・どのように教えるかは示されていない。

肝臓は小腸で吸収した栄養分を貯めたり、毒素を分解したりするなど、たくさんの重要な働きをしている。読み物で終わりにするのではなく、できるだけ具体的な場面で教えられるようにしたい。

一方で腎臓は、左右に２つあることからも重要な働きをしている臓器ということがわかる。腎臓の働きは「尿とはどんなものか」という学習で考えることができるため、ぜひ取り入れたい。腎臓は体に不要な毒素を尿として外に出すための大切な臓器であることや、またその働きを調べるために毎年尿検査を行っている話もできるだろう。

「人の体のつくりと働き」で大切なこと

- 1　ヒトは食べ物を食べて栄養分をとっている
- （1）食べ物は、消化管で消化され、小腸で吸収される。
- （2）血液は、栄養分や酸素を全身に運ぶ。
- （3）体の中でできた不要物は、腎臓や肺で体外へ捨てられる。
- 2　ヒトは直立二足歩行をする動物である。
- （1）ヒトは手と足の区別がある。
- （2）ヒトは直立二足歩行をするために、適した体のつくりをしている。

㋐かたくり粉に熱湯を少しずつ注いで、かたいデンプンのりをつくる。
スプーン
デンプンのり
㋑デンプンのりをろ紙の上に入れる。
ろ紙
㋒デンプンのりがあたたかなうちに胃腸薬（消化剤）を加えてかきまぜる。
ポチポチと液体がおちてくる。

（3）ヒトは大きな脳をもっている。

栄養器官だけでなく「体のつくり」も

　動物としての「ヒト」は、「摂取によって栄養分をとり、肺呼吸をする哺乳動物」であることと同時に「直立二足歩行をする唯一の動物」ということが大きな特徴である。この「人の体のつくりと働き」では、その2つを学習の柱にして、私たちヒトも動物であることを確かめながら進めていきたい。

　「二本足で立って、歩く」ことは四足歩行とちがって両手が自由に使え、そのためヒトは道具を使うようになり、大脳が発達してきた。足や骨盤、背骨などの骨格も、直立二足歩行をするという視点で見ると実に適したつくりになっている。これらのことがわかると自分の体への理解が一層深まっていくはずである。

食べ物は一本道の消化管を旅している

　ヒトも動物であるから、生きていくための栄養器官がある。栄養分をとることの始まりは口で物を食べることなので、まず食べた物がどこへ行き、どうなるのかという、消化管による消化・吸収を初めに学びたい。

　口から入った食べ物は、一本の管（消化管）を通り、最後には肛門へ行きつく。「消化管はどんなつくりになっているか」と質問し、図で書かせると「満腹になると膨らむあたりが胃袋」「くねくね曲がっている」ということぐらいが共通している程度で、中には消化管が途中で枝分かれしていると思っている子もいる。

　口から肛門までの食べ物の通り道を「消化管」といい、消化管は一本の管になっていることはきちんと教えたい。食べ物は、食道、胃、小腸、大腸という消化管を通る間に消化・吸収され、不要になった食べ物の残りが肛門から排出される。食べ物はおよそ一日かけて全長約9mもある消化管の中を旅している。

　また、消化管の各器官は、それぞれの役割に適したつくりをしている。例えば、胃は消化をするために袋状をしていて食べ物をためているし、消化管の大部分を占める長い小腸は、通り抜ける間に柔毛という突起で栄養分を効率よく吸収できるようになっている。

　このようなことを教えると、自分の体がとても精密にできていると子どもたちは感じ始める。これはその後の、呼吸・臓器・骨格の学習へとつながっていくことである。

体は生きるために必要なことをしている

　私たちがする「呼吸」は、日常的に意識して行う人はいないだろうが、体が活動するために必要な酸素を取り込み不要な二酸化炭素を排出する重要なものである。

　その呼吸の学習の前には、「消化・吸収」だけでなく「腎臓」の学習を行っておきたい。様々な働きのある腎臓だが、重要な働きとして常に血液をろ過して老廃物や有害な毒素を尿として体外へ排出していることが挙げられる。腎臓の働きが悪くなると尿が出なくなったり、毒素が体内にたまったりしてしまうというほど重要な臓器であるために左右2つあり、毎年尿検査で正常に働いているかどうかを調べている。

　その後、呼吸の学習で「吸う空気は窒素4/5と酸素1/5の混合気体であるが、はく空気も同じだろうか」と質問すると、これまでの学習で「必要なものを取り込み、不要なものを排出する」という視点を学んでいれば、「同じ空気だとすると、何のために呼吸をしているのか」「同じはずはない」と考えることができる。

　深呼吸をすると、肺には子どもでも約1.5L程度の空気をためることができる。それと同

時に酸素が取り入れられて、使われてできた二酸化炭素が排出されることは石灰水が白く濁ることで確かめることができる。

実際の循環器の観察はできないため、教科書やデジタル資料で確かめることが多くなる学習である。しかし、手首の脈拍と心拍が同じ拍動であることを聴診器などで確かめ、走った後には拍動が速くなって酸素や栄養分がたくさん使われていることは実感させることができる。

<尿の成分>　　　　　　　　　　　(%)

水	93～95
アミノ酸	0.02～0.04
食塩	0.95
尿素	2.0
尿酸	0.06～0.1
アンモニア	0.05～0.1
その他	1.27～2.12

<吸う空気とはく空気>

	吸う空気	はく空気
酸素	約21%	約16%
二酸化炭素	約0.03%	約4.1%
窒素	約78%	約78%
水蒸気	少ない	多い

消化管を見る意味

栄養器官の学習のまとめとして、他の動物の消化管や臓器のつくりを扱いたい。最近では魚が切り身で売っていることが多く、本来の姿を知らない子もいる。教科書でも資料として扱う程度だが、ここでは消化管が見やすいスルメイカやフナを解剖できるとよい。

スルメイカを解剖すると、消化管が一本に

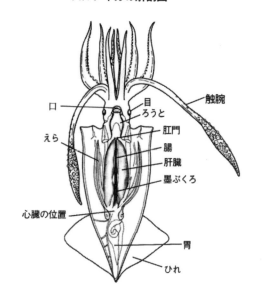

スルメイカの解剖図

なっていることや、口の形などから動物が食べることによって生きていることなどがよくわかる。

ヒトは「直立」して二足歩行をする動物

以上が、ヒトの栄養器官に関する学習になるが、「人や他の動物の体のつくりと働きについて追究する」（学習指導要領）とするならば、消化器、呼吸器、循環器だけでなく「骨格」についても学習しておきたい。4年生に「人の体のつくりと運動」があるが、体には骨と筋肉があるという内容で、動物の体のつくりそのものを学習するものではない。やはり、「ヒトは直立二足歩行をする動物」という他の動物との大きな違いがあることをここでしっかりと教えたい。

誕生して数か月たったヒトの赤ちゃんは、はいはいをして動き回る。このいわゆる4足歩行の時、胴体は倒されていて地面と平行になっている。ヒト以外の動物はこのように胴体を倒した姿でずっと生活するが、ヒトはしばらくすると二本足で立ち、胴体を地面と垂直にして歩き出す。サルやオランウータンなどは二本足で歩くこともあるけれど、「直立」なのはヒトだけである。

この難しい直立二足歩行をするようになったことでヒトの生活は変化し、それにより骨格も変化、適応していった。立っているために遠くを見渡せるようになり、また両手が自由に使えるために道具を使うようになった。これは脳の発達にも影響している。

　しかし同時に腰や肩に荷重がかかったり、胃下垂などの病気も見られたりもする。このようなこともヒトの体の特徴であることは話しておきたいことである。

〈サルとヒトの骨格の違い〉

四足歩行（サル）	二足歩行（ヒト）
①四本足で体重を支えるため、かかと部分が小さい。	①二本足で体重を支えるため、足の骨は弓状に曲がる。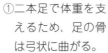
②背骨は頭骨をぶら下げる「釣り竿型」が多い。	②背骨が「Ｓ字形」をしている。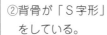
③上半身を支える必要がないため骨盤が細長く小さい。	③上半身の受け皿になるため骨盤が横に広がり大きい。
④硬いものを食べるためあごの骨が大きい。また、脳を覆う骨は小さい。	④柔らかいものを食べるためあごの骨が小さい。脳を覆う骨が大きい。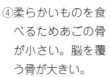

読みもの

「土ふまず」は直立二足歩行の証

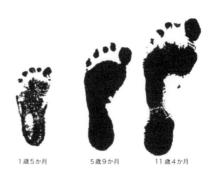

1歳5か月　　5歳9か月　　11歳4か月

土ふまずの発達

　全身を支える足の裏には、12歳ころまでに「土ふまず」が作られます。足裏のアーチがクッションの役目を果たし、体重を支えているのです。アーチはタワーや橋など、支える構造物にも多く使われています。

6年 植物の養分と水の通り道 [146ページに学習展開プランがついています]

植物はかしこい！ すごい！！

> （ア）植物の葉に日光が当たるとでんぷんができること。
> （イ）根、茎及び葉には、水の通り道があり、根から吸い上げられた水は主に葉から蒸散により排出されること。

「植物が生きていくための光合成」を学ぶ

この「植物の養分と水の通り道」では、植物がどのように栄養分をとり、生きているかということを学ぶ。扱う対象は主に植物の根、茎及び葉の栄養器官である。

（ア）「植物の葉に日光が当たるとでんぷんができること」では、光合成を学ぶ。太陽エネルギーによって水と二酸化炭素から栄養分（デンプン）と酸素を作る光合成は、植物にとって生存するために必要な活動である。光合成ができないと成長できず、いずれ枯れてしまうというほど重要な活動である。

しかし（ア）の内容ではそのような理解につながらない。それは、光合成によってデンプンを作り出すための葉や茎の重要性が見逃されてしまっているからである。

植物の栄養分の作り方・とり方については、「葉に日光が当たるとでんぷんができること」と同時に、「植物は、日光を浴びるために葉をどのようにつけているのか」「葉をつけている茎にはどのような役割があるのか」ということを学ぶと、光合成の重要性がわかってくる。また、葉で作り出したデンプンを運ぶための管として維管束も扱い、動物の血管と同じように、栄養分を体全体に運んで生きていることも教えたい。

「蒸散により排出されている」

葉で作られたデンプンは、植物の体全体で成長のために使われる。デンプンを運ぶための管が維管束だが、運ばれるものはデンプンだけでなく、根から吸い上げた水もあり、（イ）はその水の通り道のみを扱っている。

今回の改訂では、《現行》（イ）「…蒸散していること」から《新》（イ）「…蒸散により排出されること」と変更になった。蒸散とは、葉の気孔から不要な水が排出される作用なので、この変更によって植物の体を理解する上ではより正確に蒸散の意味が加わったといえる。

一方、《新》（イ）に「根、茎及び葉には、水の通り道があり…」とあるが、前回の改訂と同様、維管束を通るものが水のみで終えてしまっている。正確には「根、茎、葉には、地中から吸い上げた水と栄養分（肥料）の通り道がある」のである。これは、植物を育てるとき肥料を与えるとよく育つことや、《新》の第5学年の内容の「植物の成長には、日光や肥料などが関係していること」とあることからもわかる。やはり維管束を通っているものは地中の水だけでなく、肥料（無機物）も扱うべきだろう。

茎にも栄養獲得のための役割がある

葉をつけ、葉が日光に当たるようにするための大切な器官が茎である。（イ）では、茎は単なる「水の通り道」というだけの理解に終わってしまっている。

同様に、根も水を吸い上げるという内容だけでなく、根の働きを付け加えた方がよい。根は根毛を生やし、その細かな毛で表面積を

増やし、根から水分と一緒に地中の無機物を取り込んでいる。（イ）の蒸散による水分の排出も、蒸散によって水分が排出されることで植物の中の水分が引っ張られるように根からの水や無機物の吸収を促していることも植物の体を教える上で知っておきたい。根、茎、葉の栄養器官についての（イ）の内容は、このような重要な意味をもっている。

酸素⇔二酸化炭素が入ってきた

ちなみに、2015年度版から数社の教科書で、『植物の体』の単元に「植物と空気」という内容が加わった。ここでは光合成による「酸素⇔二酸化炭素」のガス交換を扱っている。教科書によっては地球温暖化などと関連させて「生物と環境」で扱っている。

この気体のやり取りについては「内容の取り扱い」にも記述されていないため、扱いは教師に任されている。光合成を学習の軸としてきたのに、「呼吸」を資料（読みもの）で説明しているため、酸素と二酸化炭素の気体の交換を混乱させてしまう恐れもある。この学習をここで取り上げるのならば、慎重に扱うべきだろう。

「植物の養分と水の通り道」で大切なこと

(1) 植物は光合成をし、自ら栄養分（デンプン）を作り生きている。
(2) 植物は日光がよく当たるように茎をのばし、葉をつけている。
(3) 植物は、地中の水や栄養分（肥料）を取り込んでいる。
(4) 植物は水や栄養分（肥料）を体全体に運んでいる。

光合成を手がかりに植物をみる

6年生の植物学習で大切にしたいことは「植物の体のつくりとその生活のしかた」である。ここでいう「植物の体」とは、主に根、茎、葉の栄養器官のことで、栄養獲得のためにどのようなつくりをしているかということである。一方「生活のしかた」とは、光合成や根からの吸収をどのように行っているかということで、それを栄養器官の働きと一緒に学ぶことが大切である。

例えばシロツメクサは、地下で茎をのばし、地を這うように群生して葉を広げる。そうすることで他の植物の生息を抑え、自らの光合成を有利にしている。また、背の低いオオバコは人が歩くような道端に生え、他の植物がいないような場所に根を生やす。これによって背丈の高い植物に覆われることなく光がとれ、光合成をすることができる。そのため踏まれても折れない1cmほどの太く、丈夫な茎をもつ。さらにオオバコの種子は水分を含むとネバネバする特徴をもち、人の靴などについて種を散布し、広く子孫を残す。

「植物の養分と水の通り道」という学習は、光合成を手がかりに、植物がいろいろな生活場所で、いろいろな姿で生きていることを学んでいきたい。

葉で光合成をしてデンプンをつくる

植物の葉には葉緑体があり、葉緑体に日光が当たるとデンプンが作られる。そのデンプンは、植物自身の体の成長や繁殖のために使われる。自らの体を保ち、成長させることを「個体維持」といい、子孫を残したりする繁殖の働きを「種族維持」という。葉はこれらのためにデンプンを作り、葉の役割は極めて重要なのである。

そこで、まずは葉の役割を考えさせる学習を

進めたい。「植物はどのように栄養をとっているのだろうか」と聞くと、多くの子は5年で学んだことを思い出して「根が土の中の栄養（肥料）を吸っている」と答える。その他には「空気を吸って栄養にしている」「日光そのものを栄養にしている」など、根以外の器官が関係しているかもしれないと考える子も出てくる。

ヨウ素デンプン反応で葉が青紫色に変わる様子から、植物は葉でデンプンを作っていることを確かめる。その際、光合成は葉の葉緑体で行われるため、子どもたちには「葉緑体という葉の緑色の部分で光合成は行われている」ということも話しておきたい。

葉で光合成をするための茎の役割

植物の茎は、デンプンを作り出している葉をつける役割がある。光合成について学習したら、次に葉や茎のつくりについて学習し、植物の体を効率よく光合成をするという視点で見られるようにしたい。

そこで「植物は生きるために葉をどのようにつけているだろうか」という課題を出す。「葉で光合成をしているのだから、日光が当たりやすいようについているだろう」と、子どもは「植物の体」と「光合成」とを関係づけて考える。実際にホウセンカやヒマワリなどの葉の付き方を見ると、想像以上に葉が重ならないように四方八方へ向かってついている。色々な葉を見ると、どの植物も葉に日光を効率よく当たるようについていることがわかる。

さらに、茎は葉が日光によく当たるように伸びていく。日光を求めて伸びる方向を変えたり、つる性植物のクズやヤブガラシは、細い茎やつるを草やぶの上まで伸ばしてから葉を広げたりする。このことを学ぶと、植物にとって光合成がどれだけ重要なのかがはっきりし、葉や茎の役割がいかに大切な意味をもつかがわかる。

読みもの

〈樹木の内側は・・・〉

葉が茂る樹木の内側をのぞいてみると、外側には葉がたくさんついているけれど、内側にはついていない。葉をつけることも植物にとっては栄養を消費するため、光合成できない内側には葉をつけていないことがわかる。

「蒸散」によって水を吸い上げている

植物が体を維持するには、葉にある気孔からの蒸散と根からの吸水も大切な活動である。植物の体内には60％以上の水分が必要であり、植物は葉の気孔を開閉させることで体内の水分量を調節している。植物によって気孔の数や葉の表裏についている様子が異なるが、蒸散を生きていくための活動と考えれば、その植物の生活との関わりも自然に見えてくる。

根は吸水と同時に、ちっ素やリン酸、カリウムなどの無機物も水に溶かして取り込んでいる。植物の成長にはどれも不可欠な物で、森林などの土壌にはよくある。

植物は、蒸散による水分の排出を行うことで、根からの吸水を促し、同時に無機物も取り入れて個体を維持している。

「光合成」「気孔」「蒸散」などの単語やその意味を覚えるだけでは、単なる暗記学習になってしまう。光合成を手がかりに根、茎、葉の正しい役割を学ぶことで、植物の体と生活のしかたが見えてくる。「植物はかしこい」「すごい」と、植物を見る目が変わった子どももいる。

6年 生物と環境
人間と食物連鎖は関係ないと思っていた

- （ア）生物は、水及び空気を通して周囲の環境と関わって生きていること。
- （イ）生物の間には、食う食われるという関係があること。
- （ウ）人は、環境と関わり、工夫して生活していること。

これまでの振り返りになりやすい

（ア）では、生物が生きていくために必要な「水」「空気」が自然界でどのような位置づけにあるかを学ぶ。「水及び空気を通して」とあるのは、体内に取り入れたり排出したりして水や空気が生物（動物・植物）と直接的にかかわりがあるからだろう。

教科書では、既習の「呼吸」「燃焼」「光合成」「植物の体のしくみ」などと関係づけて学習が進められ、すぐまとめになっている。こうなると新たな内容を学ぶというよりも復習・確認的な学習になってしまう。

ここでは地球温暖化などの環境問題と関係させた学習にしたい。「植物は光合成によって酸素を作り出す」ということは、森林が減少すると酸素を排出できずに二酸化炭素が増加し、地球温暖化が助長されてしまうのである。

内容の取扱いには「水が循環していることにも触れること」とある。これは4年生でも学習することだが、子どもたちにとっては「水はなくならないもの」という理解になりやすい。確かに水は、海水→水蒸気→雲→雨→川→海水のように姿を変えながら地球上を循環しているが、資源としての水には限りがある。環境について学ぶのであれば、このことも押さえておきたい。

食物連鎖は生物界の大きなしくみ

《新》（イ）の「内容の取扱い」に「水中の小さな生物を観察し、それらが魚などの食べ物になっていることに触れること」という内容が5年から移行してきた。これは食物連鎖が水中でも行われていることを強調した内容であるが、海での食物連鎖は水を運ぶ川や、その元となる森との関係が非常に深い。森林など豊かな土壌は、たっぷりと無機物を含んだ水を海へ流す。その水がプランクトンを繁殖させ、それらを魚などが食べるために集まって豊かな漁場となっている。

生物の「食う食われるという関係」を「食物連鎖」といい、これによって多種多様な生物はつながり合い、生物界のバランスがとれている。同時に食物連鎖でつながっている生物たちの数にも目を向けると、食べる生物よりも食べられる生物の方がはるかに多いこともわかる。

中身を具体的な教材に

（ウ）が今回新しく付け加えられたことによって、環境問題が一層個別に扱われることになった。「工夫して生活していること」は中身を具体的に扱わなければ道徳的なきれいごとで終わってしまう可能性もある。

人は飼育・栽培をして食料を得ているので、生物界の食物連鎖で直接結ばれているわけではない。しかし福島第一原子力発電所の事故で拡散した放射性物質のように、藻→プランクトン→小魚→大きな魚→人へと影響を受けていることも理解できるようにしたい。

自然をよく知り、自然を保護し、自然の多様な生物たちとともに共存する生活を考える

学習にしたい。

「生物と環境」で大切なこと

(1) 生物は、食物連鎖という食べる・食べられるつながりの中で生きている。
(2) 人間も、生物界の食物連鎖の影響を受ける。
(3) 陸上の森は、無機物を多くふくんだ水を海へ流し、海の生物たちに必要なものである。
(4) 人間の生活が、大気を汚染し、自然環境を変えてきている。

食物連鎖と農薬散布

この「生物と環境」では、自然界のしくみが見えてくるような学習を大事にしたい。そのために、初めは食物連鎖を様々な場面や生物の数で見ていけるようにする。

「植物の養分と水の通り道」で述べたように、食べ物のおおもとは植物である。「ライオンはシマウマを食べ、シマウマは草を食べる」のように動物の食べ物をたどっていくと、最後は必ず植物に行きつく。つまり肉食動物→草食動物→植物（光合成）となる。

しかし人間の手によって食物連鎖のバランスが崩されてしまった例もある。水田のイネを食べる害虫を殺す農薬をまいたことで、かえって害虫が増えてしまった。これは農薬によって害虫を食べる生き物も殺してしまい、自然界の食物連鎖のバランスを崩してしまったために起こった。様々な生物たちは、食物連鎖という自然界の大きなしくみの中で生きているのである。

人間も食物連鎖の中で生きている

人間は、飼育・栽培などによって食料を得ているため、直接的に食物連鎖と結びつきがない。しかし有機水銀を川に流したために起こった「イタイイタイ病」は、プランクトンを小魚が食べ、小魚を大きな魚が食べ、それを人間が食べ…というつながりによって人間の体内に入り起こった公害である。2011年に起きた福島第一原子力発電所の事故によっても、近海の農作物や近海の海産物が出荷できなくなることが大きな問題となった。

人間も自然界の食物連鎖の影響を受け、人間の生活によってその要因を作り出しているという事実を子どもたちとぜひ考えていきたい。

森が海を育てる

森と海はつながっていて、先述したように豊かな漁場が森と関係していることを学びたい。子どもたちは、山に降った雨は川となり、海へそそぐことを5年生の「流れる水の働きと土地の変化」で学んでいる。

「森は海の恋人」という合言葉のもと行われた、漁師による植林活動がある。これは「森－川－海は1つのものなのだ」という考えで、森林から流れ出る栄養分が結果とし様々な生物に富んだ豊かな海を形成することを意味している。

また、森林伐採による「地球温暖化」も身

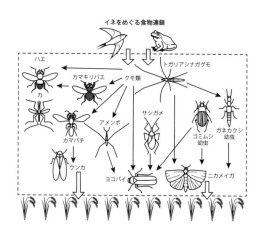

近な環境問題である。自然界は大気のバランスを保つ作用があるのに、石油石炭などの化石燃料の採取や電気エネルギーの獲得などのために二酸化炭素を多く排出してきた結果起こった問題だ。

人間と自然とが、共存・共生するためにはどのようにしていったらよいのか。6年生なりの考えをもたせた学習にしたい。

なお、植物が光合成をしたときに行う二酸化炭素と酸素の気体の交換は、地球温暖化の事実と関係づけた方が混乱しないのではないかと考え、この学習で扱いたい。

読みもの

原発と放射性物質
〜小学校からの放射線教育

2011年の東日本大震災によって引き起こされた津波により、福島第一原子力発電所内の建物が壊され、大量の放射性物質が拡散された。6年以上たった現在も双葉町の一部を含む帰宅困難区域が残り、原発の安全性に関して様々な課題が山積している中、2017年7月現在、国内にある原発5基が再稼働されている。

また、「放射能がうつる」というような誤った認識により、一時的に避難している人々が不条理な偏見をもたれる事件もあった。このようなことがあると、「放射性物質」「放射線」「放射能」などよく耳にするけどはっきりとはわからない内容を小学生の子どもたちに教えられないかと改めて考える。

「放射能と原発について」という題で6年生にアンケートをとったところ、多くの子どもたちは「放射線と放射能は同じものなのか?」と疑問をもっていた。「放射能はうつるのか」「とにかく危険で被害が大きいものだろう」と、見聞きしたことを精一杯重ね合わせて考えるが、正しいかどうかわからない。わからないけれど、事実を知りたがっていることは感じられた。

「原子・分子」の概念を学んでいない小学生にも、「放射性物質は放射線を出し続け、被ばくすると生物に様々な影響が出る」ことを目標にした学習を進めることはできる。現在の小学校1年生は震災の年に生まれ、6年生は4〜5才だった。ますます「原発と放射性物質」について学習し、その記憶を継承していく必要性を感じる。

〈授業の例の一部〉

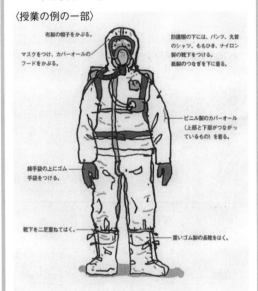

上の図を見せて、「防護服を着て行けば、一時帰宅することは安全なのだろうか」と質問する。放射性物質から出る放射線には物質を透過するものもあることを学んでいれば、安全ではないことがわかる。防護服の大きな役割は、放射性物質を吸い込まないようにすることである。体内に取り込んでしまうと、「内部被ばく」といって体の中から放射線を浴び続けてしまうのだ。

6年 土地のつくりと変化

砂と泥の違いって何だろう？

> (ア) 土地は、礫、砂、泥、火山灰などからできており、層をつくって広がっているものがあること。また、層には化石が含まれているものがあること。
> (イ) 地層は、流れる水の働きや火山の噴火によってできること。
> (ウ) 土地は、火山の噴火や地震によって変化すること。

「岩石」「化石」を学ぶ意味とは

　(ア)について《現行》では「土地は、礫(れき)、砂、泥、火山灰及び岩石からできており」となっていたが、《新》では「岩石」という言葉が削除された。また、「化石」は地層の成因に関する(イ)に記述されていたが、《新》では土地を構成する一つという位置づけになり(ア)に移った。

　ここで扱う「岩石」とは、様々な鉱物(主に礫・砂・泥)の集合体である。その岩石が風化・浸食などによって細かく砕かれ、その粒の大きさによって、主に「礫」「砂」「泥」と呼んでいる。このため、岩石の意味を考えると削除されたことはよい。

　関連する「内容の取扱い」に「(ア)については、流れる水の働きでできた岩石として礫岩、砂岩、泥岩を扱うこと」とある。5年生で水の堆積作用を学んでいるので、礫岩や砂岩、泥岩などは、川などの水の働きによって積もったものであることは理解できる。ここでは、長い年月をかけて押し固められた岩石を「〇〇岩」とした方がわかりやすい。地層を調べるということは、その土地が堆積した当時の様子を知る手がかりになるのである。

　また、「化石が含まれているものがあること」とあるが、化石は鉱物が流れる水の働きや噴火によって堆積したとき生物が一緒に積もって形が残された物なので、岩石と同様に当時の土地の様子を知ることができる物として扱いたい。そうすることでただ「層には化石が含まれているものがある」というよりも、化石を扱う意味がわかるだろう。

「流れる水」とは「大洪水」のこと

　私たちが生活している地面の下には(ア)で扱われている「礫、砂、泥、火山灰など」が何層にも重なっている。この重なりを「地層」というが、この地層のでき方を扱った内容が(イ)である。

　ここでいう「流れる水の働き」とは川や湖、海などで起こる堆積作用のことである。実際に見ることができないので、川のモデルを作り、といや実験道具などに砂や泥を置き、水を流して水を溜めた水槽に流し込む様子を観察する方法が一般的に行われる。うまくいけば地層はできるが、地層ができるほどの本来の水の勢いを再現することはできない。

　地層は爆発的な流水のはたらきが起きた時に大量の土砂が水に流れ込むことでできる。これを体感させるには大量の水を一気に流すか、水の中に礫・砂・泥を混ぜたものを一気に放り込む方が地層のでき方としてはわかりやすくなる。水の中では、重い礫は先に沈み、粒の小さい泥はいつまでも水中を浮遊して、時間をかけてゆっくりと沈んでいくのである。

日本は自然災害が起きやすい

　今回の改訂で4年生に「雨水の行方と地面の様子」が新設され、これにより4年以上のすべての学年で「自然災害」に関連した内容

が盛り込まれた。6年生にも、「内容の取扱い」に「自然災害についても触れること」という文章が入った。

土地を変化させる自然災害には「火山の噴火」「地震」に加えて、身近なところで「洪水」もある。そのため（ウ）は「火山の噴火や地震など」とし、（イ）と関連させることで、近年の豪雨災害と土地の変化などを子ども達と一緒に考えられるとよいだろう。

日本という国は、位置や地形から自然災害の多い国である。プレートの境界に位置する島国のために火山の噴火や地震が起こりやすい。また日本列島は南北に細長い形で、分水嶺から太平洋や日本海へ流れる川は短く、急な川が多い。これも洪水が起きやすい環境といえる。

災害によって土地が変化することを知ると同時に、私たちが住む土地の特徴を知ることは、災害による被害を減らす意味でも重要である。「火山の噴火や地震による土地の変化」で終わらせず、「私たちの住んでいる土地」という視点で学習を進めたい。

「土地のつくりと変化」で大切なこと

（1）私たちの住む土地には、高い所と低い所がある。
（2）土地を作るものは、粒の大きさによってレキ・砂・泥（粘土）に分けられる。
（3）地層は、レキ・砂・泥などの層からできていて、化石が含まれることがある。
（4）火山の噴火や地震、洪水などによって、土地の様子が変わることがある。

レキ、砂、泥のちがい

「土は何でできているのか」と聞かれると返答に困る人はたくさんいるだろう。この学習では「土地」「岩石」「化石」などの用語が多く出てくる。例えば、「岩石（ここでは堆積岩）とは、レキ・砂・泥などが堆積して長い時間をかけて固まったもの」というように、一つ一つの用語を意味とでき方を結び付けて学習していきたい。

その意味で「土とは何か」ということも初めに扱いたい。子どもたちにとっては考えてみたこともないことだが、考えてみると難しい。

ここでは花壇の土を見せて「石、枯れ葉、昆虫などのフン、肥料、…」と予想する。

確かめる方法として、土を火にかけてから目の粗さの違う2種類のふるいにかける。火にかけると土の中の有機物は燃え土の湿り気が無くなってサラサラになる。それをふるいにかけると、大きい粒の石と小さい粒の石、そしてどちらのふるいも通り抜ける粒になる。ここでは、このようにしてわかった粒の大きさによって、大まかに「レキ」「砂」「泥」ということを教える。

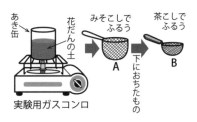

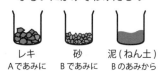

（名前）（粒の直径）
レキ　2mm以上
砂　2mm〜0.06mm
泥　0.06mm以下
※中学の教科書を参考

少しの風で舞ってしまうほどサラサラした土が「泥」であることに子どもたちは驚く。泥はもっと茶色くてベタベタしているものだと思っているからだ。試しに水を加えてみて、

「いつもの泥」にしてもよいだろう。子どもたちは「風の強い日に飛ぶのは、『砂ぼこり』ではなく、本当は『泥ぼこり』だ」ということを発見する。

長い時間をかけて地層はできる

「地層」は私たちの住んでいる地面の下にもある。これを確かめるために各学校にあるボーリング試料を使って、深さによってある程度まとまった同じ種類の土でできていることを観察させたい。それはみんなの住んでいる地面下も同じようになっていて、その地域の土地のつくりの特徴であることも話しておきたい。

実際に地層を作るときには、ふるいで分別した「レキ・砂・泥」をとっておき、それを混ぜた物を水の入ったペットボトルなどの中に一気に流し込むとよい。静かに一日置くと泥も沈み、下から「レキ層」「砂層」「泥層」ができる。同じことを2・3回行うと、何層にも重なる地層ができる。しかしこの実験は泥が舞いすぐに結果がでないので、粒の大きさによって沈み方が違うことを見せるには、販売している別の教材を活用してもよい。

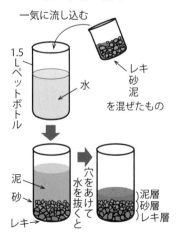

ペットボトルの下の方に小さな穴をあけ数日おくと、水が抜けてきれいな層ができる。このように堆積した土が、何百万年という長い時間をかけて「レキ岩」「砂岩」「泥岩」ができるのである。

この堆積する時に一緒に含まれた生物が「化石」となって出てくることがある。直接見たり体験したりすることが難しい学習であるため、化石園などの化石掘り体験をさせると楽しく学習できる。

土地のつくりから災害の特徴も見えてくる

東日本大震災以降、教科書には火山や地震について書かれたページが増えた。防災教育と理科とを関係づけることは必要だが、教科書によっては、7ページもの資料を1時間で教えるようになっていて、自然の現象そのものを教える内容になっていない。

「火山の噴火」では、火山灰が噴出して、風で流されて積もることと同時に、土に含まれる火山灰を「わんがけ」して顕微鏡で観察し、火山灰の一粒が鋭くとがっていることを見せたい。丸みを帯びずとがった粒のために噴火が起きた地域の人たちは吸い込まないようにマスクをし、肺に入れないようにしている。地図帳で火山を調べると、日本には火山がたくさんあることもわかる。一方、温泉・地熱発電など火山による恩恵があることも、日本の土地の特徴として話しておきたい。

「地震」は大きな力が岩盤に加わって、岩石が割れて起こることをつかませたい。横から力が加わるとまず曲がったり（しゅう曲）、岩石が割れてずれたり（断層）する。力が加わることで土地の様子が変わることをつかませるために、モデル実験やデジタル映像などでその様子を見せるとよい。

土地のつくりを調べると、私たちが住む地域や日本という土地の特徴をとらえられる。「自分たちが住む地域の地形はどのようにできたのか」「洪水が起きた時、土地はどうなるのか」など、自分たちの生活に大きな意味をもつものにしたい。

■ 6年 月と太陽

地球が回っているから星が動いて見えるんだ!!

> （ア）月の輝いている側に太陽があること。また、月の見え方は、太陽と月との位置関係によって変わること。

天体そのものを扱った学習がない

今回の改訂によって、（イ）「月の表面の様子は、太陽と違いがあること」という内容が削除された。そもそも太陽は月と違ってガス球体であり、自ら発光する恒星である。一方、月は岩石で覆われていて、自ら光を出さない地球の衛星である。そのことを扱わないで、ただ見た目だけの区別をしていたものが（イ）の内容だったため、削除されたのは当然のことといえる。

月や太陽といった天体を扱う以上は、その天体がどのようなものなのかということを扱うべきだろう。また、地球という私たちが住む天体とは、どのような関わりがあるのかということも学習したい。

月は輝いて見えている

前回の改訂から学習指導要領には、「（ア）月の輝いている側に太陽があること。また、月の見え方は、太陽と月との位置関係によって変わること」が加わった。

「月の輝いている側にいつも太陽がある」のは、巨大な太陽から出された光が、地球の周りを公転する月に当たり、光を反射しているからである。つまり太陽の光が当たっている側を地球から見て「光っている側」としているだけで、同じことをいえば、光を放たない地球や他の天体も、光っている側にはいつも太陽があるということになる。

つまり「月が輝いている側」ということは、正確には「地球から、月が輝いて見える側」という方が正しい。また、「月の見え方は、太陽と月との位置関係によって変わる」も、「月の見え方は、地球から見て、月と太陽の位置関係によって変わる」とした方が正確である。

これについては「内容の取扱い」に「地球から見た太陽と月との位置関係で扱うものとする」と記述されている。

見かけの動きを教えるだけでいいか

小学校では、自分（地球）は止まっていて月や太陽が動く、いわゆる「天動説」を教える。3年生では、影の向きの変化から太陽は東からのぼり西に沈むことを学び、4年生で月は太陽と同じように動き、星座は形を変えないで動くことを学ぶ。6年生でも「地動説」には触れていない。

1958年版の学習指導要領では、6年生の内容で「太陽・月・星の1日の見かけの運行の事実から、地球は自転していることを知る」「太陽は自転している地球の半分を照らすために、昼夜ができることを理解すること」と地球の自転が明記されていた。高学年になれば、地球の自転と見かけの動きとを結びつけて考えることができるからだろう。地球の自転を学べば、「星座がいつも同じ形のまま動いているのは、地球が回転しているから」というように星座が形を変えないで動くという現象が具体的にわかっていくはずである。

現在の子どもたちは、豊かな情報収集ツールによって、地球を外側から見た様子や自転していることなどを知る機会も多い。地上での見かけの動きだけの学習ではなく、地球をはじめとして、他の天体そのものの存在を認識させられる内容にしたい。

「月と太陽」で 大切なこと

(1) 地球は自転しながら、太陽の周りを公転している。
(2) 月は太陽の光を反射しているため、地球から見ると光って見える。
(3) 月は地球を約1か月に1周公転していて、そのため地球から見ると月の形が変わって見える。
(4) 日食や月食は、地球からの距離が太陽と月で違うために起こる。

地球の姿と自転・公転を教える

　月や太陽について学ぶのであれば、まずは地球という天体そのものの姿と地球の自転や公転について学びたい。

　私たちが住む地球は、赤道上の円周が40,000km、直径約12,800kmの大きな球体をした天体である。では、地球の直径を1mとしたとき、日本一高い山の富士山はどれくらいの高さになるだろうか。地球の直径を1mにするには、1/12,800,000になるため、3776m÷12,800,000mの計算をして求めると、富士山の高さはおよそ0.3mmになり、1mmにも満たない。8,878mの世界一高いエベレストですら約0.7mmとなり、それほど地球は大きな球体をしていることがわかる。

　その地球が、1日に1回自転しているために昼と夜がくる。また、地球は自転しながら1年かけて太陽の周りを回っている（公転）。夏にはさそり座、冬にはオリオン座のように季節によって見える星座が変わるのはこのためである。2月29日のある「閏（うるう）年」が4年に一度あるのは、地球の公転周期と暦のずれを調整しているためである。

資料

地球の自転はとんでもなく速い

　1日に1周する地球の自転は、赤道上では地球の円周40,000kmを24時間で一周するので、秒速およそ463mの速さで自転していることになる。

月も公転している

　月が満ち欠けして見える大きな理由は、月が地球を公転しているからである。約29.5日で地球の周りを一周する月に太陽の光が当たると、地球から見て毎日少しずつ光っているところの見え方が変わる。地球から見て月が太陽に近い位置にあると、月が光を反射して見える部分はわずかで、地球から見て月が太陽から離れると、月が光を反射している部分がたくさん見られる。そのために、月の満ち欠けが起こって見えるのである。

　子どもたちに月の満ち欠けを教えるときは、この「月に太陽の光が当たっている部分を地球から見たとき」とすることが重要である。月が地球の周りを公転し、地球からその月を見ているからこそ、月の満ち欠けが起こって見える。これを理解するには、月と太陽の位置関係だけでなく、やはり月の公転は扱わなければならいだろう。

読みもの

すぐに沈んでしまう三日月

　細くきれいな「三日月」は、なかなか見ることができない。それは、地球から見た三日月が太陽の近くにあるために、太陽が沈んで暗くなると西の地平線にすぐ沈んでしまうか

らだ。左手で月を、右手で太陽を指さすと月と太陽の位置関係がよくわかる。

昔から一説では「三日月に望みをたくすと、やがて満ちて、望みがかなう」とされてきた。望みがかなう三日月は、戦国武将の兜や旗にも使われていることが多いのは、そのためなのだ。

日食が起こるわけ

太陽は、直径が約140万kmと地球の約109倍もあり、水素とヘリウムが主成分のガス球体である。一方で、月の直径は約3,400kmと地球の約1/4ほどで、表面にはクレーターが存在する岩石体である。これほど大きさに差がある天体にもかかわらず、地球から見た時、月と太陽はほとんど同じ大きさに見える。

2012年5月21日に日本各地で見られた金環日食は記憶に新しい。時間の経過とともに、太陽が月の影に隠れる現象を、部分日食→金環日食→部分日食と太陽が月に食われる様子が見られた。

月と太陽の直径を比べると、月に比べて太陽は約400倍も大きい。では地球からの距離はどうだろうか。地球から月までの距離がおよそ38万kmに対して、地球から太陽までの距離はおよそ1億5千万kmと、太陽までの距離がおよそ400倍も遠い。この400倍の大きさと400倍の距離の違いという偶然によって、日食という現象が起こる。

月や太陽などの身近な天体にかかわる現象を具体的に理解するには、地球の姿や自転・公転や月の公転を扱う必要がある。また、できることならば、地球は太陽を中心とした太陽系に位置していることや、太陽のように自ら光り輝く星を「恒星」といって、これらの星は太陽の光を反射して光って見えるのではなく、太陽と同じように自ら光り輝いている天体であることを話しておきたい。

夜空に見える星は、太陽よりも何万倍も遠くにあり、何年から何万光年もかけてその光が地球にいる私たちに届いていることを知ると、果てしない宇宙の広がりや、自分がその中の地球という星に生きていることを実感することができるだろう。

〈今後、日本で見られる金環・皆既日食〉

西暦	月日	種類	場所
2030年	6月1日	金環	北海道
2035年	9月2日	皆既	能登・富山など
2041年	10月25日	金環	中部地方など
2063年	8月24日	皆既	青森県北部など
2070年	4月11日	皆既	伊豆諸島など
2074年	1月27日	金環	鹿児島県南部など
2085年	6月22日	金環	沖縄
2089年	10月4日	皆既	宮古島など
2095年	11月27日	金環	中国地方など

〈部分日食〉

西暦	月日	場所
2019年	1月6日	日本全国
2019年	12月26日	日本全国
2020年	6月21日	日本全国
2023年	4月20日	九州・四国地方
2031年	5月21日	南西諸島
2032年	11月3日	日本全国
2042年	10月14日	鹿児島・沖縄
2046年	2月5日	日本全国
2047年	1月26日	日本全国

6年
「植物の養分と水の通り道」の学習展開プラン

第1・2時
植物は自分で栄養物をつくって生きている

① 「動物の食べ物をたどっていくと」と板書して、子ども達と一緒に動物の食べ物をたどっていく。
・ライオン→シマウマ→草
・ヘビ→カエル→バッタ→草
・サケ→小魚→動物プランクトン→植物プランクトン

これを見て、気づくことはないかと尋ねると、最後は草（植物）になることがわかる。
「動物の食べ物をたどっていくと植物に行きつく。つまり、植物がいなかったら動物は生きていけないのです。」
「では、植物はどうやって栄養をとっているのか」と言って、課題を出す。

課題1 動物の食べ物のおおもとは植物である。では、植物はどのようにして栄養をとっているのだろうか。

② 「自分の考え」を書き、発表・討論をする。
「人と同じように酸素が必要だと思う。」「酸素ではなく、二酸化炭素が必要だということを聞いたことがある。」「土の中の肥料を根から吸い取っていると思う。根は水を吸い取っているから、水の中の栄養分を吸っていると思う。」「日光を葉にあてるように成長しているから日光から栄養をとっているに賛成。」

③ 「人の意見を聞いて」を書く。
「日光はやはり必要だと思った。」

④ ファン・ヘルモントの「ヤナギの実験」を紹介する。
「『ヤナギに5年間水だけを与えて、ヤナギが成長した。つまり植物は水から成長している』というヘルモントの実験についてどう思うか」と聞く。

すると、「日光は当たっていたのか」という子どもが出てくるので、「日光が当たっていた」ことを伝えると、「やっぱり日光が栄養をとるために必要なのではないか」となる。

「植物は日光を浴びて葉で栄養分（デンプン）を作っている」ことを教えて、「今からそれを調べてみよう」と話す。

⑤ 教師実験で、インゲンマメやジャガイモの葉の葉緑素をエタノールで溶かし落とし、ヨウ素液をかけてデンプンがあることを確かめる。

※「カタバミ」「ヒマワリ」「アサガオ」の葉はヨウ素デンプン反応が出やすい。また、午前中、日光にたっぷり当たった柔らかい葉を使うようにする。

⑥ 「実験したこと・確かになったこと」を書く。

〈子どものノートの例〉

> 今日、植物はどのように栄養をとっているかを調べた。結果、植物は日光をあびて自分で栄養のデンプンを作っていることがわかった。植物の葉にヨウ素液をかけたら濃い紫色になったから、葉にはデンプンがたくさんあることが分かった。ヨウ素液をかけた時はおどろいた。

第3時
緑の葉に日光が当たるとデンプンが作られる

① 「植物はどうやって栄養をとっていたか」と聞くと「葉でデンプンを作っていた」と返ってくる。
「それを調べるにはどうしたらよいか」と質問して、課題を出す。

課題2 葉でデンプンを作るのに、日光が必要かどうか調べたい。どのようにしたらよいだろうか。

②自分の考えを書き、発表・討論をする。
「木に段ボールをかぶせればいい」「日光に当てて育てた苗と、箱などをかぶせて日光を当てないで育てた苗を用意して、ヨウ素液でデンプン反応を調べてはどうか」

③「日光に当てた葉」と「当てない葉」をつくればいいという考えになるので、前もって用意しておいたもの（部分的にアルミをまいて十分に日光を当てた葉）を見せ、エタノールで色素を溶かし落とし、デンプン反応を見る。（教師実験）

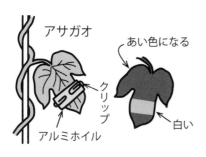

「葉のアルミをまいた部分は茶色になった！」「日光が当たっていたところは濃い紫色になった。やっぱり、葉に日光に当たるとデンプンがつくられる。」

④葉の緑色のところに「葉緑体」があり、そこに日光が当たるとデンプンが作られることを「光合成」と呼ぶことを教える。

⑤「実験したこと・確かになったこと」を書く。

〈子どものノートの例〉
葉の一部にアルミをまいたものをエタノールにつけて薄めたヨウ素液につけたらアルミの付いていた部分は茶色になって、日光が当たっていたところは濃い紫色になった。葉に日光が当たりデンプンを作ることを「光合成」といい、デンプンを作るところを葉緑体ということがわかった。

⑥つけたしで「ふ入り」の葉のことを話す。
アイビー（ふ入りのアサガオの葉・コリウスでもよい）の葉を示す。

「葉に白いところがあるが、デンプンはあるか」と聞いて、ヨウ素デンプン反応を調べる。白い部分にでんぷんがないことがわかる。
「ふ」には葉緑体がないため、光合成ができないことを話す。

〈つけたし後の子どものノートの例〉
葉の緑ではない部分は「ふ入り」と言って、葉緑体が少なくデンプンは作られていないということも分かった。葉でもデンプンが作られるところと作られないところがあった。

第4時 アカジソの赤色の葉と光合成

① 「アカジソ」を見せ、梅干の赤色をつけるときに使うものだと話す。
「アカジソの葉は緑色ではなく赤いが、光合成をしているか」と聞き、課題を出す。

課題3 アカジソの赤い葉でも、光合成をしているのだろうか。

② 「自分の考え」を書き、発表・討論をする。
「光合成していると思います。光合成をしていないと育たない。」「光合成している。うっすらと葉が緑色をしていたから上の方は日光を浴びて赤になったと思う。」「葉が緑色のとき葉緑体があるなら、赤色の葉には『葉赤体(ようせきたい)』があるのでは？」
※実験の時間を作るために、話し合いはあまり深入りしないようにする。

③ グループ実験をする。
ア　エタノールを湯煎して温め、その中にアカジソの葉を一枚入れる。
イ　しばらくすると赤色が無くなって、鮮やかな緑色が出てくる。葉緑体が隠れていたことが分かる。
ウ　しばらくして葉緑体も溶け出したら葉を取り出し、お湯につけてやわらかくした後、ヨウ素デンプン反応を確かめる。濃い紫色になるため、赤色の葉も光合成をしていて、デンプンが作られていたことがわかる。

④ 「実験したこと・確かになったこと」を書く。

〈子どものノートの例〉
　今日は、アカジソの葉でも光合成をしているのかを調べるために、前回と同じ方法をグループで実験した。エタノールに入れると、赤い葉が緑色になった。ということは、葉緑体はあるということ。光合成していると思った。湯せんしたエタノールから出したあと、エタノールが緑色になったので赤むらさきに見えるアカジソにも葉緑体があり、光合成しているとわかった。

第5時　植物の葉のつけ方

① 「今日は植物の体について考えてみよう」と言って、課題を書く。

課題4 植物は生きていくために、葉をどのようにつけているだろうか。

② 「自分の考え」を書き、発表・討論をする。
「葉を日光によく当てるために、いろいろな方向に向いている。」「重ならないようについていると思う。」「下が大きくて、上の方が小さい。」「上を向いていて、重ならないようになっている。」「それはそうだけど、葉を生やすのにも栄養が必要だから、できるだけ少ないほうがいいのかな。」

③ 実物や写真を見て調べる。
校庭に行って、実際に樹木や草花の葉のつき方を見たい。
ホウセンカを上から見ると、葉が重ならないようについている。樹木は、内側には葉をつけず、外側にたくさん葉をつけ光合成を効率よく行っている様子がわかる。

④ 「調べたこと・確かになったこと」を書く。

〈子どものノートの例〉
　今日、植物は生きていくために葉をどのように付けているかを調べた。結果は日光に当たりやすいように葉をつけていることがわかった。植物はその植物に応じて葉の量も変わっていた。葉は下の方が大きくて上は小さくなっていた。外だけに葉があり中には枝だけのものもあった。植物は頭がよくかしこいなと思いました。植物のつくりに感動した1時間だった。

は葉をつけて、葉が光合成しやすいように伸びていく役割がある」ということを話す。
　ウ　最後に、ヤブガラシの写真を見せ「ヤブをからすヤブガラシ」を読む。
④「調べたこと・確かになったこと」を書く。

〈子どものノートの例〉
　ヤブガラシという植物は、ヤブをからすためにくきをヤブの上までのびて葉を開き光合成をするという話があった。結果的に茎は日光のほうへぐんぐん伸びる。ライトで光があるほうに伸びていくことも分かりました。

第6時　葉をつける茎の役割

① 少し伸びたカイワレダイコンの茎が傾いている様子を見せて、「茎が曲がって伸びているけど、これはどうしてだろう」と質問し課題を出す。

課題5　カイワレダイコンが茎を曲げて伸ばした。これはどうしてだろうか。

②「自分の考え」を書き、発表・討論をする。「葉にたくさん日光を当て、光合成させていると思う。」「同じで、光合成をしやすくしていると思う。」「全体に日光が当たっていれば上に伸びるけど、片方からしか日光が当たっていないと、少しでも光を取ろうとして曲がる。」「外の方が光が強い。だから強いほうに曲がった。」
③ 資料で調べる。
　ア　光に当てて茎が曲がったカイワレダイコンは、窓の方に曲がっていたことを話す。
　イ　『植物に片側から光を当てると』(NHK for School、53秒)を見る。茎が光を求めて曲がっていることがわかる。「茎

● やぶをからすヤブカラシ

　川の土手に、背の高い草がおいしげり、草のやぶができていました。その草の上にヤブカラシがおおいかぶさっていました。
　ヤブカラシは、ツル植物なので、細い茎をのばしてよじのぼったのです。茎はやわらかいので、引っぱると、すぐ切れてしまいます。細くてやわらかい茎では立てないので、ほかの物にまきついてのびていくのです。
　草やぶの上までのびたヤブカラシは、そこで、葉をいっぱいに広げました。ヤブカラシにおおわれた草は、どうなるでしょう。
　ヤブカラシの茎をとりのぞいてみると、下になった草の葉が、ずいぶんかれていました。「光合成」ができなくて生きていけなくなったのです。ヤブカラシが草やぶをからしたのです。
　ヤブカラシやクズのようなツル植物は、茎を長くのばすことに栄養分を使って、日光のよくあたるところに茎をのばし、葉をつけ、光合成をして生きているのです。

ヤブカラシ(ビンボウカズラ)

　木は、茎(幹)を高くのばし、日光のよくあたる高いところに、葉をつけます。枝も日光のよくあたるところにのばします。
　植物にとって茎は、日光のあたるところに葉をつけるためのもので、栄養をとる役目をしているのです。

クズは木の上にまではいのぼっていく

第7時　オオバコの体のつくりと生活

① オオバコの写真(できれば実物)を見せて、「茎はどこか」と聞く。

茎の場所を確認してから「オオバコは人の通るところによく生えているけど、これはどうしてだろう。」と言って課題を出す。

課題6 オオバコは、人にふまれやすいところに生えている。これはどうしてだろう。

②「自分の考え」を書き、発表・討論をする。
「他の植物が少ないから、光合成をしやすいところに生えていると思う。」「人にふまれることで、オオバコは栄養をとる体をしていると思う。」「日光が当たるところを選んでいると思う。人混みが少ないところは日光が多く光合成しやすい。」「他の植物が少ないから、地面の栄養を独り占めしていると思う。」
あるいは、種子が靴や服に付くという「子孫を残すためだろう」という「種族維持」の視点で考えをもつ子も多くいる。

③映像・資料で調べる。
『オオバコの秘密』(NHK「ミクロワールド」5分)を見る。
オオバコが生える場所は道端などで踏まれやすいため、茎が細くて長い他の植物が生きにくい。背丈が低いオオバコだが、茎が太くて丈夫なために他の植物に邪魔されずに光合成ができる。
また種子は踏まれてもつぶれない硬さがあり、水にぬれると粘り気をもち、ヒトやタイヤなどにくっついて種子を運んでもらっていることを教える。

④「調べたこと・確かになったこと」を書く。

〈子どものノートの例〉
オオバコは他の植物よりも背たけが低いから、他の植物と一緒にいると光合成ができない。だから茎を丈夫にしてふまれても大丈夫なような体をして、人にふまれやすいようなところで光合成をしてデンプンを作っていた。

第8時 根を深く・広く

①植物の体の水分は約70〜80%ぐらいということを確認する。
「その水分はどこから吸うか」と聞いて、「根」ということを確認してから課題を出す。

課題7 植物は水や栄養分を吸収するために、根をどのように伸ばしているだろう。

②「自分の考え」を書き、発表・討論をする。
「地中の奥深くに伸びている。井戸は、深くまで掘ると水が出てくる。」「横と縦に伸びている。横は雨の水をすぐに吸収できるように、縦は下のほうにある栄養と水を取るためにあると思う。」「人の血管のようになっている。」「太いものや長いものだと、栄養を取る表面積が大きくなるから、広い面積で栄養をたくさん取っていると思う。」「ニンジンなどは太い一本と小さい根がついていて、ニンジンの仲間ではないものは、いろんな方向に生えている。」

※図を黒板に書かせてもよい。

③資料で調べる。
ア 「サトウダイコンの根の広がり」の図を見て、わかることを発表する。

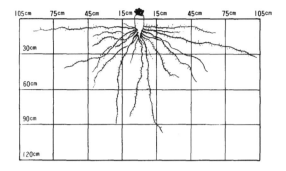

イ 「いろいろな植物の根の広がり」の表でわかることを話し合う。

植物名	草たけ(cm)	根の深さ(cm)	根の広がり(cm²)
ヒマワリ	約200	約120	約5300
トウモロコシ	100〜300	約240	約40000
トマト	100〜150	約120	約27000

ウ ダイコンの根毛を見る。
（ダイコンの種子を1〜2週間ほど前から少しの水につけておくと、発根した様子が見られる）
細かい毛を「根毛」といい、地中の水分はこの「根毛」から取り込んでいることを教える。細かい毛を生やすことで表面積を増やし、効率よく地中の水分や栄養分を吸収している。

2週間ほどで発根したダイコンの種子

よく見ると、細かい根毛がびっしり

④ 「調べたこと・確かになったこと」を書く。

〈子どものノートの例〉
植物は表面積を広くするために根毛という細かい根をたくさん生やしていることがわかった。根毛は、人間の小腸のひだのように表面積を増やしてたくさん水を吸収できるようになっていた。植物も動物も色々な工夫をしていることがわかった。トウモロコシは根の深さが240cmもあると知ってびっくりした。

第9時　水や栄養分を運ぶ管

①「根から水分や栄養分を吸っていたけど、その吸ったものはどうなるのか」と聞く。「葉の先や植物の体全体へ行く」などの意見が出るので「では茎や葉にはそれが通る管があるか調べよう」と言って課題を出す。

課題8　植物は根で吸いとった水分や栄養分を茎や葉に運ぶ。茎や葉にはそのための管があるだろうか、調べてみよう。

② 実際に確かめる。
ア　染色する前のホウセンカを見せてから、植物染色剤を水に溶かした色水で染色したホウセンカを配る。
イ　葉と茎と新聞紙とカッターを一人ずつ配り、葉は横に切り、切り口を見る。

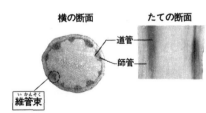

赤く染まっている部分が、水を通す管の「道管」と栄養分を通す管の「師管」と言い、あわせて「維管束」と呼ぶことを教える。

ウ 次にセロリを染色剤につけたものを見せる。セロリは維管束が丈夫なため、指でつまむととれる。

③「実験したこと・確かになったこと」を書く。

〈子どものノートの例〉

今日、くきや葉には水を通す管があるかを調べた。結果、くきや葉には管があった。葉には管がたくさん通っていて、すごく細く細かいすじがたくさんあった。これを葉脈といい、押すと水が出てきた。すごく水分があった。管には水を通す管と栄養分を通す管があった。水の管を道管、栄養の管を師管という。セロリの維管束は丈夫で手でとれた。

第10時 余分な水分を葉から捨てる

①前日から、ホウセンカの葉の部分に透明なポリ袋をかぶせたものを見せ、袋の内側に水滴が付いている様子を確認する。葉に水が出る所があるのか聞き、課題を出す。

課題9 ホウセンカの葉にポリ袋をかぶせておくと水がついていた。葉に水が出るところがあるか、調べてみよう。

②観察の手順を教えて、2人組で実験をする。

ア 「ツユクサ」の葉を半分にちぎり、白い薄皮をピンセットでとる。白い薄皮をスライドガラスに置いて水をたらし、カバーガラスを倒すようにのせる。

イ 顕微鏡で気孔が見えたペアから、ノートに記録をさせる。

ウ 全部のペアが気孔を見たところで気付いたことを発表する。

いらなくなった水分を捨てている場所を「気孔」といい、水分を排出することを「蒸散」と呼ぶことを教える。水を蒸散させることで、根毛から栄養物や水を吸い上げていることを話す。

③資料「気孔」を読む。

葉の表面のうすい皮をはいで、けんび鏡で見ると、右の図のようなものが見えます。これは、「気孔」という穴です。ここから水分を蒸発させているのです。
多くの植物では、気孔は葉の表より裏に多くあります。日光が直接あたりやすい表では、水分が蒸発しすぎるからでしょう。
スイレンは葉を水面にうかべているので、葉の表に気孔があります。

葉1cm²にある気孔の数

植物名	表	裏
ヒマワリ	101	218
キャベツ	141	227
ポプラ	20	115
トマト	96	203
サクラ	0	249
スイレン	460	0

気孔を開閉させて、蒸散する水分量を調整したり、植物の生活の仕方によって、1cm²あたりの気孔の数が違ったりしていることを確認する。

④「実験したこと・確かになったこと」を書く。

〈子どものノートの例〉

ホウセンカの葉にポリ袋をかぶせておいたら水がついていたので、水が出てくるところがあるか調べた。ツユクサという葉のうすかわを取り顕微鏡でのぞいた。すると小さな目のようなものがたくさんあった。
100倍でみたら、中にあながありそのあなを気孔といい不要な水分を出していて、そのことを蒸散という。蒸散していたからポリ袋に水がついていたのだとわかった。資料で多くの植物は表より裏のほうが気孔があることがわかった。またスイレンは水に浮かんでいるから表にしか気孔がない。

第**3**章

教科目標と「指導計画の作成と内容の取扱い」について

教科目標と「指導計画の作成と内容の取扱い」について

学習指導要領　第1章理科の目標　新旧対照表　（傍線は引用者、以下同じ）

現行学習指導要領（2008年3月告示）	新学習指導要領（2017年3月告示）
自然に親しみ、見通しをもって観察、実験などを行い、問題解決の能力と自然を愛する心情を育てるとともに、<u>自然の事物・現象についての実感を伴った理解を図り</u>、科学的な見方や考え方を養う。	自然に親しみ、理科の見方・考え方を働かせ、見通しをもって観察、実験を行うことなどを通して、自然の事物・現象についての問題を科学的に解決するために必要な資質・能力を次のとおり育成することを目指す。 （1）自然の事物・現象についての理解を<u>図り</u>、観察、実験などに関する基本的な技能を身に付けるようにする。 （2）観察、実験などを行い、問題解決の力を養う。 （3）自然を愛する心情や<u>主体的に問題を解決する態度を養う</u>。

「実感を伴った理解」の削除が意味すること

　小学校の理科学習は、中学校理科につながり、高校や大学での自然科学の学習や研究へと続くものである。だから、小学校の理科でも「自然科学の基礎的な事実や概念・法則を獲得する」ことが最も重要である。そうであるならば、理科という教科の目標のもっとも中心に「自然の事物・現象についての理解を図る」という目標がおかれるべきである。

　しかし、《現行》では、上記のように教科目標が示され、「自然に親しみ」「自然を愛する心情を育てる」という心情的な内容と、「問題解決の能力」「科学的な見方や考え方を養う」という能力や態度の育成に重点が置かれている。ただ、「自然の事物・現象についての実感を伴った理解を図り」という理解目標があるので、学習内容の理解が一定の位置を占めていた。

　ところが、《新》ではそれさえも大幅に変更して、「理科の見方・考え方を働かせ」「問題を科学的に解決するために必要な資質・能力を育成する」ことが前面に押し出されてきた。さらに、《現行》に入っていた「実感を伴った理解」が削除された。このことから、今回の改訂が理解目標軽視の方向にあると考えられる。

子どもを追い込む「学び方を学ぶ理科」

　教科目標に、「主体的に問題を解決する態度を養う」という内容が書かれたのは今回初めてである。これまでも理科では「自ら主体的に学ぶ」という言い方で、考える根拠となる知識も教えないまま「課題を子どもたちに考えさせる」理科教育が推し進められてきた。この背景には、自発的な疑問からの課題でないと主体的な学習にならないという考え方がある。しかし、教師が提示した課題であっても、それが考える意味のある課題なら、子どもは経験や知識を活かして課題に主体的に関わり、解決に向かうことができるのである。多くの教師は日々の教育活動の中でそういった経験をたくさん持っているはずである。

　ところが、「課題を考えさせる授業」では、

単元のはじめに行われる事象提示によって、子どもに疑問を持たせ、それを解決するための課題づくりをさせる。そこで出された疑問や課題も、単元の学習内容に沿ったものは取り上げられるが、沿っていないものは無視されることもある。ある現象を見せられて、「疑問は何かな？課題を考えましょう」と言われてその通りやったのに、実際は教師が考えている学習内容に沿った課題だけで全体の授業は進められていく。その結果、楽しいはずの実験も、子どもにとっては何のためにやっているのかわからない。何がわかったのかもはっきりしない。そして、子どもに課題や実験方法ばかりを考えさせる理科は教師にとってもやりにくい授業になってしまうのである。

理科だけでなく、授業を行うときには、教師が学習内容を明らかにして、それがとらえられるような学習順序や授業方法をはっきりさせることがもっとも重要である。そういった内容と方法を具体的に検討することなしに、「主体的に問題を解決する態度」ばかりを子どもたちに要求することは、自然科学を学ぶ楽しさから子どもたちを遠ざけることになり、主体性を養うことにもならない。

学習指導要領が示す意欲や態度の目標は、学習者の知りたいという要求に支えられているはずである。学習を通して知ったことから、もっと高温だったら？とか、他の生物も交尾をするか？などの疑問が生まれ、さらに知りたくなるのである。問題を解決したいという意欲も態度も知識の獲得との関わりが大きいのである。

学年目標も「資質・能力」

第2章の各学年の「目標」はどう変わったのだろうか。4年の目標（1）物質とエネルギーの記述をみてみよう。

> **1 目標 （1）物質・エネルギー**
> ① 空気、水及び金属の性質、電流の働きについての理解を図り、観察、実験などに関する基本的な技能を身に付けるようにする。
> ② 空気、水及び金属の性質、電流の働きについて追究する中で、主に既習の内容や生活経験を基に、根拠のある予想や仮説を発想する力を養う。
> ③ 空気、水及び金属の性質、電流の働きについて追究する中で、主体的に問題を解決する態度を養う。

《現行》の「…についての見方や考え方を養う」という表記に替わって、《新》では、「①…についての理解を図り、観察、実験などに関する基本的な技能を身に付けるようにする」「②…について追究する中で、主に〇〇を養う」「③…について追究する中で、主体的に問題を解決する態度を養う」となった。これは、前ページの理科の教科目標にある「（1）…基本的な技能を身に付けるようにする」「（2）…問題解決の力を養う」「（3）…主体的に問題を解決する態度を養う」を各学年目標に機械的に当てはめて記述した結果であり、中央教育審議会答申（2016年12月21日）で「理科において育成を目指す資質・能力」として述べられた「①知識・技能」「②思考力・判断力・表現力等」「③学びに向かう力・人間性等」に従ったものである。

これまでの学習指導要領では、学習内容の記述が中心であったものを、今回の改訂では「育成すべき資質・能力」が中心にすえられた結果、学習指導要領そのものの性格が大きく変えられてしまったのである。

学年ごとに決められた「育成すべき思考力・判断力・表現力等」

とくに、②で述べられている「主に〇〇を

養う」という「育成すべき思考力・判断力・表現力等」は、学年によって次のようになっている。3年は「差異点や共通点を基に、問題を見いだす力」、4年は「既習の内容や生活経験を基に、根拠のある予想や仮説を発想する力」、5年は「予想や仮説を基に、解決の方法を発想する力」、6年は「それらの仕組みや性質、規則性及び働き（または、働きや関わり、変化及び関係）について、より妥当な考えをつくりだす力」とされている。

《現行》でも、各学年で育成する問題解決の能力として、次のように書かれている。3年は「比較しながら調べ」、4年は「関係付けながら調べ」、5年は「条件に目を向けながら調べ」、6年は「推論しながら調べ（《新》では多面的に調べ）」。これを受けて、3年には比較しながら調べる単元として「風やゴムの働き」「光の性質」があり、4年では温度と関係づける単元「金属、水及び空気と温度」があり、5年では条件制御に適した単元として「振り子」や「電磁石」が取り上げられている。このように、学年による「調べ方」を先ず規定し、それに見合った内容を配列しているため、系統性のない無理な構成になっている。

今回の「育成すべき思考力・判断力・表現力等」を学年ごとに規定することは、上記のような《現行》の問題点をさらに広げることになり、学習内容の系統性を妨げることにつながりかねない。

全学年で教え方まで規定

各学年の「内容」についての文末表現が、「次の事項を身に付けることができるよう指導する」となった。4年では次のようになっている。

A 物質・エネルギー
（1）空気と水の性質
　空気と水の性質について、体積や圧し返す力の変化に着目して、それらと圧す力とを関係付けて調べる活動を通して、次の事項を身に付けることができるよう指導する。
ア　次のことを理解するとともに、観察、実験などに関する技能を身に付けること。
（ア）閉じ込めた空気を圧すと、体積は小さくなるが、圧し返す力は大きくなること。
（イ）閉じ込めた空気は圧し縮められるが、水は圧し縮められないこと。
イ　空気と水の性質について追究する中で、既習の内容や生活経験を基に、空気と水の体積や圧し返す力の変化と圧す力との関係について、根拠のある予想や仮説を発想し、表現すること。

過去の学習指導要領の各学年の内容の「文末表現」の変遷を見ると、「…を理解させる」（1980年版）→「…を調べることができるようにする」（1992年版）→「…についての考えをもつようにする」（2002年版）→「…についての考えをもつことができるようにする」（2008年版・現行）となっている。

初めは一定の知識内容を「理解させる」だったものが、「調べることができれば良い」「考えを持てればよい」と子どもの態度的な記述になり、それに応じて学習内容よりも学習方法を強調する理科に変わっていった。

ところが、今回は学習主体である子どもの立場からの記述ではなく、「指導する」と初めて教師の立場からの記述に変更された。たとえば、4年には「（1）空気と水の性質　空気と水の性質について、体積や圧し返す力の変化に着目して、それらと圧す力とを関係付けて調べる活動を通して、次の事項を身に付けることができるよう指導する」と書かれ、何をどのように教えるかまで指示するものに

なってきた。つまり、これまでのように子どもの学習内容を記述するのではなく、教師の「教え方」を規定するものになった。今回の改訂が学習指導要領の性格そのものを変更するものであることがこうした表記に表れている。

さらに、「指導する」事項として、「ア　次のことを理解するとともに、観察、実験などに関する技能を身に付けること」「イ　空気と水の性質について追究する中で、既習の内容や生活経験を基に、空気と水の体積や圧し返す力の変化と圧す力との関係について、根拠のある予想や仮説を発想し、表現すること」（4年の例）といった記述が全学年ですべての内容に付けられている。

《現行》の学年目標は、「～活動を通して、～についての見方や考え方を養う」だった。ここで言う活動は実験・観察であろう。つまり、活動は手段であって、見方や考え方を養う（法則性などを身に付ける）ことが目標とされていたと考えられる。しかし、《新》では、「～理解するとともに、観察、実験などに関する技能を身に付けること」となって、内容の理解と観察、実験の技能が同列扱いになった。

また、イの「表現すること」も「指導する」中身になるので、これまで以上に表現が重視されるようになる可能性がある。そうなると、グループ発表などがさかんに行われるようになり、教師も子どもも学習内容よりも発表方法の工夫ばかりに気をとられることになる危険性がある。大がかりな発表会の工夫や準備に気持ちが奪われることのないように注意し、大事な学習内容を明らかにして学習に取り組むようにしなければならない。

文字数倍増「指導計画の作成と内容の取扱い」

第3章「指導計画の作成と内容の取扱い」については、改訂版の記述量は文字数にして現行版の約2倍に増えている。増やされたのは「資質・能力の育成に向けて、児童の主体的・対話的で深い学びの実現を図るようにすること」「理科の見方・考え方を働かせ」という目標と学習方法である。これは、他の教科の「指導計画の作成と内容の取扱い」でもほとんど同じ言葉が並んでいる。

今回の改訂が各教科の土台になっている学問・文化と教育内容とを切り離し、国が決めた「資質・能力」や「見方・考え方」を子どもたちに押しつけようとする大転換であることが見えてくる。それは、主権者として子どもたちを賢く育てたいという多くの保護者・国民の願いと、賢くなりたいと願う子どもの思いに背を向けた改訂と言わざるを得ない。

削除された「科学的な知識や概念の定着」

《現行》の「指導計画の作成と内容の取扱い」の指導計画の作成にあたって配慮すべきことには「～科学的な知識や概念の定着を図り、科学的な見方や考え方を育成するよう配慮すること」と書かれていた。《新》では、この「科学的な知識や概念の定着を図り」が削除された。

冒頭に紹介した教科目標から「実感を伴った理解」が消されたことと合わせて考えると、《新》では科学的な知識の獲得や概念の定着、学習内容の理解を軽視する方向にあることが感じ取れる。

理科という教科では、自然科学が解き明かしてきた法則や概念の理解こそが大事な学習であり、小学校の理科学習は中等教育以後の体系的な自然科学を学ぶ基礎でなければなら

ないはずである。「物には重さがあること、物の出入りがなければ重さは変化しないこと、空気にも重さがあること、空気だけでなく他の気体にも重さがあること……」こういった自然科学の最も基礎的な事実がとらえられていれば、物の燃焼や中学校での酸化の学習も理解できるようになる。今回の改訂は、その最も重要な概念や法則の理解が軽視され、理科という教科の本質がこれまで以上に曖昧にされる危険性がある。

答申の趣旨をも逸脱する記述の数々

今回、内容の取扱いに「プログラミングを体験しながら論理的思考力を身に付けるための学習活動」として、「たとえば」としながらも6年の「電気の性質や働きを利用した道具があることをとらえる学習など、与えた条件に応じて動作していることを考察し、更に条件を変えることにより、動作が変化することについて考える場面で取り扱うものとする」という記述が新たに書き加えられた。また、「個々の児童が主体的に問題解決の活動を進めるとともに、日常生活や他教科等との関連を図った学習活動、目的を設定し、計測して制御するという考え方に基づいた学習活動が充実するようにすること」という記述も新しい項目である。

このように、ひとつひとつの指導場面や指導方法までこと細かに規定していくことは、中央教育審議会答申が示す「特定の目標や方法に画一化されるものではない」という改訂の趣旨からも外れるものであり、これも今回のものが学習指導要領の趣旨を外れる改訂であることの現れである。

私たちの理科教育の創造を
学習内容の検討と学習方法の研究

これまでに見てきたように、理科の教科目標、各学年の目標及び内容、指導計画と内容の取扱いを見ると、学習内容の理解が後ろに追いやられ、国が決めた「資質・能力」の育成のために理科教育が行われるようになってしまう。しかし、資質を高めるにも能力を発揮するにも、適用範囲の広い使える知識が必要である。花の中のめしべが実になることを学習した子どもは、子孫を残すためにめしべが重要であることを知り、花を見るたびにめしべに目が向くようになる。めしべ探しは雄花と雌花に分かれている雌雄異花植物や雄木と雌木のある雌雄異株の植物を知るようになり、植物の多様性に気づくようにもなるのである。

こういった学習によって、子どもは学んだ概念や法則を使いながら、身の回りの自然のすがたがとらえられるようになる。これが、体系的な自然科学の学習や研究につながるような「自然科学の基礎的な事実や概念・法則」の学習であり、その内容を明らかにすることこそ教師の大事な仕事である。そして、授業を通して、子どもたちがその内容を獲得できるような、指導計画や発問（課題提示）、実験などを含めた授業創りを進めることも教師の役割である。これらを進めることが、今最も大事な教育研究ではないだろうか。

第4章

資料

小学校理科・現行学習指導要領と新学習指導要領との比較

※下線は変更個所

現行学習指導要領（2008年3月告示）	新学習指導要領（2017年3月告示）	備考
第1　目標 　自然に親しみ、見通しをもって観察、実験などを行い、問題解決の能力と自然を愛する心情を育てるとともに、自然の事物・現象についての<u>実感を伴った</u>理解を図り、<u>科学的な見方や考え方を養う。</u>	**第1　目標** 　自然に親しみ、<u>理科の見方・考え方を働かせ</u>、見通しをもって観察、実験を行うことなどを通して、自然の事物・現象についての問題を科学的に解決するために必要な資質・能力を次のとおり育成することを目指す。 （1）自然の事物・現象についての理解を図り、観察、実験などに関する基本的な技能を身に付けるようにする。 （2）観察、実験などを行い、問題解決の力を養う。 （3）自然を愛する心情や主体的に問題解決しようとする態度を養う。	これまで「科学的な見方や考え方を養う」を目標としていたものを、「理科の見方・考え方を働かせ～必要な資質・能力を育成する」よう全体の内容が変更。資質・能力の三観点（注）に合わせ、それぞれの目標について記述。 「理科の見方・考え方を働かせ」を追加。「実感を伴った」「科学的な見方や考え方」を削除。
第2　各学年の目標及び内容 〔第3学年〕 1　目標 （1）物の重さ、風やゴムの力並びに光、磁石及び電気を働かせたときの現象を比較しながら調べ、見いだした問題を興味・関心をもって追究したりものづくりをしたりする活動を通して、それらの性質や働きについての見方や考え方を養う。	**第2　各学年の目標及び内容** 〔第3学年〕 1　目標 （1）物質・エネルギー ①　物の性質、風とゴムの力の働き、光と音の性質、磁石の性質及び電気の回路についての理解を図り、観察、実験などに関する基本的な技能を身に付けるようにする。 ②　物の性質、風とゴムの力の働き、光と音の性質、磁石の性質及び電気の回路について追究する中で、<u>主に差異点や共通点を基に、問題を見いだす力を養う</u>。 ③　物の性質、風とゴムの力の働き、光と音の性質、磁石の性質及び電気の回路について追究する中で、<u>主体的に問題解決しようと</u>	学年の目標の示し方を変更。 （1）（2）領域タイトルを追加。 ①②③は、資質・能力の三観点に分けて記述。 第3学年では②で「主に差異点や共通点を基に、問題を見いだす力を養う」が示され、全学年共通で③に「主体的に問題解決しようとする態度を養う」を示す。

（2）身近に見られる動物や植物、日なたと日陰の地面を比較しながら調べ、見いだした問題を興味・関心をもって追究する活動を通して、生物を愛護する態度を育てるとともに、生物の成長のきまりや体のつくり、生物と環境とのかかわり、太陽と地面の様子との関係についての見方や考え方を養う。	する態度を養う。 （2）生命・地球 ① 身の回りの生物、太陽と地面の様子についての理解を図り、観察、実験などに関する基本的な技能を身に付けるようにする。 ② 身の回りの生物、太陽と地面の様子について追究する中で、主に差異点や共通点を基に、問題を見いだす力を養う。 ③ 身の回りの生物、太陽と地面の様子について追究する中で、<u>生物を愛護する態度</u>や主体的に問題解決しようとする態度を養う。	第3・4学年で（2）生命・地球の③に「生物を愛護する態度」が示されている。
2　内容 A　物質・エネルギー （1）物と重さ 　粘土などを使い、物の重さや体積を調べ、物の性質についての考えをもつことができるようにする。 ア　物は、形が変わっても重さは変わらないこと。 イ　物は、体積が同じでも重さは違うことがあること。	2　内容 A 物質・エネルギー （1）物と重さ 　物の性質について、形や体積に着目して、重さを<u>比較しながら調べる</u>活動を通して、次の事項を身に付けることができるよう指導する。 ア　次のことを理解するとともに、観察、実験などに関する技能を身に付けること。 　（ア）物は、形が変わっても重さは変わらないこと。 　（イ）物は、体積が同じでも重さは違うことがあること。 イ　物の形や体積と重さとの関係について追究する中で、差異点や共通点を基に、物の性質についての問題を見いだし、表現すること。	第3学年では全内容共通で「比較しながら調べる」が示されている。
（2）風やゴムの働き 　風やゴムで物が動く様子を調べ、風やゴムの働きについての考えをもつことができるようにする。 ア　風の力は、物を動かすことができること。 イ　ゴムの力は、物を動かすことが	（2）風とゴムの力の働き 　風とゴムの力の働きについて、力と物の動く様子に着目して、それらを比較しながら調べる活動を通して、次の事項を身に付けることができるよう指導する。 ア　次のことを理解するとともに、	

できること。	観察、実験などに関する技能を身に付けること。	
	(ア) 風の力は、物を動かすことができること。また、<u>風の力の大きさを変えると、物が動く様子も変わること</u>。	「風の力の大きさの違いによる物の動き方の違い」が追加。
	(イ) ゴムの力は、物を動かすことができること。また、<u>ゴムの力の大きさを変えると、物が動く様子も変わること</u>。	「ゴムの力の大きさの違いによる物の動き方の違い」が追加。
	イ 風とゴムの力で物が動く様子について追究する中で、差異点や共通点を基に、風とゴムの力の働きについての問題を見いだし、表現すること。	
(3) 光の性質 　鏡などを使い、光の進み方や物に光が当たったときの明るさや暖かさを調べ、光の性質についての考えをもつことができるようにする。 ア　日光は集めたり反射させたりできること。 イ　物に日光を当てると、物の明るさや暖かさが変わること。	(3) 光と音の性質 　光と音の性質について、光を当てたときの明るさや暖かさ、音を出したときの震え方に着目して、光の強さや音の大きさを変えたときの違いを比較しながら調べる活動を通して、次の事項を身に付けることができるよう指導する。 ア　次のことを理解するとともに、観察、実験などに関する技能を身に付けること。	「音の性質」が新規追加。
	(ア) <u>日光は直進し</u>、集めたり反射させたりできること。	日光の直進性が追加。
	(イ) 物に日光を当てると、物の明るさや暖かさが変わること。	
	(ウ) <u>物から音が出たり伝わったりするとき、物は震えていること。また、音の大きさが変わるとき物の震え方が変わること</u>。	物の震え、音の伝わり方と大きさが新規追加。
	イ　光を当てたときの明るさや暖かさの様子、音を出したときの震え方の様子について追究する中で、差異点や共通点を基に、光と音の	

（4）磁石の性質 　磁石に付く物や磁石の働きを調べ、磁石の性質についての考えをもつことができるようにする。 ア　物には、磁石に引き付けられる物と引き付けられない物があること。また、磁石に引き付けられる物には、<u>磁石に付けると</u>磁石になる物があること。 イ　磁石の異極は引き合い、同極は退け合うこと。	性質についての問題を見いだし、表現すること。 （4）磁石の性質 　磁石の性質について、磁石を身の回りの物に近付けたときの様子に着目して、それらを比較しながら調べる活動を通して、次の事項を身に付けることができるよう指導する。 ア　次のことを理解するとともに、観察、実験などに関する技能を身に付けること。 （ア）磁石に引き付けられる物と引き付けられない物があること。また、<u>磁石に近付けると</u>磁石になる物があること。 （イ）磁石の異極は引き合い、同極は退け合うこと。 イ　磁石を身の回りの物に近付けたときの様子について追究する中で、差異点や共通点を基に、磁石の性質についての問題を見いだし、表現すること。	「磁石に付けると」が「磁石に近付けると」に変更。
（5）電気の通り道 　乾電池に豆電球などをつなぎ、電気を通すつなぎ方や電気を通す物を調べ、電気の回路についての考えをもつことができるようにする。 ア　電気を通すつなぎ方と通さないつなぎ方があること。 イ　電気を通す物と通さない物があること。	（5）電気の通り道 　電気の回路について、乾電池と豆電球などのつなぎ方と乾電池につないだ物の様子に着目して、電気を通すときと通さないときのつなぎ方を比較しながら調べる活動を通して、次の事項を身に付けることができるよう指導する。 ア　次のことを理解するとともに、観察、実験などに関する技能を身に付けること。 （ア）電気を通すつなぎ方と通さないつなぎ方があること。 （イ）電気を通す物と通さない物があること。 イ　乾電池と豆電球などのつなぎ方と乾電池につないだ物の様子につ	

	いて追究する中で、差異点や共通点を基に、電気の回路についての問題を見いだし、表現すること。	
B　生命・地球 （1）昆虫と植物 　身近な昆虫や植物を探したり育てたりして、成長の過程や体のつくりを調べ、それらの成長のきまりや体のつくりについての考えをもつことができるようにする。 　ア　昆虫の育ち方には一定の順序があり、成虫の体は頭、胸及び腹からできていること。 　イ　植物の育ち方には一定の順序があり、その体は根、茎及び葉からできていること。 （2）身近な自然の観察 　身の回りの生物の様子を調べ、生物とその周辺の環境との関係についての考えをもつことができるようにする。 　ア　生物は、色、形、大きさなどの姿が違うこと。 　イ　生物は、その周辺の環境とかかわって生きていること。	B　生命・地球 （1）身の回りの生物 　身の回りの生物について、探したり育てたりする中で、それらの様子や周辺の環境、成長の過程や体のつくりに着目して、それらを比較しながら調べる活動を通して、次の事項を身に付けることができるよう指導する。 　ア　次のことを理解するとともに、観察、実験などに関する技能を身に付けること。 　　（ア）生物は、色、形、大きさなど、姿に違いがあること。また、周辺の環境と関わって生きていること。 　　（イ）昆虫の育ち方には一定の順序があること。また、成虫の体は頭、胸及び腹からできていること。 　　（ウ）植物の育ち方には一定の順序があること。また、その体は根、茎及び葉からできていること。 　イ　身の回りの生物の様子について追究する中で、差異点や共通点を基に、身の回りの生物と環境との関わり、昆虫や植物の成長のきまりや体のつくりについての問題を見いだし、表現すること。	現行の「（1）昆虫と植物」が「（2）身近な自然の観察」と統合されて「（1）身の回りの生物」に名称変更。
（3）太陽と地面の様子 　日陰の位置の変化や、日なたと日陰の地面の様子を調べ、太陽と地面の様子との関係についての考えをもつことができるようにする。 　ア　日陰は太陽の光を遮るとでき、	（2）太陽と地面の様子 　太陽と地面の様子との関係について、日なたと日陰の様子に着目して、それらを比較しながら調べる活動を通して、次の事項を身に付けることができるよう指導する。	

日陰の位置は<u>太陽の動き</u>によって変わること。 イ　地面は太陽によって暖められ、日なたと日陰では地面の暖かさや湿り気に違いがあること。	ア　次のことを理解するとともに、観察、実験などに関する技能を身に付けること。 （ア）日陰は太陽の光を遮るとでき、日陰の位置は<u>太陽の位置の変化</u>によって変わること。 （イ）地面は太陽によって暖められ、日なたと日陰では地面の暖かさや湿り気に違いがあること。 イ　日なたと日陰の様子について追究する中で、差異点や共通点を基に、太陽と地面の様子との関係についての問題を見いだし、表現すること。	「太陽の動き」が「太陽の位置の変化」に変更。
3　内容の取扱い （1）内容の「A物質・エネルギー」の指導に当たっては、3種類以上のものづくりを行うものとする。 （2）内容の「B生命・地球」の（1）については、次のとおり取り扱うものとする。 ア　ア及びイについては、飼育、栽培を通して行うこと。 イ　イの「植物の育ち方」については、夏生一年生の双子葉植物を扱うこと。 （3）内容の「B生命・地球」の（3）のアの「太陽の動き」については、<u>太陽が東から南を通って西に動くこと</u>を取り扱うものとする。また、太陽の動きを調べるときの方位は東、西、南、北を扱うものとする。	3　内容の取扱い （1）内容の「A物質・エネルギー」の指導に当たっては、3種類以上のものづくりを行うものとする。 （2）内容の「A物質・エネルギー」の（4）のアの（ア）については、<u>磁石が物を引き付ける力は、磁石と物の距離によって変わる</u>ことにも触れること。 （3）内容の「B生命・地球」の（1）については、次のとおり取り扱うものとする。 ア　アの（イ）及び（ウ）については、飼育、栽培を通して行うこと。 イ　アの（ウ）の「植物の育ち方」については、夏生一年生の双子葉植物を扱うこと。 （4）内容の「B生命・地球」の（2）のアの（ア）の「太陽の位置の変化」については、<u>東から南、西へと変化する</u>ことを取り扱うものとする。ま	「磁石の性質」で「磁石と物の距離による磁力の違い」が追加。 「太陽の動き」が「太陽の位置の変化」、「太陽が東から南を通って西に動くこと」が「東から南、西へと変化すること」に変更。

	た、太陽の位置を調べるときの方位は東、西、南、北を扱うものとする。	
〔第4学年〕 1 目標 （1）空気や水、物の状態の変化、電気による現象を力、熱、電気の働きと関係付けながら調べ、見いだした問題を興味・関心をもって追究したりものづくりをしたりする活動を通して、それらの性質や働きについての見方や考え方を養う。	〔第4学年〕 1 目標 （1）物質・エネルギー ① 空気、水及び金属の性質、電流の働きについての理解を図り、観察、実験などに関する基本的な技能を身に付けるようにする。 ② 空気、水及び金属の性質、電流の働きについて追究する中で、主に既習の内容や生活経験を基に、<u>根拠のある予想や仮説を発想する力</u>を養う。 ③ 空気、水及び金属の性質、電流の働きについて追究する中で、主体的に問題解決しようとする態度を養う。	第4学年で②に「根拠のある予想や仮説を発想する力」が示されている。
（2）人の体のつくり、動物の活動や植物の成長、天気の様子、月や星の位置の変化を運動、季節、気温、時間などと関係付けながら調べ、見いだした問題を興味・関心をもって追究する活動を通して、生物を愛護する態度を育てるとともに、人の体のつくりと運動、動物の活動や植物の成長と環境とのかかわり、気象現象、月や星の動きについての見方や考え方を養う。	（2）生命・地球 ①人の体のつくりと運動、動物の活動や植物の成長と環境との関わり、雨水の行方と地面の様子、気象現象、月や星についての理解を図り、観察、実験などに関する基本的な技能を身に付けるようにする。 ②人の体のつくりと運動、動物の活動や植物の成長と環境との関わり、雨水の行方と地面の様子、気象現象、月や星について追究する中で、主に既習の内容や生活経験を基に、根拠のある予想や仮説を発想する力を養う。 ③人の体のつくりと運動、動物の活動や植物の成長と環境との関わり、雨水の行方と地面の様子、気象現象、月や星について追究する中で、生物を愛護する態度や主体的に問題解決しようとする態度を養う。	
2 内容	2 内容	

A　物質・エネルギー （1）空気と水の性質 　閉じ込めた空気及び水に力を加え、その体積や圧（お）し返す力の変化を調べ、空気及び水の性質についての考えをもつことができるようにする。 ア　閉じ込めた空気を圧（お）すと、体積は小さくなるが、圧（お）し返す力は大きくなること。 イ　閉じ込めた空気は圧（お）し縮められるが、水は圧（お）し縮められないこと。	A　物質・エネルギー （1）空気と水の性質 　空気と水の性質について、体積や圧し返す力の変化に着目して、それらと圧す力とを<u>関係付けて調べる活動</u>を通して、次の事項を身に付けることができるよう指導する。 ア　次のことを理解するとともに、観察、実験などに関する技能を身に付けること。 （ア）閉じ込めた空気を圧すと、体積は小さくなるが、圧し返す力は大きくなること。 （イ）閉じ込めた空気は圧し縮められるが、水は圧し縮められないこと。 イ　空気と水の性質について追究する中で、既習の内容や生活経験を基に、空気と水の体積や圧し返す力の変化と圧す力との関係について、根拠のある予想や仮説を発想し、表現すること。	第4学年では全内容共通で「関係付けて調べる」が示されている。
（2）金属、水、空気と温度 　金属、水及び空気を温めたり冷やしたりして、それらの変化の様子を調べ、金属、水及び空気の性質についての考えをもつことができるようにする。 ア　金属、水及び空気は、温めたり冷やしたりすると、その体積が変わること。 イ　金属は熱せられた部分から順に温まるが、水や空気は熱せられた部分が移動して全体が温まること。 ウ　水は、温度によって水蒸気や氷に変わること。また、水が氷になると体積が増えること。	（2）金属、水、空気と温度 　金属、水及び空気の性質について、体積や状態の変化、熱の伝わり方に着目して、それらと温度の変化とを関係付けて調べる活動を通して、次の事項を身に付けることができるよう指導する。 ア　次のことを理解するとともに、観察、実験などに関する技能を身に付けること。 （ア）金属、水及び空気は、温めたり冷やしたりすると、それらの体積が変わるが、<u>その程度には違いがあること。</u> （イ）金属は熱せられた部分から順に温まるが、水や空気は熱せられた部分が移動して全体が	「物質による体積変化の違い」が追加。

	温まること。 　（ウ）水は、温度によって水蒸気や氷に変わること。また、水が氷になると体積が増えること。 　イ　金属、水及び空気の性質について追究する中で、既習の内容や生活経験を基に、金属、水及び空気の温度を変化させたときの体積や状態の変化、熱の伝わり方について、根拠のある予想や仮説を発想し、表現すること。	
（3）電気の働き 　乾電池や光電池に豆電球やモーターなどをつなぎ、乾電池や光電池の働きを調べ、電気の働きについての考えをもつことができるようにする。 　ア　乾電池の数やつなぎ方を変えると、豆電球の明るさやモーターの回り方が変わること。 　イ　<u>光電池を使ってモーターを回すことなどができること。</u>	（3）電流の働き 　電流の働きについて、電流の大きさや向きと乾電池につないだ物の様子に着目して、それらを関係付けて調べる活動を通して、次の事項を身に付けることができるよう指導する。 　ア　次のことを理解するとともに、観察、実験などに関する技能を身に付けること。 　（ア）乾電池の数やつなぎ方を変えると、<u>電流の大きさや向きが変わり、</u>豆電球の明るさやモーターの回り方が変わること。 　イ　電流の働きについて追究する中で、既習の内容や生活経験を基に、電流の大きさや向きと乾電池につないだ物の様子との関係について、根拠のある予想や仮説を発想し、表現すること。	「電気の働き」が「電流の働き」に名称変更。 「電流の大きさや向きが変わり」が追加。現行の光電池は第6学年「電気の利用」に移動。
B　生命・地球 （1）人の体のつくりと運動 　人や他の動物の体の動きを観察したり資料を活用したりして、骨や筋肉の動きを調べ、人の体のつくりと運動とのかかわりについての考えをもつことができるようにする。 　ア　人の体には骨と筋肉があること。	B　生命・地球 （1）人の体のつくりと運動 　人や他の動物について、骨や筋肉のつくりと働きに着目して、それらを関係付けて調べる活動を通して、次の事項を身に付けることができるよう指導する。 　ア　次のことを理解するとともに、	

イ 人が体を動かすことができるのは、骨、筋肉の働きによること。	観察、実験などに関する技能を身に付けること。 （ア）人の体には骨と筋肉があること。 （イ）人が体を動かすことができるのは、骨、筋肉の働きによること。 イ 人や他の動物について追究する中で、既習の内容や生活経験を基に、人や他の動物の骨や筋肉のつくりと働きについて、根拠のある予想や仮説を発想し、表現すること。	
（2）季節と生物 　身近な動物や植物を探したり育てたりして、季節ごとの動物の活動や植物の成長を調べ、それらの活動や成長と環境とのかかわりについての考えをもつことができるようにする。 ア　動物の活動は、暖かい季節、寒い季節などによって違いがあること。 イ　植物の成長は、暖かい季節、寒い季節などによって違いがあること。	（2）季節と生物 　身近な動物や植物について、探したり育てたりする中で、動物の活動や植物の成長と季節の変化に着目して、それらを関係付けて調べる活動を通して、次の事項を身に付けることができるよう指導する。 ア　次のことを理解するとともに、観察、実験などに関する技能を身に付けること。 （ア）動物の活動は、暖かい季節、寒い季節などによって違いがあること。 （イ）植物の成長は、暖かい季節、寒い季節などによって違いがあること。 イ　身近な動物や植物について追究する中で、既習の内容や生活経験を基に、季節ごとの動物の活動や植物の成長の変化について、根拠のある予想や仮説を発想し、表現すること。	
	（3）雨水の行方と地面の様子 　雨水の行方と地面の様子について、流れ方やしみ込み方に着目して、それらと地面の傾きや土の粒の大きさとを関係付けて調べる活動を通して、	「雨水の行方と地面の様子」及び「水は、高い場所から低い場所へと流れて集まること」「水のしみ込

	次の事項を身に付けることができるよう指導する。 ア　次のことを理解するとともに、観察、実験などに関する技能を身に付けること。 　（ア）水は、高い場所から低い場所へと流れて集まること。 　（イ）水のしみ込み方は、土の粒の大きさによって違いがあること。 イ　雨水の行方と地面の様子について追究する中で、既習の内容や生活経験を基に、雨水の流れ方やしみ込み方と地面の傾きや土の粒の大きさとの関係について、根拠のある予想や仮説を発想し、表現すること。	み方は、土の粒の大きさによって違いがあること」が新規追加。
（3）天気の様子 　1日の気温の変化や水が蒸発する様子などを観察し、天気や気温の変化、水と水蒸気との関係を調べ、天気の様子や自然界の水の変化についての考えをもつことができるようにする。 ア　天気によって1日の気温の変化の仕方に違いがあること。 イ　水は、水面や地面などから蒸発し、水蒸気になって空気中に含まれていくこと。また、空気中の水蒸気は、結露して再び水になって現れることがあること。	（4）天気の様子 　天気や自然界の水の様子について、気温や水の行方に着目して、それらと天気の様子や水の状態変化とを関係付けて調べる活動を通して、次の事項を身に付けることができるよう指導する。 ア　次のことを理解するとともに、観察、実験などに関する技能を身に付けること。 　（ア）天気によって1日の気温の変化の仕方に違いがあること。 　（イ）水は、水面や地面などから蒸発し、水蒸気になって空気中に含まれていくこと。また、空気中の水蒸気は、結露して再び水になって現れることがあること。 イ　天気や自然界の水の様子について追究する中で、既習の内容や生活経験を基に、天気の様子や水の状態変化と気温や水の行方との関	

（4）月と星 　月や星を観察し、月の位置と星の明るさや色及び位置を調べ、月や星の特徴や動きについての考えをもつことができるようにする。 ア　月は日によって形が変わって見え、１日のうちでも時刻によって位置が変わること。 イ　空には、明るさや色の違う星があること。 ウ　星の集まりは、１日のうちでも時刻によって、並び方は変わらないが、位置が変わること。	係について、根拠のある予想や仮説を発想し、表現すること。 （5）月と星 　月や星の特徴について、位置の変化や時間の経過に着目して、それらを関係付けて調べる活動を通して、次の事項を身に付けることができるよう指導する。 ア　次のことを理解するとともに、観察、実験などに関する技能を身に付けること。 （ア）月は日によって形が変わって見え、１日のうちでも時刻によって位置が変わること。 （イ）空には、明るさや色の違う星があること。 （ウ）星の集まりは、１日のうちでも時刻によって、並び方は変わらないが、位置が変わること。 イ　月や星の特徴について追究する中で、既習の内容や生活経験を基に、月や星の位置の変化と時間の経過との関係について、根拠のある予想や仮説を発想し、表現すること。	
３　内容の取扱い （1）内容の「Ａ物質・エネルギー」の指導に当たっては、２種類以上のものづくりを行うものとする。 （2）内容の「Ａ物質・エネルギー」の（3）のアについては、直列つなぎと並列つなぎを扱うものとする。 （3）内容の「Ｂ生命・地球」の（1）のイについては、関節の働きを扱うものとする。 （4）内容の「Ｂ生命・地球」の（2）	３　内容の取扱い （1）内容の「Ａ物質・エネルギー」の（3）のアの（ア）については、直列つなぎと並列つなぎを扱うものとする。 （2）内容の「Ａ物質・エネルギー」の指導に当たっては、２種類以上のものづくりを行うものとする。 （3）内容の「Ｂ生命・地球」の（1）のアの（イ）については、関節の働きを扱うものとする。 （4）内容の「Ｂ生命・地球」の（2）	

については、1年を通して動物の活動や植物の成長をそれぞれ2種類以上観察するものとする。	については、1年を通じて動物の活動や植物の成長をそれぞれ2種類以上観察するものとする。	
〔第5学年〕 1　目標 （1）物の溶け方、振り子の運動、電磁石の変化や働きをそれらにかかわる条件に目を向けながら調べ、見いだした問題を計画的に追究したりものづくりをしたりする活動を通して、物の変化の規則性についての見方や考え方を養う。	〔第5学年〕 1　目標 （1）物質・エネルギー ① 物の溶け方、振り子の運動、電流がつくる磁力についての理解を図り、観察、実験などに関する基本的な技能を身に付けるようにする。 ② 物の溶け方、振り子の運動、電流がつくる磁力について追究する中で、主に予想や仮説を基に、<u>解決の方法を発想する力</u>を養う。 ③ 物の溶け方、振り子の運動、電流がつくる磁力について追究する中で、主体的に問題解決しようとする態度を養う。	第5学年で②に「解決の方法を発想する力」が示されている。
（2）植物の発芽から結実までの過程、動物の発生や成長、流水の様子、天気の変化を条件、時間、水量、自然災害などに目を向けながら調べ、見いだした問題を計画的に追究する活動を通して、生命を尊重する態度を育てるとともに、生命の連続性、流水の働き、気象現象の規則性についての見方や考え方を養う。	（2）生命・地球 ① 生命の連続性、流れる水の働き、気象現象の規則性についての理解を図り、観察、実験などに関する基本的な技能を身に付けるようにする。 ② 生命の連続性、流れる水の働き、気象現象の規則性について追究する中で、主に予想や仮説を基に、解決の方法を発想する力を養う。 ③ 生命の連続性、流れる水の働き、気象現象の規則性について追究する中で、<u>生命を尊重する態度</u>や主体的に問題解決しようとする態度を養う。	第5・6学年の（2）生命・地球の③で「生命を尊重する態度」が示されている。
2　内容 A　物質・エネルギー （1）物の溶け方 　物を水に溶かし、水の温度や量による溶け方の違いを調べ、物の溶け	2　内容 A　物質・エネルギー （1）物の溶け方 　物の溶け方について、溶ける量や様子に着目して、水の温度や量など	第5学年ではほぼ全内容共通で「条件を制御しながら調べる」が示されている。

方の規則性についての考えをもつことができるようにする。 ア　物が水に溶ける量には限度があること。 イ　物が水に溶ける量は水の温度や量、溶ける物によって違うこと。また、この性質を利用して、溶けている物を取り出すことができること。 ウ　物が水に溶けても、<u>水と物とを合わせた重さは変わらないこと。</u>	の条件を制御しながら調べる活動を通して、次の事項を身に付けることができるよう指導する。 ア　次のことを理解するとともに、観察、実験などに関する技能を身に付けること。 　（ア）<u>物が水に溶けても、水と物とを合わせた重さは変わらないこと。</u> 　（イ）物が水に溶ける量には、限度があること。 　（ウ）物が水に溶ける量は水の温度や量、溶ける物によって違うこと。また、この性質を利用して、溶けている物を取り出すことができること。 イ　物の溶け方について追究する中で、物の溶け方の規則性についての予想や仮説を基に、解決の方法を発想し、表現すること。	内容の示し方の順番が入れ替わって重さの保存が初めにきた。
（2）振り子の運動 　おもりを使い、おもりの重さや糸の長さなどを変えて振り子の動く様子を調べ、振り子の運動の規則性についての考えをもつことができるようにする。 ア　<u>糸につるしたおもり</u>が1往復する時間は、おもりの重さなどによっては変わらないが、<u>糸の長さ</u>によって変わること。	（2）振り子の運動 　振り子の運動の規則性について、振り子が1往復する時間に着目して、おもりの重さや振り子の長さなどの条件を制御しながら調べる活動を通して、次の事項を身に付けることができるよう指導する。 ア　次のことを理解するとともに、観察、実験などに関する技能を身に付けること。 　（ア）振り子が1往復する時間は、おもりの重さなどによっては変わらないが、<u>振り子の長さ</u>によって変わること。 イ　振り子の運動の規則性について追究する中で、振り子が1往復する時間に関係する条件についての予想や仮説を基に、解決の方法を発想し、表現すること。	「糸につるしたおもり」が「振り子」、「糸の長さ」が「振り子の長さ」に変更。

（3）電流の働き 　電磁石の導線に電流を流し、電磁石の強さの変化を調べ、電流の働きについての考えをもつことができるようにする。 ア　電流の流れているコイルは、鉄心を磁化する働きがあり、電流の向きが変わると、電磁石の極が変わること。 イ　電磁石の強さは、<u>電流の強さ</u>や導線の巻数によって変わること。	（3）電流がつくる磁力 　電流がつくる磁力について、電流の大きさや向き、コイルの巻数などに着目して、それらの条件を制御しながら調べる活動を通して、次の事項を身に付けることができるよう指導する。 ア　次のことを理解するとともに、観察、実験などに関する技能を身に付けること。 （ア）電流の流れているコイルは、鉄心を磁化する働きがあり、電流の向きが変わると、電磁石の極も変わること。 （イ）電磁石の強さは、<u>電流の大きさ</u>や導線の巻数によって変わること。 イ　電流がつくる磁力について追究する中で、電流がつくる磁力の強さに関係する条件についての予想や仮説を基に、解決の方法を発想し、表現すること。	「電流の働き」が「電流がつくる磁力」に名称変更。 「電流の強さ」が「電流の大きさ」に変更。
B　生命・地球 （1）植物の発芽、成長、結実 　植物を育て、植物の発芽、成長及び結実の様子を調べ、植物の発芽、成長及び結実とその条件についての考えをもつことができるようにする。 ア　植物は、種子の中の養分を基にして発芽すること。 イ　植物の発芽には、水、空気及び温度が関係していること。 ウ　植物の成長には、日光や肥料などが関係していること。 エ　花にはおしべやめしべなどがあり、花粉がめしべの先に付くとめしべのもとが実になり、実の中に種子ができること。	B　生命・地球 （1）植物の発芽、成長、結実 　植物の育ち方について、発芽、成長及び結実の様子に着目して、それらに関わる条件を制御しながら調べる活動を通して、次の事項を身に付けることができるよう指導する。 ア　次のことを理解するとともに、観察、実験などに関する技能を身に付けること。 （ア）植物は、種子の中の養分を基にして発芽すること。 （イ）植物の発芽には、水、空気及び温度が関係していること。 （ウ）植物の成長には、日光や肥料などが関係していること。	

	（エ）花にはおしべやめしべなどがあり、花粉がめしべの先に付くとめしべのもとが実になり、実の中に種子ができること。 イ　植物の育ち方について追究する中で、植物の発芽、成長及び結実とそれらに関わる条件についての予想や仮説を基に、解決の方法を発想し、表現すること。	
（2）動物の誕生 　魚を育てたり人の発生についての資料を活用したりして、卵の変化の様子や水中の小さな生物を調べ、動物の発生や成長についての考えをもつことができるようにする。 ア　魚には雌雄があり、生まれた卵は日がたつにつれて中の様子が変化してかえること。 イ　<u>魚は、水中の小さな生物を食べ物にして生きていること。</u> ウ　人は、母体内で成長して生まれること。	（2）動物の誕生 　動物の発生や成長について、魚を育てたり人の発生についての資料を活用したりする中で、卵や胎児の様子に着目して、時間の経過と<u>関係付けて調べる</u>活動を通して、次の事項を身に付けることができるよう指導する。 ア　次のことを理解するとともに、観察、実験などに関する技能を身に付けること。 （ア）魚には雌雄があり、生まれた卵は日がたつにつれて中の様子が変化してかえること。 （イ）人は、母体内で成長して生まれること。 イ　動物の発生や成長について追究する中で、動物の発生や成長の様子と経過についての予想や仮説を基に、解決の方法を発想し、表現すること。	「動物の誕生」では「条件を制御しながら調べる」ではなく「関係付けて調べる」が示されている。 現行の水中の小さな生物は第6学年「生物と環境」に移動。
（3）<u>流水の働き</u> 　地面を流れる水や川の様子を観察し、流れる水の速さや量による働きの違いを調べ、流れる水の働きと土地の変化の関係についての考えをもつことができるようにする。 ア　流れる水には、土地を侵食したり、石や土などを運搬したり堆積	（3）<u>流れる水の働きと土地の変化</u> 　流れる水の働きと土地の変化について、水の速さや量に着目して、それらの条件を制御しながら調べる活動を通して、次の事項を身に付けることができるよう指導する。 ア　次のことを理解するとともに、観察、実験などに関する技能を身	「流水の働き」が「流れる水の働きと土地の変化」に名称変更。

させたりする働きがあること。 イ　川の上流と下流によって、川原の石の大きさや形に違いがあること。 ウ　雨の降り方によって、<u>流れる水の速さや水の量</u>が変わり、増水により土地の様子が大きく変化する場合があること。	に付けること。 （ア）流れる水には、土地を侵食したり、石や土などを運搬したり堆積させたりする働きがあること。 （イ）川の上流と下流によって、川原の石の大きさや形に違いがあること。 （ウ）雨の降り方によって、<u>流れる水の量や速さ</u>は変わり、増水により土地の様子が大きく変化する場合があること。 イ　流れる水の働きについて追究する中で、流れる水の働きと土地の変化との関係についての予想や仮説を基に、解決の方法を発想し、表現すること。	「流れる水の速さや水の量」が「流れる水の量や速さ」に変更。
（4）天気の変化 　1日の雲の様子を観測したり、映像などの情報を活用したりして、雲の動きなどを調べ、天気の変化の仕方についての考えをもつことができるようにする。 ア　<u>雲の量や動きは、天気の変化と関係があること。</u> イ　天気の変化は、映像などの気象情報を用いて予想できること。	（4）天気の変化 　天気の変化の仕方について、雲の様子を観測したり、映像などの気象情報を活用したりする中で、雲の量や動きに着目して、それらと天気の変化とを関係付けて調べる活動を通して、次の事項を身に付けることができるよう指導する。 ア　次のことを理解するとともに、観察、実験などに関する技能を身に付けること。 （ア）<u>天気の変化は、雲の量や動きと関係があること。</u> （イ）天気の変化は、映像などの気象情報を用いて予想できること。 イ　天気の変化の仕方について追究する中で、天気の変化の仕方と雲の量や動きとの関係についての予想や仮説を基に、解決の方法を発想し、表現すること。	「天気の変化」では「条件を制御しながら調べる」ではなく「関係付けて調べる」が示されている。 （ア）の主語を（イ）にそろえるため、「雲の量や動き」から「天気の変化」に入れ替わっている。
3　内容の取扱い	3　内容の取扱い	

（1）内容の「A物質・エネルギー」の指導に当たっては、2種類以上のものづくりを行うものとする。 （2）内容の「B生命・地球」の（1）については、次のとおり取り扱うものとする。 ア　アの「種子の中の養分」については、でんぷんを扱うこと。 イ　エについては、おしべ、めしべ、がく及び花びらを扱うこと。また、受粉については、風や昆虫などが関係していることにも触れること。 （3）内容の「B生命・地球」の（2）のウについては、受精に至る過程は取り扱わないものとする。 （4）内容の「B生命・地球」の（4）のイについては、台風の進路による天気の変化や台風と降雨との関係についても触れるものとする。 〔第6学年〕 1　目標 （1）燃焼、水溶液、てこ及び電気に	（1）内容の「A物質・エネルギー」の指導に当たっては、2種類以上のものづくりを行うものとする。 （2）内容の「A物質・エネルギー」の（1）については、<u>水溶液の中では、溶けている物が均一に広がることにも触れること。</u> （3）内容の「B生命・地球」の（1）については、次のとおり取り扱うものとする。 ア　アの（ア）の「種子の中の養分」については、でんぷんを扱うこと。 イ　アの（エ）については、おしべ、めしべ、がく及び花びらを扱うこと。また、受粉については、風や昆虫などが関係していることにも触れること。 （4）内容の「B生命・地球」の（2）のアの（イ）については、<u>人の</u>受精に至る過程は取り扱わないものとする。 （5）内容の「B生命・地球」の（3）のアの（ウ）については、<u>自然災害</u>についても触れること。 （6）内容の「B生命・地球」の（4）のアの（イ）については、台風の進路による天気の変化や台風と降雨との関係<u>及びそれに伴う自然災害</u>についても触れること。 〔第6学年〕 1　目標 （1）物質・エネルギー	「物の溶け方」で水溶液の均一性が追加（中学校第一分野「物質の溶解」から移行）。 「受精」が「人の受精」に変更。 「流れる水の働きと土地の変化」で自然災害が追加。 「天気の変化」のうち台風に伴う自然災害が追加。

第4章　資料　177

よる現象についての要因や規則性を推論しながら調べ、見いだした問題を計画的に追究したりものづくりをしたりする活動を通して、物の性質や規則性についての見方や考え方を養う。	① 燃焼の仕組み、水溶液の性質、てこの規則性及び電気の性質や働きについての理解を図り、観察、実験などに関する基本的な技能を身に付けるようにする。 ② 燃焼の仕組み、水溶液の性質、てこの規則性及び電気の性質や働きについて追究する中で、主にそれらの仕組みや性質、規則性及び働きについて、<u>より妥当な考えをつくりだす力</u>を養う。 ③ 燃焼の仕組み、水溶液の性質、てこの規則性及び電気の性質や働きについて追究する中で、主体的に問題解決しようとする態度を養う。	第6学年の②で「より妥当な考えをつくりだす力」が示されている。
（2）生物の体のつくりと働き、生物と環境、土地のつくりと変化の様子、月と太陽の関係を推論しながら調べ、見いだした問題を計画的に追究する活動を通して、生命を尊重する態度を育てるとともに、生物の体の働き、生物と環境とのかかわり、土地のつくりと変化のきまり、月の位置や特徴についての見方や考え方を養う。	（2）生命・地球 ① 生物の体のつくりと働き、生物と環境との関わり、土地のつくりと変化、月の形の見え方と太陽との位置関係についての理解を図り、観察、実験などに関する基本的な技能を身に付けるようにする。 ② 生物の体のつくりと働き、生物と環境との関わり、土地のつくりと変化、月の形の見え方と太陽との位置関係について追究する中で、主にそれらの働きや関わり、変化及び関係について、より妥当な考えをつくりだす力を養う。 ③ 生物の体のつくりと働き、生物と環境との関わり、土地のつくりと変化、月の形の見え方と太陽との位置関係について追究する中で、生命を尊重する態度や主体的に問題解決しようとする態度を養う。	
2　内容 A　物質・エネルギー （1）燃焼の仕組み 　物を燃やし、物や空気の変化を調	2　内容 A　物質・エネルギー （1）燃焼の仕組み 　燃焼の仕組みについて、空気の変	

べ、燃焼の仕組みについての考えをもつことができるようにする。 ア　植物体が燃えるときには、空気中の酸素が使われて二酸化炭素ができること。	化に着目して、物の燃え方を多面的に調べる活動を通して、次の事項を身に付けることができるよう指導する。 ア　次のことを理解するとともに、観察、実験などに関する技能を身に付けること。 　（ア）植物体が燃えるときには、空気中の酸素が使われて二酸化炭素ができること。 イ　燃焼の仕組みについて追究する中で、物が燃えたときの空気の変化について、より妥当な考えをつくりだし、表現すること。	第6学年では全内容共通で「多面的に調べる」が示されている。
（2）水溶液の性質 　いろいろな水溶液を使い、その性質や金属を変化させる様子を調べ、水溶液の性質や働きについての考えを持つことができるようにする。 ア　水溶液には、酸性、アルカリ性及び中性のものがあること。 イ　水溶液には、気体が溶けているものがあること。 ウ　水溶液には、金属を変化させるものがあること。	（2）水溶液の性質 水溶液について、溶けている物に着目して、それらによる水溶液の性質や働きの違いを多面的に調べる活動を通して、次の事項を身に付けることができるよう指導する。 ア　次のことを理解するとともに、観察、実験などに関する技能を身に付けること。 　（ア）水溶液には、酸性、アルカリ性及び中性のものがあること。 　（イ）水溶液には、気体が溶けているものがあること。 　（ウ）水溶液には、金属を変化させるものがあること。 イ　水溶液の性質や働きについて追究する中で、溶けているものによる性質や働きの違いについて、より妥当な考えをつくりだし、表現すること。	
（3）てこの規則性 　てこを使い、力の加わる位置や大きさを変えて、てこの仕組みや働きを調べ、てこの規則性についての考えをもつことができるようにする。	（3）てこの規則性 　てこの規則性について、力を加える位置や力の大きさに着目して、てこの働きを多面的に調べる活動を通して、次の事項を身に付けることが	

ア　水平につり合った棒の支点から等距離に物をつるして棒が水平になったとき、物の重さは等しいこと。 イ　力を加える位置や力の大きさを変えると、てこを傾ける働きが変わり、てこがつり合うときにはそれらの間に規則性があること。 ウ　身の回りには、てこの規則性を利用した道具があること。	できるよう指導する。 ア　次のことを理解するとともに、観察、実験などに関する技能を身に付けること。 （ア）力を加える位置や力の大きさを変えると、てこを傾ける働きが変わり、てこがつり合うときにはそれらの間に規則性があること。 （イ）身の回りには、てこの規則性を利用した道具があること。 イ　てこの規則性について追究する中で、力を加える位置や力の大きさとてこの働きとの関係について、より妥当な考えをつくりだし、表現すること。	現行の「水平につり合った棒」が削除。
（4）電気の利用 　手回し発電機などを使い、電気の利用の仕方を調べ、電気の性質や働きについての考えをもつことができるようにする。 ア　電気は、つくりだしたり蓄えたりすることができること。 イ　電気は、光、音、熱などに<u>変える</u>ことができること。 ウ　<u>電熱線の発熱は、その太さによって変わること。</u> エ　身の回りには、電気の性質や働きを利用した道具があること。	（4）電気の利用 　発電や蓄電、電気の変換について、電気の量や働きに着目して、それらを多面的に調べる活動を通して、次の事項を身に付けることができるよう指導する。 ア　次のことを理解するとともに、観察、実験などに関する技能を身に付けること。 （ア）電気は、つくりだしたり蓄えたりすることができること。 （イ）電気は、光、音、熱、<u>運動</u>などに<u>変換する</u>ことができること。 （ウ）身の回りには、電気の性質や働きを利用した道具があること。 イ　電気の性質や働きについて追究する中で、電気の量と働きとの関係、発電や蓄電、電気の変換について、より妥当な考えをつくりだし、表現すること。	現行の「変える」を「変換する」に変更。 電気の変換に「運動」が追加。 現行の電熱線の太さの違いによる発熱の違いは削除。
B 生命・地球	B 生命・地球	

（1）人の体のつくりと働き 　人や他の動物を観察したり資料を活用したりして、呼吸、消化、排出及び循環の働きを調べ、人や他の動物の体のつくりと働きについての考えをもつことができるようにする。 ア　体内に酸素が取り入れられ、体外に二酸化炭素などが出されていること。 イ　食べ物は、口、胃、腸などを通る間に消化、吸収され、吸収されなかった物は排出されること。 ウ　血液は、心臓の働きで体内を巡り、養分、酸素及び二酸化炭素などを運んでいること。 エ　体内には、生命活動を維持するための様々な臓器があること。	（1）人の体のつくりと働き 　人や他の動物について、体のつくりと呼吸、消化、排出及び循環の働きに着目して、生命を維持する働きを多面的に調べる活動を通して、次の事項を身に付けることができるよう指導する。 ア　次のことを理解するとともに、観察、実験などに関する技能を身に付けること。 　（ア）体内に酸素が取り入れられ、体外に二酸化炭素などが出されていること。 　（イ）食べ物は、口、胃、腸などを通る間に消化、吸収され、吸収されなかった物は排出されること。 　（ウ）血液は、心臓の働きで体内を巡り、養分、酸素及び二酸化炭素などを運んでいること。 　（エ）体内には、生命活動を維持するための様々な臓器があること。 イ　人や他の動物の体のつくりと働きについて追究する中で、体のつくりと呼吸、消化、排出及び循環の働きについて、より妥当な考えをつくりだし、表現すること。
（2）植物の養分と水の通り道 　植物を観察し、植物の体内の水などの行方や葉で養分をつくる働きを調べ、植物の体のつくりと働きについての考えをもつことができるようにする。 ア　植物の葉に日光が当たるとでんぷんができること。 イ　根、茎及び葉には、水の通り道があり、根から吸い上げられた水は主に葉から<u>蒸散</u>していること。	（2）植物の養分と水の通り道 　植物について、その体のつくり、体内の水などの行方及び葉で養分をつくる働きに着目して、生命を維持する働きを多面的に調べる活動を通して、次の事項を身に付けることができるよう指導する。 ア　次のことを理解するとともに、観察、実験などに関する技能を身に付けること。 　（ア）植物の葉に日光が当たるとで

	んぷんができること。 （イ）根、茎及び葉には、水の通り道があり、根から吸い上げられた水は主に葉から<u>蒸散により排出</u>されること。 イ　植物の体のつくりと働きについて追究する中で、体のつくり、体内の水などの行方及び葉で養分をつくる働きについて、より妥当な考えをつくりだし、表現すること。	「蒸散していること」が「蒸散により排出されること」に変更。
（3）生物と環境 　動物や植物の生活を観察したり、資料を活用したりして調べ、生物と環境とのかかわりについての考えをもつことができるようにする。 ア　生物は、水及び空気を通して周囲の環境とかかわって生きていること。 イ　生物の間には、食う食われるという関係があること。	（3）生物と環境 　生物と環境について、動物や植物の生活を観察したり資料を活用したりする中で、生物と環境との関わりに着目して、それらを多面的に調べる活動を通して、次の事項を身に付けることができるよう指導する。 ア　次のことを理解するとともに、観察、実験などに関する技能を身に付けること。 　（ア）生物は、水及び空気を通して周囲の環境と関わって生きていること。 　（イ）生物の間には、食う食われるという関係があること。 　（ウ）<u>人は、環境と関わり、工夫して生活していること。</u> イ　生物と環境について追究する中で、生物と環境との関わりについて、より妥当な考えをつくりだし、表現すること。	人の生活と環境の関わりが新規追加。
（4）土地のつくりと変化 　土地やその中に含まれる物を観察し、土地のつくりや土地のでき方を調べ、土地のつくりと変化についての考えをもつことができるようにする。 ア　土地は、礫（れき）、砂、泥、火山灰<u>及び岩石</u>からできており、層	（4）土地のつくりと変化 　土地のつくりと変化について、土地やその中に含まれる物に着目して、土地のつくりやでき方を多面的に調べる活動を通して、次の事項を身に付けることができるよう指導する。 ア　次のことを理解するとともに、観察、実験などに関する技能を身	「岩石」については、「内容の取扱い」のみの記述に変更。

をつくって広がっているものがあること。 イ　地層は、流れる水の働きや火山の噴火によってでき、<u>化石が含まれているものがあること</u>。 ウ　土地は、火山の噴火や地震によって変化すること。	に付けること。 （ア）土地は、礫、砂、泥、火山灰などからできており、層をつくって広がっているものがあること。また、<u>層には化石が含まれているものがあること</u>。 （イ）地層は、流れる水の働きや火山の噴火によってできること。 （ウ）土地は、火山の噴火や地震によって変化すること。 イ　土地のつくりと変化について追究する中で、土地のつくりやでき方について、より妥当な考えをつくりだし、表現すること。	「化石」の記述が「地層のでき方」から移動。
（5）月と太陽 　月と太陽を観察し、月の位置や形と太陽の位置を調べ、月の形の見え方や表面の様子についての考えをもつことができるようにする。 ア　月の輝いている側に太陽があること。また、月の形の見え方は、太陽と月の位置関係によって変わること。 イ　<u>月の表面の様子は、太陽と違いがあること</u>。	（5）月と太陽 　月の形の見え方について、月と太陽の位置に着目して、それらの位置関係を多面的に調べる活動を通して、次の事項を身に付けることができるよう指導する。 ア　次のことを理解するとともに、観察、実験などに関する技能を身に付けること。 （ア）月の輝いている側に太陽があること。また、月の形の見え方は、太陽と月との位置関係によって変わること。 イ　月の形の見え方について追究する中で、月の位置や形と太陽の位置との関係について、より妥当な考えをつくりだし、表現すること。	「月の表面の様子」が削除。
3　内容の取扱い （1）内容の「A物質・エネルギー」の指導に当たっては、2種類以上のものづくりを行うものとする。 （2）内容の「B生命・地球」の（1）	3　内容の取扱い （1）内容の「A物質・エネルギー」の指導に当たっては、2種類以上のものづくりを行うものとする。 （2）内容の「A物質・エネルギー」	

については、次のとおり取り扱うものとする。 ア　ウについては、心臓の拍動と脈拍が関係することにも触れること。 イ　エについては、主な臓器として、肺、胃、小腸、大腸、肝臓、腎臓、心臓を扱うこと。 （3）内容の「B生命・地球」の（3）のアについては、水が循環していることにも触れるものとする。	の（4）のアの（ア）については、<u>電気をつくりだす道具として、手回し発電機、光電池など</u>を扱うものとする。 （3）内容の「B生命・地球」の（1）については、次のとおり取り扱うものとする。 ア　アの（ウ）については、心臓の拍動と脈拍とが関係することにも触れること。 イ　アの（エ）については、主な臓器として、肺、胃、小腸、大腸、肝臓、腎臓、心臓を扱うこと。	電気をつくりだす道具として光電池を追加（第4学年から移動）。
（4）内容の「B生命・地球」の（4）については、次のとおり取り扱うものとする。 ア　アについては、岩石として礫岩、砂岩及び泥岩を扱うこと。 イ　イの「化石」については、<u>地層が流れる水の働きによって堆積したことを示す証拠として扱うこと</u>。 （5）内容の「B生命・地球」の（5）のアについては、地球から見た太陽と月の位置関係で扱うものとする。	（4）内容の「B生命・地球」の（3）については、次のとおり取り扱うものとする。 ア　アの（ア）については、水が循環していることにも触れること。 イ　アの（イ）については、<u>水中の小さな生物を観察し、それらが魚などの食べ物になっていることに触れること</u>。 （5）内容の「B生命・地球」の（4）については、次のとおり取り扱うものとする。 ア　アの（イ）については、<u>流れる水の働きでできた岩石として</u>礫岩、砂岩、泥岩を扱うこと。 イ　アの（ウ）については、<u>自然災害</u>についても触れること。 （6）内容の「B生命・地球」の（5）のアの（ア）については、地球から見た太陽と月との位置関係で扱うものとする。	「生物と環境」で水中の小さな生物を追加（第5学年から移動）。 礫岩、砂岩、泥岩に「流れる水の働きでできた岩石として」に変更。 現行の化石と堆積について削除。 「土地のつくりと変化」で自然災害を追加。

第3　指導計画の作成と内容の取扱い	第3　指導計画の作成と内容の取扱い	
1.指導計画の作成に当たっては、次の事項に配慮するものとする。	1　指導計画の作成に当たっては、次の事項に配慮するものとする。	主体的・対話的で深い学び、理科の見方・考え方を働かせ問題解決の過程を通して学ぶことを強調。 「科学的な知識や概念の定着を図り」を削除。
（1）第2の各学年の内容を通じて観察、実験や自然体験、科学的な体験を充実させることによって、科学的な知識や概念の定着を図り、科学的な見方や考え方を育成するよう配慮すること。	（1）単元など内容や時間のまとまりを見通して、その中で育む資質・能力の育成に向けて、児童の主体的・対話的で深い学びの実現を図るようにすること。その際、理科の学習過程の特質を踏まえ、理科の見方・考え方を働かせ、見通しをもって観察、実験を行うことなどの、問題を科学的に解決する学習活動が充実するようにすること。	
（2）観察、実験の結果を整理し考察する学習活動や、科学的な言葉や概念を使用して考えたり説明したりするなどの学習活動が充実するよう配慮すること。	（2）各学年で育成を目指す思考力、判断力、表現力等については、該当学年において育成することを目指す力のうち、主なものを示したものであり、実際の指導に当たっては、他の学年で掲げている力の育成についても十分に配慮すること。	「思考力、判断力、表現力等」として示されている力は、他学年のものにも配慮する。
（3）博物館や科学学習センターなどと連携、協力を図りながら、それらを積極的に活用するよう配慮すること。	（3）障害のある児童などについては、学習活動を行う場合に生じる困難さに応じた指導内容や指導方法の工夫を計画的、組織的に行うこと。	特別支援教育などの充実を追加。
（4）第1章総則の第1の2及び第3章道徳の第1に示す道徳教育の目標に基づき、道徳の時間などとの関連を考慮しながら、第3章道徳の第2に示す内容について、理科の特質に応じて適切な指導をすること。	（4）第1章総則の第1の2の（2）に示す道徳教育の目標に基づき、道徳科などとの関連を考慮しながら、第3章特別の教科道徳の第2に示す内容について、理科の特質に応じて適切な指導をすること。	
2.第2の内容の取扱いについては、次の事項に配慮するものとする。	2　第2の内容の取扱いについては、次の事項に配慮するものとする。	
（1）観察、実験、栽培、飼育及びものづくりの指導については、指	（1）問題を見いだし、予想や仮説、観察、実験などの方法について	

導内容に応じてコンピュータ、視聴覚機器などを適切に活用できるようにすること。また、事故の防止に十分留意すること。 （2）生物、天気、川、土地などの指導については、野外に出掛け地域の自然に親しむ活動や体験的な活動を多く取り入れるとともに、自然環境を大切にし、その保全に寄与しようとする態度を育成するようにすること。 （3）個々の児童が主体的に問題解決活動を進めるとともに、学習の成果と日常生活との関連を図り、自然の事物・現象について実感を伴って理解できるようにすること。	考えたり説明したりする学習活動、観察、実験の結果を整理し考察する学習活動、<u>科学的な言葉や概念を使用して考えたり説明したりする学習活動などを重視することによって、言語活動が充実するようにすること</u>。 （2）観察、実験などの指導に当たっては、指導内容に応じて<u>コンピュータや情報通信ネットワークなどを適切に活用できるようにすること</u>。また、第1章総則の第3の1の（3）のイに掲げるプログラミングを体験しながら論理的思考力を身に付けるための学習活動を行う場合には、児童の負担に配慮しつつ、例えば第2の各学年の内容の〔第6学年〕の「A物質・エネルギー」の（4）における電気の性質や働きを利用した道具があることをとらえる学習など、与えた条件に応じて動作していることを考察し、更に条件を変えることにより、動作が変化することについて考える場面で取り扱うものとする。 （3）生物、天気、川、土地などの指導に当たっては、野外に出掛け地域の自然に親しむ活動や体験的な活動を多く取り入れるとともに、生命を尊重し、自然環境の保全に寄与する態度を養うようにすること。 （4）<u>天気、川、土地などの指導に当たっては、災害に関する基礎的な理解が図られるようにすること</u>。 （5）個々の児童が主体的に問題解決	言語活動の一層の充実を追加。 理科におけるプログラミング学習の具体例を示す。 災害に関する基礎的な理解が加わる。

		の活動を進めるとともに、日常生活や他教科等との関連を図った学習活動、<u>目的を設定し、計測して制御するという考え方に基づいた学習活動の充実を図ること</u>。 （6）博物館や科学学習センターなどと連携、協力を図りながら、それらを積極的に活用すること。 3　観察、実験などの指導に当たっては、事故防止に十分留意すること。また、環境整備に十分配慮するとともに、<u>使用薬品についても適切な措置をとるよう配慮すること</u>。	目的を設定し、計測して制御するという考え方に基づいた学習活動の充実を追加。 使用薬品についての配慮を追加。

注：「資質・能力の三観点」とは、①知識及び技能　②思考力・判断力・表現等　③学びに向かう力・人間性等。

小学校理科の新学習指導要領と私たちの教育課程試案の対照表

（下線はとくに加除修正した内容）

	新学習指導要領（2017年3月改訂）	私たちの教育課程試案	備考
目標	自然に親しみ、理科の見方・考え方を働かせ、見通しをもって観察、実験を行うことなどを通して、自然の事物・現象についての問題を科学的に解決するために必要な資質・能力を次のとおり育成することを目指す。 （1）自然の事物・現象についての理解を図り、観察、実験などに関する基本的な技能を身に付けるようにする。 （2）観察、実験などを行い、問題解決の力を養う。 （3）自然を愛する心情や主体的に問題解決しようとする態度を養う。	1．自然科学の基礎的な事実・概念・法則を体系的に学ぶ（子どもが自然界を見ていくときに身につけておくべき適用範囲の広い法則的な内容を獲得する）。 2．自然科学の基礎的な方法を習得する（それまで獲得した知識や経験をもとに仮説をたて、実験等の事実で検証するなど、科学を追究する方法を身につける）。 3．自然科学の社会的機能を認識する（環境問題、災害問題など社会的問題の解決も自然科学の基礎的な知識が不可欠であることを知り、それを駆使して科学的に判断し行動するようになる）。 4．科学的自然観を身につける（人間も自然の一部であり、自然科学が明らかにしてきた事実・概念・法則に従って自然界が動いていることをとらえる）。	
3年の内容	・風とゴムの力と働き（風の力と働き、ゴムの力と働き） ・光と音の性質（光の直進・反射・集光、光の当て方と明るさや暖かさ、音の伝わり方や大きさと震え） ・磁石の性質（磁石に引きつけられる物、異極と同極） ・電気の通り道（電気を通すつなぎ方、電気を通す物） ・<u>物と重さ（形と重さ、体積と重さ）</u> ・身の回りの生物（身の回りの生物の様子と周辺の環境とのかかわり、昆虫の育ち方と体のつくり、植物の育ち方と体のつくり） ・太陽と地面の様子（日陰の位置と太陽の動き、日なたと日陰の地面の暖かさや湿り気の違い）	・風やゴムで動くおもちゃ（風やゴムは物を動かす） ・光あつめ（鏡や虫めがねを使うと光を集めることができる） ・音の出るもの（音が出ている物はふるえている） ・磁石（磁石は鉄を引きつける。磁石には二つの極がある） ・電気を通す物（金属は電気をよく通す） ・アブラナの体（植物の体の部分に名前がある） ・昆虫の育ち方（昆虫の体のつくりは食べ物に関係がある） ・方位（方位は太陽の位置で決められる） ・物の温度（物には温度がある） ・<u>ぼくの歯・わたしの歯（歯は子どもの歯から大人の歯に生えかわる）</u> ※なお、固定した授業とは別に、自然観察（身近な自然の様子を絵や文で書き綴り、それを交流しあう）や野菜の栽培などの活動を年間を通してとりくむ。	「物の重さ」は4年で行う。 自分の体を科学的に知る。

4年の内容	・電流の働き（乾電池の数とつなぎ方） ・空気と水の性質（空気の圧縮、水の圧縮） ・金属・水・空気と温度（金属・水・空気の温度と体積変化の違い、金属・水・空気の温まり方の違い、水の三態変化） ・人の体のつくりと運動（骨と筋肉、骨と筋肉の働き・関節の働き） ・季節と生物（動物の活動と季節とのかかわり、植物の成長と季節とのかかわり） ・雨水の行方と地面の様子（水の流れ方、しみこみ方と土の粒の大きさ） ・天気の様子（天気による1日の気温の変化、水の自然蒸発と結露） ・月と星（月の動き、星の明るさ・色、星の動き）	・電気の通り道（電気が流れるとあかりがつく） ・気体（空気）（気体も物である） ・金属（金属と言う共通した性質をもつ物質がある） ・物の体積（物には体積がある） ・物の重さ（物には重さがあり、物の重さは保存される） ・物の温度と体積（物は温度によって体積が変わる） ・物の三態（物には三つの存在状態がある） ・動物の体（動物の体には骨と筋肉がある） ・春の自然・夏の自然・秋の自然・冬の自然（生物などの自然の様子は季節によって特徴がある） ・野菜を育てる（初歩的な栽培の方法がある） ・月や星（地球の自転によって星が動いているように見える）	気体とは何か、金属とは何かを明らかにする。体積・重さという量を物に即して学ぶ。 ヒトの体も含め、動物の運動器官を知る。「雨水の行方と地面の様子」「天気の様子」は5年でまとめて行う。
5年の内容	・振り子の運動（振り子の1往復する時間） ・電流がつくる磁力（鉄心の磁化・極の変化、電磁石の強さ） ・物の溶け方（重さの保存、物が水に溶ける量の限度、物が水に溶ける量の違い、水溶液の均一性） ・植物の発芽・成長・結実（種子の中の養分、発芽の条件、成長の条件、植物の受粉、結実） ・動物の誕生（魚の雌雄と卵の中の成長、母体内の成長） ・流れる水の働きと土地の変化（流れる水と侵食・運搬・堆積、川の上流・下流と川原の石の大きさや形、雨の降り方と増水、災害） ・天気の変化（雲と天気の変化の関係、天気の変化の予想、台風と災害）	・物の運動（ふりこが往復する時間は糸の長さに関係がある） ・物と力（物には弾性があり、振動し音を発生する） ・電磁石（導線に電気が流れると磁力を生じる） ・溶解（物には水に溶けるものと溶けない物がある） ・物の密度（物にはそれぞれ固有の密度がある） ・植物の繁殖（花を咲かせる植物は、種子を作って子孫を残す） ・動物の繁殖（動物は卵や子どもを産んで子孫を残す） ・私たちの体（ヒトは子どもを哺育して子孫を残す） ・川と地形（川は山から海に流れ地形をつくる） ・日本の天気（天気の変化には大体のきまりがある） ・日本の気候（日本の気候は土地によって特徴がある）	ふりこから振動、音と一連の学習にする。 物質固有の量としての密度を知る。

6年の内容	・てこの規則性（てこの仕組み、てこのつり合い、てこを利用した道具） ・電気の利用（発電・蓄電、光電池の働き、電気の光・音・熱・運動などへの変換、電気を利用した道具） ・燃焼の仕組み（植物体の燃焼の仕組み） ・水溶液の性質（酸性・アルカリ性・中性、気体が溶けている水溶液、金属を変化させる水溶液） ・人の体のつくりと働き（人の呼吸、人の消化・吸収、人の血液循環、主な臓器・肺・胃・小腸・大腸・肝臓・腎臓・心臓） ・植物の養分と水の通り道（でんぷんのでき方、水の通り道と蒸散） ・生物と環境（生物と水・空気とのかかわり、食べ物による生物の関係・食物連鎖、水中の小さな生物、人と環境とのかかわり） ・土地のつくりと変化（土地の構成物と地層の広がり、流れる水と火山の噴火による地層のでき方と化石、火山の噴火や地震による土地の変化、自然災害） ・月と太陽（月の位置や形と太陽の位置）	・てこ（てこや輪軸は力を得する道具である） ・電気のはたらき（電気が流れると導線は発熱・発光する） ・気体（気体にはさまざまな種類があり、空気は混合気体である） ・物の燃焼（物が燃えると酸素とむすびついて新しい物質ができる） ・酸のはたらき（水に溶けて酸性を示す物質がある） ・光と物の見え方（物からの光が目に入るとその物が見える） ・生物体をつくる物質（生物の体は炭素を含む物でできている） ・動物の体と生活（動物は他の生物を食べて生きている生物である） ・ヒトの体（ヒトも食べ物を食べて栄養物をとり、直立二足歩行している） ・植物の体と生活（植物は自分で栄養物をつくって生きている生物である） ・自然と人間（人間も自然とのかかわりをもって生きている） ・私たちの住む土地（日本の地形は火山の噴火や地震、洪水などによってつくられる） ・地球と月・太陽（地球は自転しながら公転している）	酸素、二酸化炭素、空気等の個別の気体の性質を知る。 直進・反射・屈折など光の性質を知る。 糖質・脂質・タンパク質について知る。 動物とはどのような生物かを知る。

あとがき

　現行の学習指導要領が告示されたのは、2008年3月でした。そのとき、小学校理科の学習内容について検討し、『どうする　小学校理科　新学習指導要領の検討』を出版しました。

　旧版から現行への改訂では、これまで小学校では「生命とその環境、物質とエネルギー、地球と宇宙」という三領域だったものが「物質・エネルギー、生命・地球」の二領域になりました。これは中学校とのつながりを考慮しての変更とされていましたが、内容の系統性は相変わらず不十分なものでした。他にも、物の体積の単元が設定されていない、受精に至る過程を扱わないという歯止め規定など、一つ一つの問題も具体的に指摘してきましたが、今回の改訂でも内容の改善はほとんど見られませんでした。

　今回の改訂では、学習内容にとどまらず、教え方にまで細かくふれるようになりました。各学年の学習内容の前に、「次の事項を身に付けることができるように指導する」と、教師に対する指示が書かれました。そして、その身に付けるべき対象には「観察、実験などに関する技能」と「表現すること」の二つが示されました。この「表現すること」をすでに先取りした授業では、「ノートの書き方や発表のしかたばかりで何を勉強したのかわからない」という子どもの声があがっているといいます。

　教え方の問題も含め、今回の改訂についても次のような意見が出されています。

　「理科の教科目標には『自然の事物・現象についての理解を図る』ことを中心に位置づけるべき」「現行版にあった『実感を伴った理解』の削除は学習内容の後退につながる」「内容の取扱いが、取扱いではなく、内容の追加になっている」…。

　2017年6月、文科省は『小学校学習指導要領解説　理科編』をホームページに公開しました。そこにはさらに細かい解説が示されています。私たちは、今回改訂された新学習指導要領を検討してきましたが、この『解説』についてもさらに具体的かつ批判的に検討していく必要があると考えています。

　本書は新学習指導要領に対する批判だけでなく、それぞれの単元で大事にしたいことを示すことにしました。新しい内容をどうとらえ、どう授業するか、学校現場としてはどうしてもこれから考えていかなければならなくなります。そんなときに、学習指導要領の批判的検討とともに、授業づくりに本書が役立ち、子どもたちが「自然が見えてきておもしろい」と思える授業になることを願っています。

　終わりに、本書の刊行を快く引き受けてくださった本の泉社の比留川洋さんには大変お世話になりました。

2017年8月　執筆者一同

執筆者紹介

小佐野 正樹（こさの・まさき）■本書第1章・第2章5年執筆
　元・東京都公立小学校教諭
　自然科学教育研究所代表
　科学教育研究協議会会員
　著書『本質がわかる・やりたくなる理科の授業・5年』（子どもの未来社）

佐々木 仁（ささき・ひとし）■本書第2章3年執筆
　神奈川県公立小学校教諭
　自然科学教育研究所所員
　科学教育研究協議会会員
　著書『そのまま授業にいかせる生活科』（共著・合同出版）

高橋 洋（たかはし・ひろし）■本書第3章・第2章4年執筆
　元・東京都公立小学校教諭
　自然科学教育研究所代表
　科学教育研究協議会会員
　著書『本質がわかる・やりたくなる理科の授業・4年』（子どもの未来社）

長江 真也（ながえ・まさや）■本書第2章6年執筆
　埼玉県公立小学校教諭
　自然科学教育研究所所員
　科学教育研究協議会会員
　著作『放射能と原発の実践〜小学校での放射線教育』（『理科教室』2017年3月号、本の泉社）

参考文献

『本質がわかる・やりたくなる理科の授業3〜6年』（子どもの未来社）
『理科だいすき先生が書いた教科書よりわかる理科3〜6年』（合同出版）
『理科写真資料集3〜6年』（日本標準）
『どうする小学校理科新学習指導要領の検討』（子どもの未来社）
『ハートのはっぱかたばみ』（多田多恵子、福音館書店）
『植物はどうして緑なのか』（青木夏子、大月書店）
『教室で教えたい放射能と原発』（江川多喜雄・浦辺悦夫、いかだ社）
『完全図解　からだのしくみ全書』（高橋健一監修、東陽出版）
『天気の変わりかた』（日本気象協会編、誠文堂新光社）
『理科の学力』（江川多喜雄、子どもの未来社）

どう変わる どうする
小学校理科 新学習指導要領

2017年8月15日　　初版　第1刷発行©

著　者　小佐野 正樹　佐々木 仁
　　　　高橋 洋　長江 真也

発行者　比留川 洋

発行所　株式会社 本の泉社
〒113-0033 東京都文京区本郷2-25-6
TEL. 03-5800-8494　FAX. 03-5800-5353
http://www.honnoizumi.co.jp

印刷・製本　新日本印刷株式会社
DTP　河岡 隆（株式会社 西崎印刷）

©Masaki KOSANO, Hitoshi SASAKI,
　Hiroshi TAKAHASHI, Masaya NAGAE
2017 Printed in Japan

乱丁本・落丁本はお取り替えいたします。
ISBN978-4-7807-1641-2　C0037